Michael Witt

Meine Frau hat einen Neuen – und zwar mich!

W0034792

Michael Witt, geboren 1973, hat in verschiedenen Leitungspositionen u. a. für die ›WELT‹, ›WELT am Sonntag‹, ›Bild am Sonntag‹ gearbeitet. Heute ist er freiberuflicher Journalist, Systemischer Coach und Berater und lässt sich gerade zum Paar- und Familientherapeuten ausbilden. Der gebürtige Ostwestfale lebt mit seiner Familie in Berlin.

MICHAEL WITT

Meine Frau hat einen Neuen – und zwar mich!

WIE ICH EIN PERFEKTER MANN WURDE

dtv

Originalausgabe 2022
© 2022 dtv Verlagsgesellschaft mbH & Co. KG, München
Das Werk ist urheberrechtlich geschützt.
Jede Verwertung ist nur mit Zustimmung des Verlags zulässig.
Das gilt insbesondere für Vervielfältigungen, Übersetzungen und
die Einspeicherung und Verarbeitung in elektronischen Systemen.
Umschlaggestaltung: FAVORITBUERO, München
Umschlagmotive: TeraVector / shutterstock.com
Satz: Fotosatz Amann, Memmingen
Gesetzt aus der Franziska
Druck und Bindung: Druckerei C.H.Beck, Nördlingen
Printed in Germany · ISBN 978-3-423-35193-5

INHALT

FÜR J., F. und A.

EINLEITUNG

Als ich geheiratet habe, lebte James Brown noch. Und er konnte mit vollem Recht behaupten: »It's a Man's Man's Man's World!« Das war 2006, und heute? James Brown ist tot und die Gewissheit, dass Männer die Welt bewegen, ebenso.

Heute sollen wir Kinder versorgen, gendern, auf Fleisch verzichten, mehr Fahrrad fahren, viel Geld verdienen, schwach sein, stark sein, Sophie Passmann kennen, Komplimente machen (aber nicht sexistisch sein), auf Zucker verzichten, ein Hochbett selber bauen, Yoga machen, die Kinder geschlechtsneutral erziehen, vegan kochen können, irgendwie noch ein Abenteurer sein, die Spinnen (gewaltfrei!) aus dem Kinderzimmer entfernen, ein toller Vater sein, eine coole Sau sein.

Das ist alles viel zu viel? Ach kommen Sie, nehmen Sie's wie ein Mann! Männliche Autorität ist ohnehin längst eine Illusion. Wie heißt es doch: Hinter jedem mächtigen Mann steht eine Frau, die die Augen rollt.

Aber auf Dauer will man ja nicht nur derjenige sein, der mal wieder schuld ist, oder der mal wieder etwas falsch gemacht hat. Also: Wie soll er das denn nun alles hinkriegen, der moderne Kerl? Es gibt ja Ratgeber für jeden Blödsinn (»Wie man einem großen Schiff ausweicht«, 1982, oder: »Die männliche Art zu stricken«,

1972), aber Ehemänner-Ratgeber gibt's nicht gerade viele. In älteren Exemplaren (von 1913) heißt es noch mit vollem Ernst: »Sprechen Sie nicht von oben herab mit Ihrer Frau. Sie ist genauso intelligent wie Ihre Kollegen im Büro, sie kann es nur nicht so oft zeigen.« Immerhin: Ein bisschen Verständnis für die Wünsche und Vorstellungen der Frau waren auch schon damals gefragt, und zwar so: »Tragen Sie Ihr Haar und Ihren Schnäuzer nicht in einer Art und Weise, die ihr missfällt.«

Gut, da geht noch mehr.

Ein moderner Ehemänner-Ratgeber würde vielleicht empfehlen: »Liken Sie die Instagram-Posts Ihrer Frau. Auch wenn Sie ihre Selfie-Schnute total affig finden.« Oder: »Achten Sie darauf, dass abends immer noch ein Smartphone-Ladekabel für sie übrig ist.« Oder: »Stalken Sie nicht die Facebook-Freunde Ihrer Frau! Ahem, aber Sie sollten wirklich mal darüber reden, dass sie jetzt einen Tinder-Account hat.«

Aber dies soll kein Ratgeber sein im Sinne von: Machen Sie das, lassen Sie jenes. Das Leben als Mann, als Paar oder als Familie lässt sich nicht in eine Form und schon gar nicht in eine Formel pressen. Familienleben mit Kindern, das ist so planbar wie ein Sommerurlaub zu Corona-Zeiten. Aber Sie können mal ein bisschen durchs Schlüsselloch schauen. Und zugucken, wie ich (mehr oder weniger) in Würde scheitere.

Seit fünf Jahren beschäftige ich mich mit dem Thema Männlichkeit in modernen Zeiten. Ich muss genauer und einschränkend sagen: Mit Männlichkeit aus Sicht eines weißen, heterosexuellen Manns. Und selbst in diesen wenigen Jahren hat sich schon einiges verändert, nicht zuletzt durch #Metoo, geschlechtergerechte Sprache etc. Mittlerweile frage ich mich sogar: Ergibt es noch Sinn, über »Mein Leben als Mann« zu schreiben? Wo doch schon darüber gesprochen wird, klassische Rollenzuschreibungen gänzlich fallen zu lassen? Ich finde: Ja. Gerade jetzt.

Denn erstens: Mir fehlt die Expertise, wie man sich als Frau fühlt. Okay, meine Frau hilft mir da von Zeit zu Zeit sehr robust auf die Sprünge. Aber das reicht nicht, um wirklich glaubwürdig eine neutrale Sichtweise zu vertreten.

Zweitens: Männer und Frauen ticken noch immer in vielen Bereichen unterschiedlich. Sie sollten in jedem Aspekt des Lebens gleiche Chancen haben, gleiche Grundlagen und ein gleiches Verständnis für ihre Bedürfnisse. Und es gibt Männer, die ihre weibliche Seite selbstbewusst ausleben und genauso andersherum. Aber stecken Sie mal zehn Männer und zehn Frauen in ein Haus und gucken nach zwei Wochen, was passiert ist. Die Frauen hätten wahrscheinlich eine gemütliche Oase des achtsamen Miteinanders daraus gemacht, die von Austausch, spektakulären Kochabenden und gelegentlichen Gefühlsausbrüchen geprägt ist. Die Männer hätten zusammengelegt für eine Playstation 5, Chips und einen Beamer und hätten einen Einkaufsplan gemacht, in den sich nach dem zweiten Tag niemand mehr einträgt.

Ach so, und dann wären wir noch bei drittens: Ich finde Männer gerade spannender. Es gibt so viele glatte Erfolgsgeschichten, aber die Frage, wie Männer tatsächlich mit ihrer erodierenden Herrlichkeit klarkommen, ist doch irre aufregend. Als hätte man einen Logenplatz beim Untergang des Römischen Reichs. Nur dass man selbst mit auf der Bühne steht.

Männer stehen also vor großen Herausforderungen – und damit auch ich. Es gibt ja keine Vorbilder, von denen wir gelernt haben, ein moderner Mann zu sein. Woher auch? Bei der Generation vor uns waren die Anforderungen an Männer: Familie ernähren, nicht weinen, beim Reifenwechsel das gestärkte Oberhemd nicht schmutzig machen und gefälligst vom Zigarettenholen nach Hause kommen!

Das war bei meinem Vater nicht anders, und der hat nicht mal geraucht. Er ist 1936 geboren, kommt also aus einer Generation, die gelernt hat, ihre Gefühle so gut zu verstecken wie die Weihnachtsgeschenke. Wenn er emotional wurde, dann sagte er manchmal unbeholfene Sachen, die dadurch nur umso rührender waren. Als ich geboren wurde (zehn Jahre nach meiner Schwester) saß er weinend am Bett meiner Mutter und sagte: »Jetzt haben wir noch einen in Reserve.«

Kindererziehung und Hausarbeit – sagen wir mal so: legte er vertrauensvoll in die Hände meiner Mutter. Im Gegenzug für das Vertrauen gab's das beste Stück vom Sonntagsbraten, es ging eben noch alles fein traditionell zu.

Als Kind war ich beeindruckt von seinen Unterarmen, sie waren so dick wie meine Oberschenkel. Er war Schlosser und konnte daher alle möglichen Dinge aus Metall bauen, Treppengeländer, Fenster und unseren langen Gartenzaun. Er konnte aber auch Bodenplatten verlegen, tapezieren und die Schienen meiner Märklin-Eisenbahn verkabeln. Wenn es dann im grünen Audi 80 in den Urlaub nach Jugoslawien ging, fuhr er dreizehn Stunden am Stück – die Strecke war er vorher mit dem Zeigefinger im Aral-Straßenatlas Europa abgefahren und hatte sie sich gemerkt. Alles wichtige männliche Kern-kompetenzen damals – aber heute nicht mehr im obers-ten Regalfach zu finden.

Als ich meine Frau kennenlernte, war ich bereits Ende zwanzig, und ich hatte es geschafft, in Berlin vier Woh-nungen zu beziehen, ohne jemals eine Lampe anschlie-ßen zu müssen. Handwerklich war ich ein mittlerer Totalausfall, einziges Alleinstellungsmerkmal: Ich war in der Lage, Dübel in bröseligen Altbauwänden zu fixieren (Gratis-Tipp: VIEL Moltofill ins Loch, dann mit Dübel trocknen lassen). Immerhin: Ich konnte Koch- von Bunt-wäsche unterscheiden, Nudeln kochen, Spiegelei braten.

Und ich hatte bereits einen festen Job als Redakteur, obwohl ich das Studium vor allem damit verbracht hatte, mir umfassend unnützes Wissen über Populärmusik an-zueignen. Ich kannte mich gut genug mit Filmen aus, um auf Studentenpartys in der Küche über Tarantino mit-zuquatschen und war trinkfest genug, um mit meiner Frau mitzuhalten. Es war alles in allem ziemlich exakt das Gegenteil dessen, was mein Vater damals in seine Ehe mitgebracht hat.

Und dennoch: Auch meine Frau und ich sind ganz schnell in die altbewährten Rollenmuster verfallen. Ich habe Vollzeit gearbeitet, sie hat reduziert. Ich war öfter mal einen Tick zu lange im Büro, sie hat alles zu Hause organisiert, sich um die Kinder gekümmert, Arzttermine vereinbart, Geburtstagsgeschenke besorgt, eingekauft und gekocht. Ich war auch voll ausgelastet, ich bin montags in den Getränkemarkt gefahren und habe den Rasen gemäht. Außerdem war ich vollzeitbeschäftigt im Schuldsein, Erledigungenvergessen, Im-Weg-Stehen und Sachenfalsch-Machen. Eine ganz normale Ehe also.

Und heute?

Meine Frau und ich sind seit über sechzehn Jahren verheiratet, wir haben ein Reihenendhaus, einen Jungen, der zwölf Jahre alt ist und ein Mädchen, das neun ist. Ich nenne ihre Namen hier extra nicht, damit später die Klagesumme nicht so hoch ist.

Und es gab in den vergangenen zwei Jahren einige einschneidende Erfahrungen: Ich habe meinen Vollzeitjob aufgegeben und dann war da noch Corona. Eine Zeit also, um vieles auf den Prüfstand zu stellen und die Rollen als Mann und Frau zu überdenken. Und wir haben tatsächlich einiges geändert.

Meine Frau arbeitet jetzt Vollzeit, ich bin selbstständig, also mehr zu Hause – und ich bemühe mich, langsam die alten männlichen Rollenmuster zu verlassen. Aber das ist ein bisschen wie bei Sean Connery. Du kannst machen, was du willst: einmal James Bond, immer James Bond.

Ich mache also weiterhin irre viel falsch: beim Gendern, beim Einkaufen, bei der Ernährung, bei der Erziehung. Ist das schlimm? Nicht unbedingt. Denn was ist schon falsch? Ich sage Ihnen mal was – gut, eigentlich sage nicht ich das, sondern Henry Ford (das war der mit den Autos). Von ihm stammt der Satz »Ich bin nicht gescheitert – ich habe hundert Wege entdeckt, es falsch zu machen.«

Na dann, liebe Entdecker*innen (fällt Ihnen auf, nä?):

Kommen Sie mal mit. Auf Sie warten die versammelten Erfahrungen, Erlebnisse, Ärgernisse, Patzer, Pannen, Lächerlichkeiten und vermeintlichen Heldentaten aus 49 Jahren als Mann, 16 Jahren als Ehemann und 12 Jahren als Vater.

MÄNNER UND FRAUEN –
PASST DAS WIRKLICH ZUSAMMEN?

Manchmal frage ich mich: Angenommen, meine Frau hätte ihre Interessen und Vorlieben Ende 2002 in die Suchmaske einer Partnerbörse eingegeben – hätte der Algorithmus wohl ausgerechnet mich ausgespuckt?

Ich fürchte: Er hätte mich höchstens in die Ecke gespuckt. Und bevor Sie jetzt denken: Online-Partnerbörsen, so was gab's damals noch gar nicht. Parship ist im Februar 2001 online gegangen. Wäre also möglich gewesen, schon in der Kartei zu sein. Irgendwo ganz hinten zwischen dem Typen, der mit einem Motorrad zusammenlebt und Rainer Langhans. Und spätestens zum Herbst-Sale 2007 wäre Parship mich alten Ladenhüter gegen gehörigen Rabatt vielleicht losgeworden. Im Sparpaket mit einem Flaconi-Gutschein und einem Kasten Bionade Litschi.

Meine Frau hat zum Glück schon früher zugegriffen, denn sie hatte ja nur einen vagen Eindruck davon, was da auf sie zukommt. Wie die Titanic, die im ersten Moment wahrscheinlich auch dachte: Och, so groß ist der Eisberg gar nicht. Und was sich da alles unter der Wasseroberfläche verbarg, wurde erst später klar.

Oberhalb der Wasserlinie sichtbar war bei mir: 1,86 Meter groß, schlank, relativ breite Schultern, Tickchen zu große Nase, Tickchen zu kleine Ohren, Lachfalten, leichte O-Beine. Ich war außerdem relativ feierfreudig und konnte eine ziemlich lustige Geschichte von meinem damals sieben Jahre alten Neffen erzählen, die mir die Aura eines Mannes verlieh, der einen liebevollherzlichen Blick auf Kinder hat. Okay, ich erzähle sie Ihnen auch: Mein Neffe hatte damals Ärger mit seiner Mutter, und in dem Gefühl, etwas falsch gemacht zu haben, hat er sich erst mal in sein Kinderzimmer verkrümelt und sich dann wieder vorsichtig an sie herangetastet. Er ging langsam zu ihr in die Küche und fragte:

»Du, Mama?«

»Jaaaaa, möchtest du etwas?«

»Jaaaaa ... – eine Banane.«

»Alles klar, nimm dir doch einfach eine.«

»Aber ... – Mamaaa?«

»Ja?«

»Ich will nicht irgendeine Banane. (*lange Pause*) Ich möchte eine Banane, die so schön ist wie du.«

Raffiniert, oder?

Welches Mutterherz wäre da nicht weich geworden wie eine Zimtschnecke? Und welches Frauenherz hätte da widerstehen können, wenn ihr ein 1,86 Meter großer Ostwestfale leicht angetrunken bei der Weihnachtsfeier so eine Geschichte erzählt?

Die benebelnde Stimmung eines solchen Abends kann ziemlich gut all jene feinen Differenzen zwischen Menschen verwischen, die ein Parship-Algorithmus aufdecken würde – und das ist auch gut so.

Denn ansonsten wäre bei mir damals aufgeflogen:

- Längste Beziehung bisher: gerade mal knapp zwei Jahre. Die nächstlängste danach: neun Monate
- Kann mit einer Hand klatschen, zeigt das gern und wirkt dadurch wie die B-Besetzung einer Jahrmarkt-Schaubude, bei der die Frau ohne Unterleib gerade ein paar Brückentage nimmt
- Seit zwanzig Jahren FC-Bayern-Fan, hält die 80er-Jahre für die schönste Zeit in der Geschichte des Fußballs
- Kaut als erwachsener Mann noch Fingernägel
- Guckt gern das »Traumschiff«
- Kultur-Abend bedeutet für ihn, sich in einer Kneipe mit Musik zu verabreden
- Gibt sein Geld in sinnlosem Ausmaß für CDs aus und hat einen versnobten Musikgeschmack. Drei Roland-Kaiser-CDs im Musikregal der Ex-Freundin haben schon zum Beziehungsende geführt
- Hat einen spleenigen Aufräum-Fetisch

Wo da die Schnittmenge mit meiner Frau lag? Da muss man schon suchen. Hier erst mal ein paar Unterschiede: Sie hatte eine heimliche Leidenschaft für Trash-TV und Castingshows, die beste Platte aller Zeiten war für sie der Soundtrack zu »Dirty Dancing«, sie liebte kreatives Chaos in der Wohnung und auf dem Schreibtisch, Nase und Ohren waren bei ihr perfekt konfektioniert, sie hatte natürlich schöne Hände und Fingernägel und wirkte durch und durch mutig und zielstrebig.

Bevor wir zusammenkamen, kannten wir uns auch schon drei Jahre, wir hatten unser journalistisches Volontariat gemeinsam absolviert. Wir fanden uns wohl ganz nett, aber es war keine Liebe auf den ersten Blick. Ich war außerdem sicher, dass sie eine Spielklasse höher unterwegs ist als ich, sie war für mich der FC Bayern, ich war Darmstadt 98.

Doch es ist eine Illusion zu glauben, dass man füreinander geschaffen sein muss, dass es eine kosmische Konstellation gibt, die ein Paar schicksalhaft zusammenführt wie Lukas Podolski und Bastian Schweinsteiger. Langzeitstudien in den USA haben ergeben, dass Paare, die sich zu Beginn der Beziehung als Traumpaare bezeichnen, die also den Partner als absoluten Wunschpartner sehen, in dem sie einen Seelenverwandten gefunden haben, keineswegs glücklichere Ehen führen. Ganz im Gegenteil. Denn die anfängliche Euphorie erodiert langsam, aber sicher im Alltagsgeschäft, es wird eine Illusion nach der anderen zerstört, bis die beiden Traumpartner nach sieben Jahren vor dem Scheidungsrichter stehen.

Dagegen gibt es Studien über arrangierte Ehen, die belegen, dass die Zufriedenheit und die Zuneigung über die Zeit wachsen. Die beiden Partner lernen sozusagen, sich zu lieben. Sie lernen, die Andersartigkeit des Partners zu akzeptieren und anzunehmen. Bis man ohne das Schnarchen auf dem Kopfkissen links im Bett gar nicht mehr schlafen kann.

Nicht dass ich jetzt ein Plädoyer für arrangierte Ehen halten möchte. Aber eine gelingende Beziehung braucht nicht unbedingt Gleichheit, ein Mann muss nicht denken wie eine Frau, eine Frau nicht wie ein Mann, um miteinander zu harmonieren. Wichtiger sind gegenseitiger Respekt, ein milder und liebevoller Blick auf die

Schwächen des anderen und – ja, gut, ein paar Gemeinsamkeiten dürfen es schon sein.

Die wenigen offensichtlichen Gemeinsamkeiten zwischen meiner Frau und mir waren damals: derselbe Humor, eine gewisse physische Anziehung, Sympathien für den FC Bayern – und Alkohol.

Unterschätzen Sie das nicht, tatsächlich haben Wissenschaftler der Universität Michigan seit 2006 daran geforscht und kamen dann zu dem Ergebnis: Wenn beide Partner in einer Ehe gleiche Trinkgewohnheiten haben, dann sind sie glücklicher.

Klar, denken Sie, wären Sie auch darauf gekommen: Mit ein bisschen Selbstdisziplin beim Trinken kann man sich jeden schönsaufen. Sogar den eigenen Partner.

Doch so einfach ist das nicht, ich persönlich forsche seit 2002 auf dem Gebiet, seit ich mit meiner Frau zusammenkam. Und schon damals hat mich beeindruckt: Sie kann trinken wie ein Kerl. Und welchen Mann beeindruckt das nicht? Als würdest du mit deinem besten Kumpel den Abend verbringen, und der sieht auch noch Hammer aus.

Ich will jetzt nicht den Vollrausch verklären, der schmerzt jenseits der Vierzig auch zu doll. Aber die schönsten Abende sind die, an denen wir mit einer Flasche Wein am Esstisch sitzen. Beim Trinken haben wir auch einen gewissen Reifeprozess vollzogen. Waren die Vorlieben anfangs noch bei Weißbier (Auaaua!), dann bei Bier (Aua!), sind wir jetzt bei Wein angekommen. Ist gesellschaftlich auch akzeptierter als ein Kasten Pils auf dem Esstisch.

Gemeinsamkeiten stärken, das ist auf jeden Fall eine

solide Basis für eine Beziehung. Dummerweise zeigten sich im Lauf der Jahre auch einige Differenzen. Und je mehr Jahre vergehen: umso mehr. Dass man anfangs nur die Spitze des Eisbergs kennt, hatte ich ja schon erwähnt. Daraus folgt: Nach und nach tauchen auch die Unterschiede, oder besser: Absonderlichkeiten auf.

Teilweise sind es persönliche Macken – ich zum Beispiel liebe es, mir beim Abendessen auf jeden erdenklichen Brotbelag Senf oder Ketchup zu schmieren. Habe ich lange unterdrückt, aber nach ein paar Jahren war es plötzlich wieder an der Oberfläche.

Andere Dinge unterdrücken Paare nicht so lange. Eine Umfrage der US-Seite mic.com ergab: 51 Prozent fangen in den ersten sechs Monaten der Beziehung an, vor dem Partner zu pupsen. Etwa ein Viertel unterdrückt es zwischen sechs und zwölf Monate. Nur sieben Prozent verkneifen sich jeden Hauch vor dem Geliebten oder der Geliebten. Das Erstaunliche: Pupsen ist sozusagen der ultimative Vertrauensbeweis, dass man sich akzeptiert und angenommen fühlt. Der erste Pups voreinander fällt ungefähr in dieselbe Zeit, in der man das erste Mal »Ich liebe dich« zueinander sagt.

Nach etwa zehn Jahren kennt man dann alle ernüchternden Untiefen des Partners so gut, dass keine Illusionen mehr möglich sind. Dann hat man gesehen, wie er auf dem Klo sitzt, in den Zähnen pult, sich einer apokalyptischen Flatulenz hingibt, sich auf einer Feier danebenbenimmt oder sich wie ein patriarchalischer Macho-Arsch verhält.

Ich will es nicht verhehlen: Auch ich habe typisch männliche Schwächen. Es gibt zum Beispiel eine simple

Frage, die meine Frau komplett auf die Palme bringt. Sie lautet: »Was hast du gesagt?«

Ja, es ist so. Männer hören nicht zu. Zumindest nicht immer. Sie hören Fußball-Kommentatoren zu, ihren Kumpels, oft auch ihren Frauen. Aber eben nicht immer. Es gibt sogar Bücher und Filme, die das beklagen (»Warum Männer nicht zuhören und Frauen schlecht einparken«). Warum das so ist? Meine Frau sagt: »Ihr seid nicht multitaskingfähig. Atmen und Zuhören ist zu viel.« Ich dagegen sage: reiner Selbstschutz. Aus der Fülle der weiblichen Wortbeiträge filtert unser hochsensibles Gehirn das (für uns) Wichtige heraus. Den irrelevanten Rest atmen wir weg. Ist ja auch leicht. Man setzt ein neutrales Gesicht auf, nickt hin und wieder und brummelt »Hmmmm«. Das kann alles bedeuten: »Ja, klar«, »Nee, eher nicht«, »Och ja«, »Mal gucken« oder »Hä?«.

Meine Frau ist nach fast zwanzig Jahren noch immer nicht sicher, ob ich gerade zuhöre oder lautlos ein Lied summe oder die FC-Bayern-Aufstellung fürs Wochenende überdenke. Aber sie hat ein Mittel gegen diese Unsicherheit gefunden. Sie fragt die Fakten ab. Da komme ich schon mal ins Schwimmen, weil mein Gehirn ein bisschen großzügig gefiltert hat.

Dabei ist das Nicht-richtig-Zuhören gar nicht böse gemeint. Tatsächlich können Männer gar nichts dafür. In einer Studie wurde schon 2005 festgestellt, dass die verschiedenen Stimmlagen von Männern und Frauen jeweils unterschiedliche Regionen im Gehirn aktivieren. Frauenstimmen senden demnach eine größere Bandbreite akustischer Wellen aus – damit sind sie für Männer-Gehirne schwerer zu entziffern. Folge: Nach einer Zeit ermüdet Männer die unmenschliche Anstrengung.

Was lernen wir daraus? Frauen sollten tiefer sprechen. Oder sich kurz halten. Oder mal gar nichts sagen. Das verhindert Gestammel bei Nachfragen.

Womit wir bei der nächsten Frage wären: Sprechen Frauen wirklich mehr als Männer? Alte Schätzungen gingen davon aus: Frauen sagen 20 000 Wörter am Tag, Männer 7000. Erst 2007 hat die University of Arizona einen Versuch dazu gestartet: Die Wissenschaftler zeichneten mehrere Tage lang jedes Wort von männlichen und weiblichen Probanden auf und zählten dann aus. Ergebnis: Männer kamen im Durchschnitt auf 15 696 Wörter – das waren nur rund 500 Wörter weniger als bei Frauen.

Wobei man dazu sagen muss, dass bei dem Versuch Studierende die Probanden waren. Und auf der Universität ist Sabbeln wichtigste Kernkompetenz. Wenn Sie denselben Test mit ostwestfälischen Männern jenseits der Fünfzig machen, können Sie froh sein, wenn Sie 500 Wörter in der Woche zählen. Und da ist jedes »Hmmmm« und »Ma gucken« schon mit eingerechnet und »hömmma« als zwei Wörter gezählt.

Ich habe dazu selbst Studien betrieben und eine Freundin anonym befragt, was sie an ihrem Mann am meisten nervt. Antwort: dass er die schmutzige Tasse immer AUF die Spülmaschine stellt – und dass er nicht spricht. Vor allem, wenn er sauer ist oder genervt oder konzentriert oder entspannt oder zufrieden. Also praktisch immer.

Klassisch ist natürlich das Wutschweigen. Drei Tage nicht sprechen, am besten noch, ohne zu sagen, um was es eigentlich geht. Das hält kaum jemand aus. Für viele Männer ist es aber ein probates Mittel, um recht zu haben und recht zu behalten. Man setzt sich schweigend auf das hohe Ross der moralischen Überlegenheit. Denn man ist ja überzeugt, das Richtige zu denken. Und diesen Zustand kann man natürlich am besten beibehalten, indem man sich gar nicht erst in die Niederungen der verbalen Auseinandersetzung hinab begibt.

Nee, schön da oben bleiben und schweigen!

Klingt alles in allem nach einem schlüssigen Konzept, das einzig Blöde ist nur: Meine Frau kann das auch. Sie kann sich mit herrlich theatralischer Empörung auf ihre Bettseite rollen. Und schläft dann sogar ein. Während ich wach liege und mich frage, was ich nur falsch gemacht habe.

Und dann hat sie einen ganz fiesen Trick: Am nächsten Morgen entschuldigt sie sich. Das ist natürlich krass, denn eigentlich bin ich ja dann der moralische Sieger. Doch es fühlt sich überhaupt nicht so an. Also entschuldige ich mich auch sofort, obwohl ich nicht so genau weiß, wofür eigentlich. Aber irgendwas gibt es ja immer, für das man sich entschuldigen kann – im Zweifelsfall habe ich es nur gerade vergessen. Ist ja auch egal, wichtig ist vor allem, dass das moralische Gleichgewicht wieder hergestellt ist. Jeder ist mal von seinem hohen Ross heruntergestiegen und hat sich für sein Verhalten in den Staub geworfen.

Wenn Sie noch mal an den Anfang denken und die Mutmaßungen darüber, was wirklich dafür sorgt, dass Paare miteinander alt werden, dann würde ich sagen: dass sie sich nicht nur in den schönen Zeiten gut verstehen, wenn der Himmel ihrer Beziehung wolkenlos ist, wenn die Hormone noch Purzelbäume schlagen. Sondern wenn sie auch im Alltag noch miteinander lachen. Und wenn sie in schwierigen Momenten nicht gleich alles infrage stellen und die Schuld nur beim anderen suchen. Natürlich ist der immer ein bisschen mehr schuld. Aber nicht ganz allein.

Und wenn die Schuldfrage dann schließlich geklärt ist (70 Prozent der andere, 30 Prozent ich), dann kann man in Ruhe zusammen eine Flasche Wein öffnen. Und gemeinsam einen fahren lassen.

ORDNUNG? NICHTS IST IN ORDNUNG!

Eine der glücklichen Fügungen ist ja, dass es keine Mindestanforderungen an Ehemänner gibt. Während man für jeden Mist einen Studienabschluss, eine Ausbildung oder zumindest einen Führerschein, Klasse 3, braucht, benötigt man als Ehemann: gar nichts.

Dieses Fehlen jeglicher Voraussetzungen und Grundkenntnisse führt auch dazu, dass viele Ehemänner von Beginn an einen schweren Stand haben. Klar, Frauen durchlaufen auch kein zweijähriges Grundstudium im Ehefrau-Sein, aber irgendwie scheint ihre natürliche Ausstattung in Sachen Verantwortungsgefühl, Organisationstalent und Strukturiertheit besser zu sein.

Als ich noch allein gewohnt habe, konnte ich mein Überleben zwar sichern: Ich habe eingekauft, geputzt, gewaschen und Miete gezahlt. Aber die Komplexität einer Paarbeziehung hat mich vor völlig neue Herausforderungen gestellt. Ich habe folglich so reagiert, wie fast alle Männer: Ich habe meine Frau mal machen lassen. Und sie hat gemacht. Sie hat unser Leben in die Hand genommen, und sie hat das mit so leidenschaftlicher Perfektion getan, dass ich nur gestört hätte.

Schon bei unserer kirchlichen Hochzeitsfeier 2007 hatte ich eine mehr oder weniger prominente Statistenrolle, während sie Drehbuch, Produktion und Regie übernahm. Ich war oft anwesend, ich war über Abläufe informiert, ich stand oft aber auch auf dem Schlauch. Über viele der anstehenden Entscheidungen hätte ich mir nie Gedanken gemacht, der Großteil rangierte bei mir auf einer Skala von »Warum noch mal?« bis »Was ist das?«. Es ging zum Beispiel um: das Arrangement des Blumenschmucks in der Kirche. Weiße oder cremefarbene Streukörbchen für die Blumenkinder. Die Sitzordnung beim Abendessen. Abendkleidung oder festliche Kleidung für die Feier (gibt es da einen Unterschied?). Es waren so viele weitere Fragen zu klären: Papp- oder Büttenpapier für die Einladungen? Die altenglische Schrift oder die modernere Variante? Wie genau ist noch mal der Unterschied zwischen den Farbnuancen Elfenbein und Creme bei den Hussen? Und was sind eigentlich Hussen?

Das alles hat meine Frau bedacht und noch viel mehr. Meine Herausforderung bestand vor allem darin, ein feines Gespür dafür zu entwickeln, was die richtige Antwort auf ihre Fragen ist. Ich versuchte aus Tonfall, Lautstärke, Atmung, Körperhaltung und Mimik in Millisekunden abzulesen, wohin ihre Tendenz ging. Um dann vorsichtig aus meinem vagen Brummeln eine Antwort herauszuschälen: »Mmmmmhhhvielleicht ... mmmmmhhh Creeeemmmmmmee mmmmhhh?«

Ihre Miene hellte sich auf, sie lächelte, ein Schimmer glänzte in ihren Augen: richtig gemacht!

Es gab genug andere Gelegenheiten zu scheitern. Ich habe zum Beispiel eigenverantwortlich zwei Einladungen an Freunde verschickt – die beide wieder zurückkamen. Ich hatte die falsche Adresse auf den Umschlag geschrieben.

Sicherheitshalber hat mir meine Frau noch am Morgen unserer Trauung einen DIN-A4-Zettel überreicht, auf dem meine Erledigungen für den Tag notiert waren. Ich weiß nicht mehr genau, was es im Detail war, aber es hätte mich nicht gewundert, wenn darauf auch gestanden hätte:

»Einatmen, ausatmen, einatmen ...«

Und: »15.30 Uhr: JA sagen!«

Am Ende, muss ich sagen, hatten wir einen wunderschönen und relativ entspannten Hochzeitstag. Mein Anteil daran ist zu vernachlässigen, ich hätte es fast geschafft, zu spät zur Trauung zu kommen, weil ich noch eine Kleinigkeit besorgen wollte und im Stau stand. Ich war – und bin es heute noch – voller Bewunderung für die Lust meiner Frau am Planen und Organisieren. Mein Part bei der Vorbereitung bestand vor allem darin, mir zwei neue Anzüge und einen Smoking, zwei Paar Schuhe und drei Hemden zu kaufen. Beachtet wurde ich nicht erheblich, bei einer Hochzeit richten sich nun mal alle Augen auf die Braut. Ich war halt auch da und habe versucht, zu atmen und im richtigen Moment Ja zu sagen.

Also, liebe Männer, falls jemand von Ihnen gerade vor der Hochzeit steht, richten Sie sich auf folgende Verhältnisse ein: Man stellt 50 Prozent der Beteiligten, hat Einfluss auf 5 Prozent des Geschehens und bekommt am Ende 0,05 Prozent der Aufmerksamkeit.

Nachdem meine Frau die Hochzeit straff durchorganisiert hatte, ging es nahtlos weiter. Sie hat die nächsten zwei Umzüge in die Hand genommen, sie hat jeweils schwanger den Großteil der Kisten gepackt, sie hat das Kinderzimmer liebevoll ausgestattet, und auch als wir unser Haus bezogen haben – das war 2012 – hat meine Frau mehr oder weniger alles eingeräumt und damit definiert, wie unser Leben gestaltet wird.

Jedenfalls hat sie die relevanten Entscheidungen getroffen, in welchem Fach zum Beispiel die Gabeln liegen, in welchem die Messer und in welchem die Löffel, welche Töpfe wir behalten (ihre) und welche weg können (meine). Ich wiederum bin eingezogen wie ins möblierte Wohnen. Die Küche und weite Teile des Hauses waren für mich lange Terra incognita. Folge: Ich hatte eher Gaststatus im eigenen Heim.

Und auch die alltäglichen Abläufe hat sie geplant und gelenkt. Einkäufe, Erledigungen, Verabredungen – alles im Griff, als stünde jeden Tag eine Hochzeit an. Meine Frau ist einfach ein Musterbeispiel an Organisationstalent. Ihr Erfolgsgeheimnis, jetzt kann ich's ja verraten: Listen. Sie liebt Listen. Sie hat Listen für lang-, mittel- und kurzfristige Erledigungen. Sie hat Listen für die Termine, die Einkäufe, die Aufgaben in der Woche, für den Urlaub und für Kindergeburtstagsgeschenke. Sie hat Listen für die Gerichte, die gekocht werden sollen, Listen für mich und Listen für die Kinder. Eigentlich wäre es logisch, wenn sie auch eine Liste für die Listen hätte.

Und sie hakt mit einer Akribie und Energie alles ab, dass ich nur staunend danebenstehen kann. Sie ist der lebende Beweis dafür, dass Gott ein Mann sein muss. Denn ich bin sicher: Wenn eine Frau die Welt erschaffen hätte, wäre sie in drei Tagen fertig gewesen. Unser Leben hätte perfekt sein können. Allerdings gab es immer einen entscheidenden Unsicherheitsfaktor in ihren Planungen: Mich.

Wenn kein Kaffee mehr im Haus war, konnte das nur einen Grund haben: Ich hatte eine Woche vorher die letzte Packung angebrochen und vergessen, Kaffee auf die Einkaufsliste zu schreiben. Ich dachte mir eben: Wir haben ja noch eine ganze Packung, das hat Zeit. Meist endete es damit, dass ich verzweifelt die letzten Kaffee-moleküle aus der Dose herausgekratzt habe.

Wenn mich dann doch mal eine Welle patriarcha-lischer Antriebslust durchflutete, klatschte ich in die Hände und wollte energisch die Familiengeschicke len-ken. Ich setzte mich zu meiner Frau an den Esstisch und legte los:

»So, was wollen wir denn heute essen?«

»Lasagne, habe ich schon vorbereitet.«

»Ich kann ja einen Wein kalt stellen«

»Ist schon im Kühlschrank.«

»Dann lass uns mal über die Weihnachtsgeschenke sprechen.«

»Habe schon eine Liste gemacht.«

»Wo feiern wir eigentlich den Kindergeburtstag?«

»In der Kletterhalle, Einladungen sind raus.«

»Wann schreibt der Junge noch mal die Englisch-arbeit?«

»Gestern.«

»Oh.«

Es lief dann meist so, dass meine Frau mir Aufgaben zugeteilt hat: den Ninjago-Flugdrachen für Weihnachten online bestellen, einen Liter Milch kaufen, die Kleine rechtzeitig vom Kinderturnen abholen. Das hat teilweise ganz okay funktioniert, meine Frau übernahm schlicht-weg alle Regierungsgeschäfte, die ich ihr durch pure Passivität aufgehalst hatte. Ich war nur noch ausführendes Organ mit beschränkten Befugnissen. Während sie immer effektiver wurde, entwickelte ich eine Hochbegabung in Sachen Vergesslichkeit. Und ich konnte mich nicht einmal mit einer Stilldemenz herausreden.

Es war wirklich erschütternd, aber je weniger ich nachdenken musste, desto weniger habe ich dann auch nachgedacht. Und mit jedem Kind hat meine Schusseligkeit zugenommen. Meine Frau konnte mir morgens noch zurufen, dass wir dringend ein Brot brauchten. Ich habe pflichtbewusst genickt, habe mit unserer Tochter das Haus Richtung Kita verlassen – zack, schon war das Brot vergessen. Ich musste ja bereits an die Trinkflasche, die Brotbox, ihren Schwimmbeutel, Schlüssel und mein Portemonnaie denken. Und ich musste noch in der Kita Bescheid sagen, dass die Babysitterin die Kleine abholt. An das Brot habe ich dann erst wieder gedacht, als die ganze Familie abends vor einer trockenen Scheibe Weizentoast saß. Das muss dieser Mental Load sein, von dem Frauen immer sprechen.

Zu meiner Ehrenrettung: Es ist ja inzwischen wissenschaftlich erwiesen, dass Männer vergesslicher sind. Amerikanische Wissenschaftler aus Boston haben 2016 untersucht, wie Männer und Frauen in neuropsychologischen Tests abschneiden, in denen die Lernfähigkeit und das Erinnerungsvermögen untersucht werden. Ergebnis: Die Frauen waren in allen Bereichen besser als die Männer. Offenbar gibt es einen Zusammenhang zwischen den weiblichen Hormonen und bestimmten Gehirnfunktionen.

Ich halte das für völlig nachvollziehbar. Wir Männer

vergessen ja schon mal, wie viel Bier wir getrunken haben, wir vergessen, wann wir eigentlich zu Hause sein wollten und manchmal sogar, dass wir verheiratet sind. Dafür kann ich mich an das DFB-Pokalfinale 1982 erinnern, als hätte ich es gestern noch mal auf Videokassette gesehen.

Damals habe ich nicht darüber nachgedacht (natürlich nicht). Aber: Diese Neigung von Männern, Frauen das komplette Familien-Management zu überlassen, beschert ihnen auch eine Form von Machtlosigkeit. Es gibt sogar eine schwedische Studie von 2021, die genau das besagt: Auf der Arbeit fühlen sich Männer noch wie die Hirsche im Wald: stark, mächtig, einflussreich. Zu Hause dagegen haben meist die Frauen das Sagen bei Einrichtung, Ordnung, Erziehung, Kindern, Freunden. Wenig überraschend, wenn wir Männer uns in den ersten Ehejahren daheim tot stellen und alle Energie weiterhin in den Job investieren. Das Interessante ist, dass es zwischen mir und meiner Frau nie ein »So organisieren wir unser Leben zu zweit«-Gespräch gab. Ich kenne auch kein Paar, das so etwas je getan hat. Es hat sich einfach so entwickelt, denn die alten Rollenmuster sind stark.

Jetzt könnte man durchaus sagen: Hat eben ganz traditionell jeder seinen Bereich. Er ist Arbeitsminister, sie ist Familienministerin. Aber so glücklich sind wir Männer damit gar nicht. Macht (oder sagen wir besser: Einfluss) zu Hause ist uns deutlich wichtiger als Macht im Büro. Sagt zumindest die schwedische Studie.

Und jetzt fragen Sie sich vielleicht, wie Männer auch zu Hause Führungspersönlichkeit werden können? Dazu kommen wir später noch ein bisschen genauer. Aber ich kann Ihnen schon mal eine bittere Wahrheit verraten: Es ist wie im Job. Sie müssen anpacken. Machen. Ziele setzen. Scheitern. Neu machen. Besser werden. Und eine Sache können Sie sich abschminken: Sie können sich nicht nach oben schlafen.

Mir hat zugegebenermaßen Corona geholfen. Monatelang waren wir zu viert im Haus, und meine Frau saß im Arbeitszimmer rund um die Uhr in Konferenzen. Die Produktion der Listen versiegte zwangsläufig. Und damit auch die Lebensader der Familie.

Es gab keine Strukturen mehr, sondern nur noch mich. Und ich saß am Esstisch und versuchte, die Kinder zum Homeschooling zu nötigen. Aber ich hatte weder einen kompletten Überblick über ihre Aufgaben noch über die Versorgung mit Lebensmitteln. Und wer sollte eigentlich kochen? Insgeheim schielte ich wohl immer noch Richtung Arbeitszimmer, als würden mich daraus Erkenntnis und Erlösung übermannen. Zum Beispiel, indem sie mir eine Liste oder das fertige Mittagessen für uns alle unter der Tür durchschiebt. Aber: Da kam nichts.

Ich war offenbar auf mich allein gestellt. So allein wie Neil Armstrong, als er den Mond betreten hat. Ich habe erst mal versucht, männliche Lösungen zu finden und das hieß: technische Lösungen. Ich habe etwa sieben Organisations- und To-do-Apps auf mein Handy geladen, habe in allen ein bisschen rumgetippt, habe versucht, sie dann mit unseren Kalendern zu synchronisieren, bin siebenmal gescheitert, war am Ende schockiert von den Abo-Kosten für so ein Ding und habe sie schließlich alle wieder gelöscht. Immerhin: Das habe ich auch ohne Liste geschafft.

Es hat einige Tage gedauert. Dann habe ich mich vorsichtig mit dem Gedanken angefreundet, dass ich etwas ändern muss. Dann habe ich mir leidgetan. Dann habe ich mich zusammengerissen. Dann habe ich in die Schublade gegriffen. Aber da war er nicht. Dann in die andere. Da! Da war er: ein Stift. Ich habe mich hingesetzt. Und dann habe ich EINE LISTE geschrieben! Erst eine für Einkäufe. Dann für Erledigungen. Dann für die Homeschooling-Aufgaben der Kinder.

Ich war sehr stolz und habe erst mal Feierabend gemacht. Das Unangenehme ist, dass die Liste sich nicht von selbst erledigt. Sondern dass das ja auch irgendjemand übernehmen muss!

So hatte ich mir das nicht vorgestellt.

Dann kam meine Frau aus dem Arbeitszimmer, setzte sich an den Esstisch und redigierte meine Listen. Erst fügte sie ein bisschen hinzu, dann strich sie etwas aus, dann schüttelte sie den Kopf. Falsch. Mist.

Das Problem: Meine Planung war eher impulsiv und hätte uns für maximal drei Tage am Leben gehalten. Sie sagte: »Du musst die Woche auch zu Ende denken.« Habe ich doch, bei mir war innerlich schon Sonntag: Hoch die Hände, Wochenende!

Aber das meinte sie nicht. Es ging darum, Nahrungsmittelkauf, Essensplanung, Erledigungen etc. so über die Woche zu planen, dass nicht jeder Tag von spontanen Eingebungen geprägt ist. Irgendwie schade, denn ich bin gern mal für eine Zwiebel zum Supermarkt gefahren. Das hatte den Vorteil, dass ich bei der Gelegenheit in Ruhe einen Kaffee trinken und in Musikzeitschriften blättern konnte. So ein bisschen wie bei der Arbeit früher der Kollege, der sagte, dass er eine Zigarette rauchen geht und anderthalb Stunden später mit einem Stück Kuchen und einer vollgepackten Media-Markt-Einkaufstüte zurückkam.

Aber das Kapitel ist für mich zugeschlagen, der Block für die Erledigungs- und Einkaufs-Listen liegt jetzt auf meiner Seite des Esstischs. Ich musste keinen Amtseid darauf schwören, aber ich spüre mit jedem Blick auf den Block, wie das erhebende Gefühl der Verantwortung und der Macht mich durchströmt. Der Block kann zwar nicht sprechen, ich höre dennoch seine Worte. Er sagt zu mir:

- Freund, mit mir lenkst du die Geschicke der Familie!
- Jedes Wort, das du schreibst, wird wahr werden!
- Es ist okay, wenn du immer wieder Erfrischungsstäbchen auf die Einkaufsliste schreibst!
- Schallplatten kaufen ist auch eine Erledigung!

Dass Macht oft eine Illusion ist, erkenne ich allerdings auch von Zeit zu Zeit. Manchmal schlage ich eine neue Seite im Block auf und will die nächste Einkaufsliste erstellen. Und dann sehe ich, dass in der Handschrift meiner Frau dort bereits steht:

- 1 Glas Wiener Würstchen (diesmal Bio!!)
- Kinderturnen 17 Uhr nicht vergessen!!

Dann weiß ich wieder: Eine Ausbildung zum Tankwart dauert drei Jahre, warum sollte ich in ein paar Monaten ein perfekter Ehemann werden?

NIEMAND KAUFT SO LECKER EIN
WIE ICH

Die Qualität eines Supermarkts lässt sich relativ leicht ermitteln. Vergessen Sie Sonderangebote oder Sortiment oder Frische oder Qualität. Das einzig relevante Kriterium ist: Wenn Sie in der Gemüseabteilung noch WLAN haben, ist es ein guter Supermarkt.

Ich stand neulich hilflos zwischen Kartoffeln und Möhren, stierte auf ein längliches Bündel und fragte mich: Sind Lauchzwiebeln dasselbe wie Frühlingszwiebeln?

Schwungvoll war ich von zu Hause zum Einkauf aufgebrochen und hatte nicht bemerkt, dass meine Frau dieses exotische Gemüse auf den Zettel geschrieben hatte: »Frühlingszwiebeln«. Ich googelte – doch das Netz im Laden war mies. Zehn Minuten irrte ich mit dem Handy in der Hand durch die Gänge, vorbei an Marmeladen, Fanta, Kühlregal, bis ich endlich einen Balken Empfang hatte: beim Toilettenpapier. Da erschien dann verpixelt wie auf einem Fahndungsfoto etwas im Smartphone, das eine Frühlingszwiebel sein könnte. Und verdächtig so aussah wie die hier ausgestellte Lauchzwiebel.

Und wenn nicht? Was, wenn ich das falsche Gemüse kaufe? Soll ich lieber nach Hause gehen und dort möglichst beiläufig behaupten, Frühlingszwiebeln seien gerade aus gewesen?

Ich hätte natürlich jemanden im Laden fragen können. Aber wie steht man denn da? Ich gehe doch schon extra in einen Discounter, um mir die soziale Stresssituation am Obststand oder an einer Wursttheke zu ersparen. Ich kenne mich eben noch nicht so gut aus und kann mich nicht so schnell entscheiden, und am Ende zeige ich unsicher auf etwas und der Verkäufer sagt:

»Serrano-Schinken, wie viel?«

Und ich haspele dann: »Öh, ah, so 1500 Gramm?«

Und dann drehen sich alle im Laden fassungslos zu mir um, als hätte ich den Metzger zum Twerken aufgefordert.

Ich bevorzuge es, anonym durch die Gänge zu schieben und unbeobachtet ungesunden Kram zu kaufen. Seit ich von meiner Frau die Herrschaft über die Listen übernommen habe, ist auch das Einkaufen meins. Ein paar Feinheiten musste ich freilich noch lernen, denn ein Einkaufszettel ist nicht gleich ein Einkaufszettel. Ich habe auf meine ersten Shoppinglisten einfach kreuz und quer geschrieben, was wir brauchten: Butterbrotpapier, WC-Reiniger, Honig, Toast, Oregano.

Als meine Frau das sah, lächelte sie und schüttelte den Kopf – wie bei einem Fünftklässler, der gerade »Ballons halten« statt »Balance halten« geschrieben hatte. Dann erklärte sie mir, dass sie alles in der Reihenfolge aufschreibt, in der die Regale im Laden aufgestellt sind: Gemüse, Obst, Wurst, Käse, Brot, Kaffee, Marmelade, Backwaren, Nudeln, Dosen, Soßen, Knabberzeug, Getränke, Kühlwaren, Zeitschriften.

Natürlich!

Als mir die Logik dahinter aufging, war das Schreiben des Einkaufszettels für mich wie die Routenplanung für den Urlaub und damit ein neues Level an Freude. Über allem stand jetzt nämlich die Frage: Wie navigiere ich so effizient durch die Regale, dass ich den Wocheneinkauf am Samstagmorgen unter dreißig Minuten schaffe? Und: Knacke ich damit meine Bestzeit aus der Vorwoche? Um da intellektuell nicht aus der Kurve zu fliegen, darf die Einkaufsliste natürlich nicht zu experimentell sein. Streichen Sie daher Gemüse, die Doppelnamen tragen (Frühlingszwiebel/Lauchzwiebel!) und sinnieren Sie im Laden bloß nicht, ob Sie den Kindern mal den Blauschimmel-Käse anbieten sollen. Es kostet Sie mindestens 1,24 wertvolle Minuten und zu Hause eine Menge Nerven (»Iiiiiih, da ist Schimmel dran! Iiiiiih, den ess' ich nicht!«)

Ich habe also Bahnbrechendes von meiner Frau gelernt, aber ich bestehe auf Autonomie im Einkaufswagen. Meine Frau kauft nämlich vernünftig ein: Sie achtet auf Bio-Siegel (wegen des Gewissens), wiederverwertbare Verpackungen (wegen der Zukunft), wenig Geschmacksverstärker (wegen der Chemie) und wenig Zucker (wegen der Kinder).

Ich kaufe am liebsten das, was schmeckt. Mir schmeckt. Ich kaufe immer zwei Tüten Paprikachips, grobe Teewurst und eine Packung Eiersalat. Und ich nehme gern noch die Geflügelwurst, von der meine Frau immer sagt, sie bestehe zu neunzig Prozent aus Sägemehl.

Im Grunde finde ich bewusstes Essen und Einkaufen auch gut. Ich möchte mich schließlich nicht nur von Eingeschweißtem und Geschmacksverstärktem ernähren. Und ich will schon gar nicht, dass die Kinder kleine Pummel-Feen werden und denken, dass Ketchup gesund ist, weil er aus Tomaten besteht (obwohl auch ich noch nicht vom Gegenteil überzeugt bin ...).

Aber irgendwie ist achtsames Einkaufen auf Dauer auch verdammt anstrengend. Selbst bei dem Versuch, Obst zu kaufen, habe ich neulich noch mal gepatzt und ordentlich Karma-Punkte verballert: Ich habe die Nektarinen in die letzten Cellophan-Beutelchen gepackt, die an der Obsttheke hingen. Denn ich hatte die wiederbenutzbaren Obstbeutelchen vergessen. Das gab seeeeeehr strenge Blicke zu Hause.

Eine weitere Schwäche ist meine perverse Leidenschaft für Süßwaren aus den Siebzigern. Neulich habe ich mal wieder Jaffa Cakes gekauft. Diese Biskuits mit Orangengelee und einer Schicht Schokolade. Jeder Bissen ein Stück Kindheit. Und dann Nippon. Den Puffreis mit Schokoüberzug.

Die Familie reagierte völlig unterschiedlich. Jaffa Cakes mag auch der Sohn, die Kleine gar nicht. Auf Nippon stehen sie beide. Meine Frau auf gar nichts davon. Sie hat es schon mit Größe ertragen, dass ich mir ab und zu Gelee-Bananen kaufe. Und im Sommer sorgen meine Erfrischungsstäbchen bei uns regelmäßig für Stimmung. Denn wenn meine Frau etwas aus dem Kühlschrank holt und die Erfrischungsstäbchen sich bei der Gelegenheit aus Versehen in die Tiefe stürzen, bekommt man den klebrigen Kram wochenlang nicht vom Boden weg. Zerbrochene Erfrischungsstäbchen, das ist wie Napalm mit Kalorien.

Den letzten großen Erfolg habe ich mit Schokostreuseln gefeiert. Ich hatte den Kindern erzählt, dass Schokostreusel in meiner Kindheit mein Standard-Brotbelag beim Frühstück waren. Und ich musste beim nächsten Einkauf natürlich prompt eine Packung mitbringen. Der Erfolg war spektakulär: Die Kinder wollten Streusel auf Brot, Streusel in Milch, am liebsten Streusel pur.

Meine Frau sorgte sich natürlich, dass die Kinder an Skorbut sterben, wenn sie sich nur noch von gepresster Schokomasse ernähren. Treuherzig blickte ich sie an: »Ich habe das doch auch als Kind gegessen. Hat's mir auf Dauer geschadet?« Sie musterte mich kritisch und sagte: »Das ist noch nicht raus.«

Kurz darauf klagte sie einer Freundin ihr Leid. Das Lustige: Deren Mann hatte auch gerade alle nachhaltigen Frühstücks-Ambitionen der Familie unterwandert, indem er den Kindern Schokostreusel kredenzte. Handgeraspelt von echter Schokolade.

Das hat mich bestärkt und meine Frau kapitulieren lassen. Seitdem ist Einkaufen für mich nicht einfach das Besorgen von Lebensmitteln, sondern die Weitergabe von Familientradition. Wenn jemand unsere Kinder in vierzig Jahren fragt: »Was habt ihr von Eurem Vater fürs Leben mitbekommen!« Dann werden sie sicher mit verklärtem Blick sagen: »Schokostreusel.«

10 BUSINESS-TIPPS,
MIT DENEN SIE AUCH ZU HAUSE
ZUM GESCHÄFTSFÜHRER WERDEN

In der Arbeitswelt kennen Männer sich aus. Da wird jeder Karriereschritt akribisch geplant, jeder Zentimeter mehr an Macht ausgiebig gefeiert. Und zu Hause? Taumeln Sie unsicher zwischen Schuldgefühlen wegen Ihrer dauernden Abwesenheit und plötzlichen Anfällen von Strenge und Aktionismus.

Mein Rat: Versuchen Sie doch einfach, Ihre Karriere-Prinzipien auf das eigene Heim zu übertragen! Hier ein paar Tipps, damit Sie bald auch in Ihrem privaten Familienbetrieb zum Mitglied der Geschäftsführung werden.

SCHAFFEN SIE SICH EIN EIGENES PROFIL!
Karriereratgeber sagen: Seien Sie nicht wie alle anderen – also seien Sie zu Hause nicht so wie Ihre Frau! Fragen Sie mal Ihre Kinder: Was ist das Besondere an Ihnen? »Bei Papa gibt's immer Chicken Nuggets und Pommes?«, »Wir dürfen so laut sein, wie wir wollen?«, »Wir dürfen eine halbe Stunde länger aufbleiben?« Prima, dann weiter so! Sie müssen nicht alles richtig machen, Sie müssen es nur auf Ihre Art machen.

ETABLIEREN SIE EINE BELASTBARE FEHLERKULTUR!

Was soll's, dann ist das Essen eben mal angebrannt oder Sie haben den Elternsprechtag vergessen! Fehler passieren jedem – wichtig ist nur, dass man daraus lernt und es beim nächsten Mal besser macht. Aber: Das gilt nicht für die Ehe an sich! Gerhard Schröder ist zum fünften Mal verheiratet und keiner weiß, ob es wirklich jedes Mal besser wurde.

DELEGIEREN SIE ARBEIT!

Wer Arbeit verteilt, zeigt Übersicht und etabliert subtil ein Machtgefälle. Zum Beispiel so: »Kannst du schnell die Hecke schneiden, ich trage ja schon den Kasten Wasser rein.« Oder auch: »Ich sitze noch an der Einkaufsliste, tapezierst du dann schon mal das Kinderzimmer? Danke!« Es könnte natürlich passieren, dass das genauso schlecht klappt wie in Ihrer Firma.

SPRECHEN SIE ÜBER IHRE ERFOLGE!

Seien Sie nicht zu bescheiden, nur weil Sie sich noch ein bisschen unsicher fühlen. Sie bewerben sich doch auch auf Jobs, für die Sie offensichtlich nicht qualifiziert sind. Rufen Sie also laut vernehmlich durchs Haus: »Ich gehe gleich einkaufen, und die Liste habe ich ganz allein geschrieben!« »Ich habe Wäsche gewaschen – und dein Leinenkleid darf doch in den Trockner, oder?!« »Ich habe gekocht – und mit ein bisschen Ketchup schmeckt's!« »Ich habe meine Sachen für den Urlaub selbst gepackt! Macht ihr schnell den Rest?« Je öfter man kleine Fortschritte feiert, desto besser läuft's!

ARBEITEN SIE MEHR ALS ALLE ANDEREN!

Sie haben sich all die Jahre beim Firmenchef eingeschmeichelt, indem Sie morgens früher gekommen sind und abends länger geblieben sind als die anderen? Stark, Sie Präsenz-Prinz! Komisch, dass Sie zu Hause nichts zu melden haben, oder? Dann machen Sie die nächsten zwei Überstunden doch mal daheim. Morgen früh. Und schmieren Sie bei der Gelegenheit gleich die Frühstücksbrote für die Schule. Bis Ihre Frau sagt: Jetzt geh' doch mal endlich!

FÜHREN SIE MIT ZIELVEREINBARUNGEN!

Was lässt einen jeden depperten Chef und jede noch so blödsinnige Entscheidung ertragen? Richtig, die Aussicht auf einen Bonus am Jahresende! Versprechen Sie Ihren Kindern gleich im Januar eine Flatrate für den sauteuren Laden mit dem Bio-Eis und zu Weihnachten das Lego-Friends-Kaufhaus, wenn sie das ganze Jahr die Spülmaschine ausräumen.

BILDEN SIE NETZWERKE!

In Ihrer Versicherungsabteilung sind Sie über alles informiert, nichts entgeht Ihnen, bei Ihnen laufen alle Fäden zusammen? Dann jetzt mal ran ans Heim-Netzwerk! Auch in Ihrer Küche zu Hause gibt's eine Kaffeemaschine, an der Sie sich mit Ihrer Frau konspirativ treffen und über die Kinder lästern können. Und: Sprechen Sie ruhig mal mit den Nachbarn und muffeln nicht mies gelaunt an allen vorbei. Denn: Jede neue Information von außen ist eine harte Währung und lässt Sie im Ansehen der eigenen Sippe steigen: »Ihr werdet nicht glauben, was die Kleine von den Slominskis angestellt hat ...!«

MACHEN SIE SICH UNVERZICHTBAR!

Herrschaftswissen ist der Schlüssel, damit niemand mehr an Ihnen vorbeikommt. Sammeln Sie also Informationen, die nur Sie kennen: den Code für die Nintendo Switch, das Rezept für die Lieblingskekse der Kinder. Für den Anfang geht es auch einfacher: Stecken Sie den Schlüssel für die Süßigkeitenschublade immer in Ihre Hosentasche und geben Sie ihn nie aus der Hand.

SEIEN SIE INTRIGANT (EIN BISSCHEN)!

Vor dem nächsten Familiengespräch über den Urlaub: Ziehen Sie die Kinder auf Ihre Seite! Ihre Frau will in ein verträumtes Cottage in Schottland (laaaaangweilig!), Sie in den Robinson-Club auf Mallorca? Dann brauchen Sie geheime Vorverhandlungen im Feen-Zelt der Tochter. Und bitte: Versprechen Sie den Kindern genug als Gegenleistung für ihre Unterstützung. Nicht, dass Ihre Frau Sie heimlich überbietet!

EINE BEFÖRDERUNG IST DIE BESTE MOTIVATION!

Niemand macht gern die unbeliebten Jobs. Bis man ihnen bessere Bezeichnungen gibt. Sie hassen Putzen und die Steuererklärung? Dann ernennen Sie sich zum »Head of House Cleaning« und »Creative Lead Tax Declaration«. Auch andere motiviert nichts so sehr wie ein Schritt nach oben auf der Karriereleiter. Ihr Sohn hat keinen Bock, den Müll rauszubringen? Machen Sie ihn zum »Chief Officer Trashcan Transportation«!

MEIN KÖRPER IST EINE
HOCHLEISTUNGSMASCHINE (GEWESEN)

Eine der schönsten Illusionen bei Männern ist die der ewigen Jugend. Man kann sich selbst noch für eine relativ lange Zeit etwas vormachen, blöd wird es nur, wenn man ab und zu mit anderen Menschen zu tun hat.

Ich erinnere mich noch an einen niederschmetternden Moment im Großraumbüro: Ich ließ mich schwungvoll in meinen Schreibtischstuhl fallen, der wohlig knarzte. »Klingt fast wie ein Ohrensessel in einem englischen Herrenhaus«, sagte ich noch und schaute zu meiner Kollegin. Sie darauf nur verblüfft: »Ach, das ist der Stuhl – ich dachte, das war deine Hüfte.«

Ich wäre fast aus dem Quietschstuhl gekippt – halb vor Lachen, halb vor Betroffenheit. Ich fühlte mich ertappt. Denn offenbar erkannten auch andere, was mir insgeheim schon länger bewusst war: Seit ein paar Jahren knarzt mein gesamter Knochenbau wie eine spanische Galeere bei Windstärke zwölf. Wegen der ständig blockierten Halswirbel hat meine Ärztin mich sogar einmal zum MRT geschickt. Der Diagnosebericht war so dick wie das Strafgesetzbuch. Und nach eingehender Lektüre hatte man den Eindruck, dass die einzige Therapie nur noch ein humorloser Fangschuss sein kann: Bandscheibenvorfall, Verschleiß, abgenutzte Knorpel. Es war atemberaubend.

Ich besuchte dann einen französischen Chiroprakti-
ker, von dem mir Wunderdinge berichtet wurden. Er ließ
mehrere Knochen an mir knacken und befand: »Sitzen
ist Gift für disch!«

Nach dieser charmanten Zurechtweisung habe ich
versucht, im Büro öfter zu stehen, hochfahrbare Schreib-
tische sind ja gar nicht mehr so ungewöhnlich. Wobei:
Stehen war eigentlich auch falsch, denn ich war aus Versehen auch noch beim Angiologen. Der hat sich meine
Adern am rechten Unterschenkel angeguckt, weil sie
aussehen wie das Mississippi-Delta. Seine Diagnose:
ganz hübsch, aber die Venenklappen sind hin – das ist,
als würde die Schleuse Sülfeld versuchen, die Sintflut
aufzuhalten. Sein unmissverständlicher Rat: Legen Sie
öfter das Bein hoch!

Und nun? Wenn ich die ärztlichen Anweisungen hätte
streng befolgen wollen, hätte ich am Schreibtisch stehen
müssen – gleichzeitig im Stehen aber ein Bein hochlegen
sollen. Wenn ich das hingekriegt hätte, wäre es quasi
eine berufsbegleitende Ausbildung für den Zirkus Ron-
calli gewesen. Ich habe es besser gelassen und mich darauf konzentriert, die nächsten Zipperlein zu entwickeln.

Schon deprimierend, aber kaum steht beim Alter eine
4 vorn, geht's mit dem Allgemeinzustand bergab wie auf
der Streif in Kitzbühel. Gerade noch auf der Höhe meiner
körperlichen Leistungsfähigkeit, kurz darauf so fit wie
Ötzi. Und ich meine nicht den DJ. Es gibt tatsächlich nur
noch wenige Momente, in denen ich mich alterslos fühle.
Zum Beispiel, wenn ich mich mit dem Rücken zum Spiegel drehe. Oder die Zeitung so weit weghalte, dass ich sie
ohne Lesebrille entziffern kann.

Aber Alterslosigkeit ist leider ein sehr flüchtiges Gefühl. Denn die harten Fakten sagen: Bereits mit fünfzehn Jahren lässt die Elastizität der Linse nach, mit fünfundzwanzig Jahren werden Schleimhaut und Bindegewebe in der Nase dünner.

Bei zwei von drei Erwachsenen nimmt mit Ende zwanzig die Filterleistung der Niere ab, Medikamente werden langsamer abgebaut.

Das Lungenvolumen ist zwischen dem fünfundzwanzigsten und dreißigsten Lebensjahr am höchsten, dann sinkt es. Es kann nicht mehr so viel Sauerstoff aufgenommen werden.

Die morgendlichen Knitterfalten, die Sie mit Mitte zwanzig einfach weggeduscht haben, begleiten Sie allmählich immer länger durch den Tag, denn ab dreißig Jahren lässt die Spannkraft der Haut nach – Kollagen, Elastin und Hyaluronsäure nehmen ab.

Ab dreißig Jahren werden auch die Arterien steifer, ihre Wände dicker. Das Herz muss stärker pumpen, der Blutdruck steigt. Ebenfalls ab dreißig Jahren: Der Abbau der Muskelzellen beginnt, wenn wir komplett auf Sport verzichten, verlieren wir bis zum achtzigsten Lebensjahr vierzig Prozent der Muskelmasse. Und die Spermiendichte nimmt ab dem dreißigsten Geburtstag langsam ab.

Ab Mitte dreißig kommen dann die ersten grauen Haare. Und jeder dritte Mann über dreißig hat Zeichen von Haarausfall.

Die Altersweitsichtigkeit beginnt etwa mit vierzig Jahren.

Mit vierzig Jahren schnarchen bereits sechzig Prozent der Männer.

Mit fünfundsechzig Jahren ist dann die Lungenkapazität fast um ein Viertel geringer als bei einem Zwanzigjährigen.

Begleitet wird das alles von einer langsam sinkenden Testosteronproduktion ab Mitte zwanzig, ab vierzig Jahren geht der Testosteronspiegel jährlich um ein Prozent zurück – mit siebzig Jahren sind die Testosteronwerte um ein Drittel gesunken.

Alles in allem kann man sagen: Mit vierzig Jahren sollten Sie sich langsam einen Platz abseits der Herde suchen, an dem Sie in Ruhe verenden können.

Was kann man tun gegen den Verfall? Unsere Elterngeneration hatte noch eine recht pragmatische Art, mit kleinen körperlichen Unzulänglichkeiten umzugehen. Wenn meinem Vater etwas wehgetan hat, hat er es erst einmal lange ignoriert, dann Voltaren draufgeschmiert und dann ging es wieder. Und wenn nicht, ist er zum Arzt gegangen. Oder hat eine Aspirin genommen. Ich hatte als Kind ohnehin den Eindruck, dass Aspirin so etwas wie Smarties für Erwachsene waren, so locker wie sie eingeworfen wurden.

Doch so einfach Medikamente nehmen – das geht heutzutage natürlich nicht, jedes Zipperlein hätte man ja mit einer gesunden Lebensweise vermeiden können. Sagen ganz viele Ratgeber. Und Ärzte. Was früher ein stolzer Wohlstandsbauch war, zu dem einem die Nachbarn gratuliert haben und den man vor sich herschob wie die Frau den Kinderwagen, das ist jetzt: »Uiuiuiuiui, das sieht mir aber sehr nach viszeralem Bauchfett aus. Das bildet Entzündungshormone und fischt Ihr Testosteron ab.«

»Kann ich da eine Aspirin nehmen?«

Nein, natürlich ist die Lösung: Sport.

Also habe ich mich mit dreißig Jahren im Fitnessstudio angemeldet. Ein bisschen natürlich aus Eitelkeit, aber auch, weil ich gelesen hatte, dass eine gut ausgebildete Muskulatur bei Stürzen im Alter vor schweren Verletzungen schützt. In meinem ersten Fitnessstudio in Berlin war ich anfangs relativ enthusiastisch, denn man konnte auf dem Laufband MTV gucken (ja, sooo lange ist das schon her). Mit der Zeit hatte ich aber das Gefühl, noch nicht das perfekte Umfeld gefunden zu haben. Ich beschloss: Im nächsten Fitnessstudio sollen im Freihantel-Bereich keine Grunzlaute zu hören sein und es wäre auch schön, wenn sich niemand neben mir in der Dusche enthaart.

Das nächste Studio war sehr schick und leider voller Kollegen. Ich habe trotzdem ziemlich lange durchgehalten und mit einer Verbissenheit an den Gewichten gezogen, die meine bürobedingte Nackenverspannung dramatisch verschlimmert hat. Sport ist also nicht nur die Lösung, sondern manchmal auch Teil des Problems. Normalerweise ging ich dann zum Profi, der Orthopäde renkte mir die Wirbel mit lautem Knacken wieder ein. Doch irgendwann beschlich mich das Gefühl, dass die Bänder am Hals schon so wabbelig sind, dass mir nach dem nächsten Mal der Kopf herunterfällt.

Ich griff also zurück auf die altbewährten Familienrezepte: Wie Papa habe ich eine Aspirin genommen und wärmenden Muskelbalsam auf die schlimmen Stellen geschmiert. Kleiner Expertentipp: Nach dem Eincremen Hände waschen und nicht sofort Pipi machen. Das erspart Ihnen viel Kummer.

Ich hoffte durch die Aspirin-und-Balsam-Kur auf schnelle Besserung, aber: ich wurde mitten in der Nacht von Kopf- und Nackenschmerzen wach. Sicherheitshalber nahm ich eine Ibuprofen 800, die mir bis zum nächsten Morgen den Stecker zog. Die Nackenschmerzen blieben.

Im Büro tat immer noch alles höllisch weh, und ich hatte meine üblichen Hausmittel nicht dabei. Hektisch durchsuchte ich meinen Schreibtisch und fand schließlich: eine vergessene Tube pflanzlicher Wärmesalbe, die erst seit knapp drei Jahren abgelaufen war. Ich schlich diskret aufs Herrenklo und schmierte mir den Nacken ein. Problem: Die Salbe wärmte zwar sehr effektiv, aber sie roch atemberaubend. Drei Jahre Liegezeit haben da nix verbessert. Ein Kollege im Großraumbüro muss etwas bemerkt haben, er kam kurz darauf zu mir und fragte: »Rauchst du wieder?«

»Ja«, log ich. Was sollte ich denn sagen?! Nein, mein Nacken tut weh und ich habe ihn mit Salbe eingerieben, die wie drei Jahre alter Antilopen-Dung riecht? In meiner Verzweiflung suchte ich bei YouTube Rückenhilfe-Tutorials, schlich mich in ein leeres Büro und hampelte nach einer Video-Anleitung durch den Raum, die versprach: »Nackenschmerzen weg in acht Minuten«. Bei einer Übung steht man wie ein Sumo-Wrestler vor dem Kampf, die Hände auf die Knie gestützt und dreht rhythmisch den Oberkörper nach rechts und links. Allein durch die Panik, dass plötzlich ein Kollege reinkommt, wurde mir heiß. Vielleicht lag es daran, vielleicht an der Übung – plötzlich knackte es. Die Blockade war weg! Sie können sich nicht vorstellen, wie erleichtert ich war.

Als ich wieder klar denken konnte, musste ich einräumen, dass Gewichtstraining keine perfekte Methode ist, um symptomfrei fit zu bleiben. Was also stattdessen? Bei vielen Männern ist Laufen das Mittel der Wahl. Wird auch eine Menge Gewese drum gemacht, dass man sich praktisch in Trance laufen könne, Hochgefühle empfindet, ein richtiges High erlebt und glücklich nach zwei Stunden nach Hause kommt. Das kann ich so in letzter Konsequenz nicht nachvollziehen.

Ich laufe zwar schon seit einer ganzen Weile, aber nie länger als vierzig Minuten und zwischendurch mache ich mal zwei, drei Jahre Pause. Der Wiedereinstieg ist jedes Mal eine Tortur, die ich mir erleichtere, indem ich neue Lauf-Utensilien kaufe. Neue Schuhe, neue Mütze, neue Handschuhe, neues Shirt, neue Hose. Dann lasse ich das alles sorgsam im Schrank liegen. Neben den anderen vier Paar Handschuhen und vier Mützen. Wie soll ich denn nach all der Zeit auch wissen, was ich schon besitze und was noch nicht?

Schließlich raffe ich mich irgendwann auf und mache eine neue Lauf-Playlist auf Spotify. Und dann laufe ich los. Einfach so. Auf den ersten Metern schmerzt jeder Atemzug apokalyptisch, deshalb laufe ich langsam. Ganz langsam. Ich habe da wirklich keinen Geschwindigkeits-Ehrgeiz. Ich laufe auch im trainierten Zustand so unglaublich langsam, dass ich dieses Jahr erst einen Läufer überholt habe. Er trug einen Wollpullover. Und in schwachen Momenten fürchte ich, dass er einfach spazieren ging.

Immerhin spüre ich nach ein paar Wochen dann tatsächlich einen Trainingseffekt, ich laufe länger und einen ganz kleinen Hauch schneller und komme sehr zufrieden zu Hause an. Und da passiert das eigentliche Wunder: Ich lege mich auf die Shakti Mat. Die habe ich von meiner Frau bekommen, es ist eine Akupressurmatte, die man auf den Boden legt und sich selbst dann mit Rücken und Nacken darauf.

Hunderte kleiner Plastikstachel malträtieren die Rückseite, als sei man in einer Wochenendausbildung zum Hobby-Fakir. Es tut im ersten Moment höllisch weh, also genau die Form von Wellness, die man vor sich selbst als extrem männlich verkaufen kann. Warum auch nicht, jede Generation hat ihre absurden Gesundheitsutensilien. Unsere Großeltern hatten den Expander, meine Eltern die Rotlicht-Lampe, wir haben eben die Shakti Mat. Die Fakir-Matte beschert einem nach zehn Minuten einen quietschroten Rücken, die Durchblutung ist auf Volllast, jeder Muskel, der es noch wagt, einen Hauch von Verspannung zu zeigen, wird weggepikst.

Nicht schlecht, oder? Seitdem habe ich tatsächlich kaum noch Nackenschmerzen. Die Fakir-Matte kann einiges, aber sie kann nicht jedes Zipperlein heilen. Muss sie auch gar nicht. Denn ich habe inzwischen gelernt, dass es überhaupt nicht nötig ist, alle Wehwehchen zu kaschieren, alle Schwächen zu überspielen und alle körperlichen Unzulänglichkeiten verzweifelt zu bekämpfen. Es kommt die Zeit, in der jede Macke eine Superkraft wird.

Meine Erkenntnis kam, als ich mir die S-Klasse der Armverletzungen zugezogen habe: das Karpaltunnelsyndrom. Klingt wie eine schwere Psychose nach einem Entführungsdrama in den rumänischen Bergen. Ist aber ein verengter Nervenkanal im Handgelenk. Das oberste

Daumenglied fühlt sich dadurch etwas taub an. Da Männer ohnehin im Ruf stehen, nicht zuzuhören, ist Taubheit am Daumen keine Schande. Ganz im Gegenteil, die erstaunliche Erfahrung war: Ja, ich bin kaputt – aber ich bin nicht allein.

Jeder Typ, dem ich von meinem Leid erzählt habe, sah mich mit halb mitleidendem, halb bewunderndem Blick an. Und meist hat er dann eine eigene Krankheitsgeschichte erzählt. Nicht nur das, ausnahmslos jeder hat seine Malaisen so ausgeschmückt, als sei er dem Tod nur mit knapper Not von der Schippe gesprungen. Es war wirklich erstaunlich, nach kurzer Zeit hatte ich das Gefühl, dass es im erweiterten (männlichen) Bekanntenkreis zu einem härter werdenden Wettrüsten mit den schönsten Macken kommt: Ein Freund berichtete neulich von der Domestizierung seines Reflux-Magens, meinen Schwager plagt ein XXL-Bandscheibenvorfall und den Nachbarn die Laktose-Unverträglichkeit.

Ist das schlimm? Ich finde, es ist eine sehr erwachsene Art, mit kleinen körperlichen Schwächen umzugehen: Mach' einfach eine Stärke daraus!

Das Tolle daran: Auch wir können jetzt mit unseren Macken angeben wie früher die Omas und Opas am Kaffeetisch. Das kennen Sie auch, oder? In der Erinnerung habe ich noch das Bild familiärer Tafeln bei 90. Geburtstagen, an denen das vorherrschende Thema die Krankheitsgeschichten waren, als sei der eigene Körper die Ostfront. Und immer war einer dabei, der eine Faust durch die Luft schwenkte und rief: »Gallensteine haben sie mir rausgeholt, so groß waren die!« Bald werde ich auch mit ein paar Freunden dasitzen und rufen: »Taub, der Arm, bis hoch zum Ohr!« Und der nächste dann: »Ist ja noch gar nichts! Haarausfall habe ich, als wäre Agent Orange im Shampoo!« Und dann der Dritte: »Hör auf, ich habe mir am Vollholz-Kinderstuhl drei Zehen gebrochen!« Und dann einer: »Boah, ich hab' so zugenommen, dass ich nie wieder Sonnenbrand auf den Füßen bekomme.«

Als Nächstes kann man sich dann ausgiebig über die möglichen Abhilfen, Therapiemethoden und Arzt-Terminbuchungen über Onlineportale unterhalten.

Und weil das gerade so große Freude macht, erzähle ich Ihnen noch, wie ich das Krampfader-Delta am Unterschenkel losgeworden bin. Erst mal habe ich mir eingeredet, dass Krampfadern irre männlich sind, bei Bodybuildern zum Beispiel sind ausgeprägte Adern ja auch Teil des ästhetischen Konzepts.

Dann habe ich jedoch gelernt, dass Krampfadern auf Dauer wirklich unangenehm werden können und dass die Ursache für die Unterschenkel-Varizen weiter oben sitzt. Sie heißt: Große Rosenvene. Sie transportiert Blut durch den Oberschenkel und ist bei mir in etwa so zuverlässig wie das WLAN im Intercity. Also riet mir der Arzt: veröden. Immerhin bekam ich dafür das komplette Besteck: OP, Vollnarkose. Als ich wach wurde, fragte die Schwester:

»Haben Sie Schmerzen?«

»Ja, sicher!«

»Wie stark von 1 bis 10?«

»17!«

Kurz darauf brachte meine Frau mich nach Hause, und schon auf dem Weg empfing mich das uneingeschränkte Mitgefühl der Familie. Unser Junge schrieb mir eine Nachricht: »Überlebst du's?« Seine kleine Schwester fand's zu Hause blöd, dass sie nicht auf den Schoß durfte. Ansonsten bewegte ich mich gazellengleich in den Kompressionsstrümpfen.

Zwei Tage später wurden die großen Pflaster am Bein gewechselt. Die Arzthelferin war wirklich vorsichtig, aber ich kam mir vor wie beim Brazilian Waxing, als sie die Kleber mit einem RATSCH vom Oberschenkel zog. Und da sah ich zum ersten Mal den ärztlichen Arbeitsnachweis. Gut, ein paar blaue Flecken waren da. Aber die Adern: weg. Und nach ein paar weiteren Tagen hatte ich Beine wie eine griechische Götterstatue!

Ich muss gestehen, dass ich den Ruhm des leidenden Patienten ein bisschen genossen habe. Vor allem freue ich mich auf die nächste Familienfeier. Die werden Augen machen. Und was ich alles erzählen kann!

DIE PUTZFRAU, DAS BIN ICH

Über das Zusammenleben von Männern und Frauen gibt es endlos viele Klischees. Soll ich Ihnen schnell auf die Sprünge helfen? Bitte: Männer überschwemmen das Bad beim Duschen, räumen nicht auf, lassen ihre Haare im Abfluss, hassen Hausarbeit, stellen sich absichtlich dämlich an, damit ihnen ihre Frau die Arbeit wieder abnimmt.

Das mag ja auf einige Fälle zutreffen – ich bin das lebende Gegenbeispiel. Ich mochte einige Hausarbeiten schon immer ganz gern, und: Ich bin ordentlicher als Frauen!

Ich mag meinen Rasen hübsch getrimmt, hasse achtlos zu Boden geworfene Klamotten, schiebe die Hefte auf dem Zeitschriftenstapel immer in eine gerade Linie, mache jeden Morgen das Bett, falte meine T-Shirts exakt auf die gleiche Breite. Und das alles, obwohl ich nicht bei der Bundeswehr war.

Ich bin zweifellos ein Freund der oberflächlichen Ordnung, ich mag es nicht, wenn etwas rumliegt, aber ich bin durchaus großzügig darin, alles Herumliegende in Schubladen oder hinter Schranktüren verschwinden zu lassen. Mir ist zum Beispiel wurscht, ob ich im Kühlschrank die Paprika ins Fleischfach lege oder den Aufschnitt zu den Tomaten. Hauptsache, das ist aus den Augen.

Ich bin in Sachen Ordnung und Aufräumen wirklich ein Traumtyp. Finde ich. Und? Werde ich dafür jeden Tag von meiner Frau auf Händen durchs Haus getragen? Nö. Aus leidvoller Erfahrung kann ich Ihnen sagen: Ordentlich sein nervt auch. Die anderen nämlich.

Ich habe zum Beispiel fast körperliche Schmerzen, wenn ich Decken sehe, die nach der Benutzung achtlos aufs Sofa geworfen werden. Meine Frau liebt es leider, sich in Wolldecken einzurollen. Gleich als wir zusammengezogen sind, hatten wir deshalb ein Deckenfalt-Gespräch. Meine Frau denkt mittlerweile in 80 Prozent der Fälle daran, es gibt allerdings auch Momente, in denen ihr wortloses Deckenfalten sagt: »Ich falte diese Decke, weil es dir offenbar wichtig ist – aber ich tue es mit einer tödlichen Verachtung für die Handlung und versuche dabei, meine persönliche Integrität, meinen Stolz und meine Würde zu bewahren.« Es ist ein stiller Protest, als wäre ich die englische Besatzungsmacht und sie Mahatma Gandhi.

Das ist okay für mich. Ich muss nicht immer moralisch integer sein – Hauptsache, die Decke ist gefaltet.

Ich bin wie gesagt selbst ein sehr penibler Falter. Sobald ich irgendwo einen Korb Wäsche sehe, falte ich den Kram so exakt, als wäre gleich Spindkontrolle. T-Shirts, Hosen, Sweatshirts, Pullover, Handtücher, Bettwäsche, Unterhosen – immer her damit, Papa macht präzise Stapel daraus, die Kanten bündig und so stabil, dass man die Klamotten bis zur Traufkante des Empire State Buildings stapeln könnte. Alles genau auf Breite DIN-A4, so straff, dass Sie sich das Bügeln sparen können.

Woher das kommt? Mein erster Studentenjob war im

»Warner Bros. Studio Store« in Berlin. Da gab's T-Shirts und Sweatshirts mit Daffy Duck, Bugs Bunny, Road Runner und so. Und offenbar war man der Meinung, dass sich Shirts besser verkaufen, wenn sie mit chirurgischer Präzision gefaltet werden. Meine Karriere in dem Laden endete nach einem halben Jahr (ich war wahrscheinlich zu gut), aber das Faltbrett trage ich seitdem innerlich bei mir.

Ein weiterer Punkt, in dem ich deutlich pingeliger bin als meine Frau: hochgeklappte Toilettendeckel. Das ist unmännlich, ich weiß. Aber was soll ich machen? Seit einem Jahrzehnt versuche ich in unserem Haus eine strikte Deckel-runter-Politik zu etablieren. Aber das ist so aussichtslos, als würde ich einer Männer-WG Mülltrennung erklären. Es gibt Tage, an denen ich neun Mal irgendeinen Toilettendeckel im Haus herunterklappe. Und ich frage mich ernsthaft, was der Reiz daran ist, den Deckel oben zu lassen und permanent ins Gewässer zu blicken. Gibt einem das leise Plätschern die Illusion, ein Haus am See zu haben?

Meine häusliche Ordnung ist, wie gesagt, sehr auf oberflächlichen Schein ausgerichtet, in die Tiefen des Aufräumgeschäfts steige ich selten ein. Meiner Frau wiederum sind herumliegende Einzelteile wurscht, dafür ist sie diejenige, die alle paar Monate die Schränke ausräumt und grundreinigt. Früher nannte man das Frühjahrsputz oder kalkulierten Kontrollverlust, jetzt heißt es: Aufräumen nach Marie Kondo.

Wenn Sie eine Frau sind, sind jetzt keine weiteren Erläuterungen nötig, wenn Sie ein Mann sind: Marie Kondo hat eine Aufräummethode erfunden, bei der man jedes

Teil in die Hand nimmt und sich fragt: Macht mir das noch Freude?

Als meine Frau mit der letzten Aufräumaktion fertig war, stand dort ein großer schwarzer Abfallsack. Daneben eine glückliche Frau. Das ganze Ausmaß der Mariekondoisierung unserer Küche sah ich erst am nächsten Tag. Müslischalen – weg. Tassen – weg. Topflappen – weg. Dachte ich. Tatsächlich hatte meine Frau umgeräumt. Damit waren meine Schaltkreise überfordert, ich stand wahrscheinlich regungslos und leise brummend in der Küche. Dann kam meine Frau herein und gewährte mir stolz eine Führung durch das neue Reich. Ich war auf vieles vorbereitet im Leben, aber nicht darauf, dass ich für die eigene Küche einen Sherpa brauchen würde. Ich hatte mich doch gerade erst an die alte Ordnung gewöhnt!

Mittlerweile denke ich jedenfalls über eine eigene Aufräummethode nach, die ich durch ein Buch weltweit verkaufen kann und dadurch zum Millionär werde. Ich nenne sie: »Aufräumen mit Michael Witt«. Dabei nimmt man jedes Teil in die Hand und fragt sich: Wie kann ich es so verstecken, dass es niemand mehr sieht und es nicht mehr im Weg herumliegt? Die Kinder sind schon auf einem verdammt guten Weg, ich erkenne da ein ganz großes natürliches Talent. Jetzt muss meine Methode nur noch ihren Siegeszug um die Welt antreten – dann bin ich so reich, dass ich andere für mich aufräumen lasse.

Andere für sich reinigen zu lassen, das ist eine Haltung, die beim Großteil der Männer durchaus akzeptiert ist. Es gibt ja immer wieder Untersuchungen und Umfragen darüber, wie wenig Männer sich an häuslichen Verrichtungen beteiligen. In einer Bertelsmann-Studie von Dezember 2020 gaben 69 Prozent der Frauen an, dass sie den Großteil der Hausarbeit übernehmen. Gerade einmal 11 Prozent der Männer konnten das von sich behaupten. 69 zu 11! Liebe Männer, stellt euch mal vor, das wäre ein Handballergebnis!

Andererseits waren 63 Prozent der Männer davon überzeugt, Hausarbeit und Kinderbetreuung seien ungefähr gleich verteilt. Bei den Frauen sagten das nur 43 Prozent. Sensationell, oder? Um noch mal bei dem Handballbild zu bleiben: Das ist so, als würden Sie mit 11:69 Toren vermöbelt und sagen anschließend todernst in die erste Fernsehkamera, das sei ja tatsächlich mal ein verdientes Unentschieden.

Ich hatte in Sachen Hausarbeit schon immer Inselbegabungen. Ich mag Aufräumen (klar), und außerdem: Bügeln und Fensterputzen. Stellen Sie sich jetzt bitte innerlich einen kleinen Tusch vor, denn Bügeln ist eigentlich die unbeliebteste Tätigkeit im Haushalt, knapp vor Toilette reinigen.

Woher diese Ablehnung nur kommt? Bügeln ist für mich ein bisschen wie Rasenmähen, mit jeder Bewegung schafft man mehr Ordnung. Es ist ein meditativer Vorgang, als würde man mit jedem Strich des Bügeleisens ein paar Sorgenfalten wegbügeln, nachdenken, innehalten, zur Ruhe kommen. Aber bevor Sie jetzt zur Post laufen und mir per DHL-Paket Ihre Bügelwäsche schicken, weil Sie glauben, Sie könnten mir damit eine Freude machen: Ich bügele ganz gern. Wenn es nötig ist. Aber ich kann mir schönere Dinge vorstellen.

Zum Beispiel Fensterputzen. Tolle Sache. Gerade noch erscheint die Welt da draußen düster, grau und trüb. Ein paar Putzeinheiten später sehen die Bäume wieder grüner aus. Und wenn man länger nicht geputzt hat, fühlt es sich so an, als sei es morgens eine Stunde eher hell.

Ganz wichtig ist übrigens in beiden Fällen das Material. Ein Highclass-Bügeleisen habe ich mir schon vor zwanzig Jahren gekauft, und ich finde ernsthaft: Jeder Mann sollte so eins besitzen. Das ist ungefähr so, als würden Sie von einem GOLF II auf einen Tesla umsteigen. Und zum Fensterputzen habe ich mir vor fünf Jahren die Profiausstattung aus dem Baumarkt zugelegt. Seitdem wird alles so streifenfrei sauber, als hätte man neue Scheiben eingesetzt.

Ach ja, und es gibt noch einen Bereich, den ich wahnsinnig gern putze: die Küchenarbeitsplatte. Flecken darauf nerven mich so sehr, dass ich sie stundenlang polieren könnte – bis sie glänzt wie die Kronjuwelen. Ich weiß noch, dass ich beim Küchenkauf ausdrücklich gegen eine Holzarbeitsplatte war, weil darauf ständig Wasserränder zu sehen sind. Wir haben uns für schwarzen Granit entschieden. Resultat: Darauf sieht man einfach jeden Fleck, jeden Krümel und jeden Fingerabdruck.

Wenn ich in die Küche komme, fällt mein erster Blick natürlich auf – die Arbeitsfläche: sechs Handabdrücke, mittlere Größe. Wahrscheinlich der Zwölfjährige, der sein Handy zum Aufladen eingestöpselt hat, bei der Gelegenheit noch einen Toast aus der Brotbox gefischt hat oder sich einfach mal aus Langweile an der Platte abgestützt hat. Also: Mikrofasertuch geschnappt, drübergewischt.

Acht Minuten später. Meine Frau hat sich einen Kaffee

eingeschenkt, Obst geschnitten und ihre Brille unter dem Wasserhahn gereinigt. Und für meinen kritischen Blick sieht es aus, als hätte jemand im Spülbecken eine Poolparty veranstaltet: Wasser überall auf der Arbeitsplatte. Tiefer Seufzer, leichtes Grummeln. Lappen geschnappt, drübergewischt.

Ich habe mich wirklich schon oft gefragt, ob andere Männer so etwas auch haben. Es muss gar nicht unbedingt die Granitarbeitsplatte in der Küche sein – aber grundsätzlich einen Bereich, in dem sie reinlich sind wie eine OP-Schwester. Vielleicht beim Autolack, ihrer Werkbank im Keller oder dem 2000-Euro-Schallplattenspieler? Irgendein Teil im Haus jedenfalls, mit dem sie so fürsorglich sind, als würden sie statt der Oberfläche ihre eigene Haut streicheln.

Meine Familie scheint mir insgeheim einen Gefallen tun zu wollen, indem sie immer wieder zielsicher in meinem heiligen Bereich Teller und Tassen stehen lässt, Krümel und Abdrücke verteilt, damit Papa was zu tun hat. Und dann räume ich auf, nehme einen Lappen und wische drüber.

Sie sehen: In Sachen Haushalt konnte ich schon immer ein paar absurde Talente einbringen. Bei anderen Tätigkeiten regt sich bei mir Widerstand, um es mal vorsichtig zu sagen. Staubwischen und Staubsaugen halte ich zum Beispiel für unnötig. Staub ist ja quasi unsichtbar und gilt für mich damit als unschädlich – genauso wie UV-Strahlung. Erst wenn der Staub in kleinen Büscheln durchs Schlafzimmer rollt wie die Strohballen durch eine Geisterstadt bei »Western von Gestern« werde ich unruhig.

Es gilt dann, die Nerven zu bewahren und abzuwarten. Denn meine Frau hat eine leichte Hausstauballergie. Wenn ich es klug anstelle und nicht hektisch agiere, habe ich gute Chancen, dass sie vor mir zum Staubwedel und zum Staubsauger greift. Das ist grundsätzlich eine gute Version der Arbeitsteilung: Jeder macht das, bei dem er zuerst die Nerven verliert.

Meine Frau denkt genauso. Wenn sie sich ein Brot schmiert und Teller und Messer stehen lässt (und womöglich noch ein paar Toastkrümel verteilt hat), kann sie mit tödlicher Sicherheit darauf setzen, dass ich alles in die Spülmaschine räume und die Krümel aufwische. Sie sagt dann mitfühlend (und irgendwie auch zufrieden, als sei da ein brillanter Plan aufgegangen): »Ich weiß ja – du kannst das nicht ertragen ...«

Die Verteilung der Hausarbeit ist bei uns also eine putzige Mischung aus Leidenschaft und Schmerz, einen Plan oder eine gerechte Aufteilung hat es nie gegeben. Davon habe ich ziemlich lange profitiert, denn meine Frau hat das übernommen, was noch zu erledigen war – und das war einiges. Spülmaschine ausräumen, Müll wegbringen, Wäsche waschen, putzen (abgesehen von den Fenstern und der Küchenarbeitsplatte) ...

Ich hatte ja die Doppelbelastung Vollzeitarbeit und einmal pro Woche in den Getränkemarkt fahren. Die Dinge änderten sich, als ich begann, mehr zu Hause zu sein. Zunächst nur einen Tag, meine Frau hatte einen neuen Job angetreten, jetzt Vollzeit. Ich freute mich sehr – denn ein Tag mehr zu Hause, wie toll ist das denn?!? Mehr Freiheit, weniger Stress, mehr Zeit für mich, weniger Verantwortung.

Das Blöde war, dass damit all die Dinge, die sie vorher übernommen hatte, jetzt mir zufielen. Darauf hatte mich niemand vorbereitet! Das schmutzige Geschirr, die muffigen Klamotten, der Staub ... all das blieb erst mal liegen und begann dann irgendwann ganz leise nach mir zu rufen: »Wenn du dich nicht um uns kümmerst, wird es niemand tun!« Ich drehte die Musik lauter, aber irgendwann war das Rufen nicht mehr zu überhören: »Wenn du dich jetzt nicht um uns kümmerst, sagen wir es deiner Frau!«

Ich fing also mit den offensichtlichen Sachen an, mit Spülmaschine, Müll und Wäsche und das war ja noch ein fairer Deal. Die Wäsche hatte ich ohnehin schon gefaltet, da konnte ich die paar Handgriffe vorher auch noch übernehmen. Leider habe ich am Anfang die Handgriffe in die Kinderhosentaschen vergessen. Und es gibt kaum etwas Schöneres, als eine volle Wäscheladung aus der Trommel zu holen, in der sich zweieinhalb Stunden lang feuchte Fetzen von zwei Taschentüchern verteilt haben, weil man sie leider übersehen hat. Die anschließende Sucharbeit in sechs Kilo Wäsche erinnert fatal an Strafarbeit im Jugendknast.

Anfängerpech, kann eben mal passieren. Wenn solche Hürden genommen sind, bleibt nur noch das Thema: Staub. Auch da habe ich eine Lösung gefunden – ich habe einfach meine Toleranzgrenze noch ein Stückchen weiter angehoben. Meine Frau hat ein bisschen öfter geniest in der Zeit, aber das kann auch ein Infekt gewesen sein.

Leider hat das dem Gott der Gleichberechtigung noch nicht gereicht, er hat uns eine Pandemie geschickt. Genauso wie bei der Organisation des Familienlebens richteten sich plötzlich alle Augen auf mich, denn andere Arbeitskräfte standen nicht zur Verfügung.

Wenn ich also am Freitag mit Homeschooling durch war, habe ich mit der Wäsche angefangen, der Samstag war Putztag. Ich habe die Bäder gemacht, die Kinderzimmer, das Schlafzimmer, meiner Frau habe ich großzügig das Wohnzimmer überlassen, da steht das große Sofa (staubig!).

Unangenehmer Nebeneffekt für die Familie: Die Küchenarbeitsplatte war plötzlich überall. Ich konnte es nicht mehr so gut ertragen, wenn die Waschbecken verschmiert waren oder die Badewanne voller Schlieren, wenn Tropfen auf den Armaturen waren oder Dreck auf der Treppe. Dinge zu putzen bedeutet eine faszinierende Form der Aneignung, als habe man eine ganz neue Beziehung aufgebaut. Das war plötzlich nicht mehr nur MEINE Küchenarbeitsplatte, auf der jemand rumkrümelt, sondern auch MEIN Waschbecken im Kinderbad und MEINE Duschkabine, die voller Kalkflecken war.

Meine Besitztümer haben sich also immens vermehrt. Gut, sie haben mir vorher auch schon alle irgendwie gehört, aber jetzt hatte ich sie gereinigt, poliert, entstaubt und gebohnert. Und erst damit waren sie MEINS. Das meint man wohl, wenn man sagt, dass einen Arbeit bereichert. Mich überkam jedenfalls ein absurder Stolz, durch das frisch geputzte Haus zu gehen und über saubere Flächen zu streichen.

Nach außen hin konnte ich meine neue Rolle allerdings noch nicht so überzeugend vertreten. Ich hatte pünktlich vor Corona meinen alten Job aufgegeben und immer, wenn mich jemand fragte, was ich beruflich mache, sagte ich: »Hausfrau und Mutter.« Als bräuchte ich den Umweg über einen Witz, um klarzumachen, dass ich die Hauptverantwortung für Haus und Kinder übernommen habe. Ich fand das immer noch besser als: »Ich leite ein kleines Familienunternehmen.«

Mittlerweile würde ich sagen: ich bin Lehrer und Steuerberater, Personal Shopper, Onlinehändler, Koch, Projektleiter, Coach, Notfallmediziner, Anti-Aggressions-Trainer, Organisationsberater, Gebäudereiniger, Therapeut, Maler, Mechaniker und betreibe einen Waschsalon.

Dass die Welt um mich herum noch deutlich tiefer in alten Rollenklischees steckt, habe ich dann auch gemerkt. Als die Corona-Beschränkungen langsam gelockert wurden, habe ich vorsichtig bei einer Reinigungskraft angeklopft, ob sie uns nicht künftig unterstützen könne. Ich führte die sehr engagierte und erfahrene Dame durchs Haus, erklärte ihr die Besonderheiten, was uns wichtig ist, welche Flächen empfindlich etc.

Und als wir fertig waren, sah sie mich mit warmem Blick an und sagte: »Schönes Haus! Und so ordentlich, so sauber – ein großes Kompliment an ihre Frau!«

An! Meine! Frau?!?!

Sie können sich nicht vorstellen, wie empört ich war. Sexismus ist doch Männersache!

SIE LIEBEN DIE MUTPROBEN
DES ALLTAGS? DANN SETZEN SIE
WENIGSTENS EINEN HELM AUF

Ein Nachmittag im August, die Sonne steht hoch am Himmel und das Thermometer zeigt 32 Grad. Meine Frau erzählt mir noch, dass sie einen Termin beim Finanzberater hat. Wegen der Altersvorsorge. Stutzig machte mich die Begründung: »Falls dir was passiert. Oder du krank wirst. Oder einen Unfall hast.«

Ich habe mich erst mal darüber aufgeregt, dass sie mich für so klapperig hält, dass mit meinem Ableben noch vor Sonnenuntergang zu rechnen ist. Wenn ich da nur schon geahnt hätte, wie nahe sie an der Wahrheit war. Denn ich hatte eine Idee: Ich ging laufen. Joggen, etwa 40 Minuten, das sollte reichen. Eigentlich bekloppt. Aber ich dachte mir, dass bei über 30 Grad auch die Fettverbrennung besser funktioniert. Ich lief also los, schleppte mich durch die Hitze und als ich zurück kam, war ich so ausgetrocknet wie eine Rosine. Eine sehr lange Pause wäre sinnvoll gewesen, aber: Ich hatte zu Hause gleich die nächste brillante Idee: Ich schwitze ja ohnehin – da könnte ich auch den Schuppen aufräumen. Man muss wissen: Unser Schuppen ist eine zwei mal zwei Meter große Blechbüchse mitten in der Sonne.

Aber wenn ein Mann eine Entscheidung trifft, dann muss sich ihm notfalls auch das Klima unterwerfen.

Energisch wühlte ich mich durch Rasenmäher, alte Kinderfahrräder und Unrat im Schuppen, sortierte neu, fegte, schwitzte weiter. Alles musste raus, die Spinnen, aufgestapelte Gartenutensilien, die alten Blumentöpfe – und Sinn und Verstand offenbar auch. Dann musste ich mich kurz festhalten, weil mir ein bisschen schwummrig war. Vielleicht doch mal was trinken? Ich drehte mich um. Und um mich drehte sich alles. Plötzlich hatte ich panische Angst, lang hinzuschlagen und in Funktionskleidung vom Vertikutierer aufgespießt zu werden.

Hatte meine Frau etwa eine Vorahnung?

In der sicheren Überzeugung, dass ich unzerstörbar sei, hatte ich wahrscheinlich in eineinhalb Stunden drei Liter Flüssigkeit verloren und war nahe dran, einfach zu Staub zu zerfallen. Man muss schon reichlich behämmert sein, um so eine Aktion zu starten wie ich, oder einfach: ein Mann.

Anderes Beispiel: Ich erinnere mich noch gut an das Silvester vor zwei Jahren. Kurz nach Mitternacht, ein Freund hielt einen extrem dicken China-Böller in der Hand, zündete ihn in der Hand an – und als man sich gerade damit abfand, dass sein Abend in der Notaufnahme enden würde, warf er ihn aufreizend langsam weg.

Man hätte den Böller natürlich vorschriftsmäßig auf den Boden legen, anzünden und sich rasch entfernen können. Aber das ging nicht. Denn Männer suchen die Gefahr, den Kick, den täglichen Kampf ums Überleben. Aber wo findet man den mit Ende vierzig im Reihenendhaus?

Früher konnte man so schön männliche Sachen machen, man konnte mit bloßer Hand einen Braunbären erlegen, man konnte einen anderen Typen zum Duell auffordern, man konnte als protestantischer Mann eine katholische Frau heiraten oder auch einfach einen Krieg anzetteln. Alle diese Dinge waren unglaublich männlich und riskant, oder wie wir heute auch sagen: edgy.

Damals waren wir Jäger und Sammler – heute sind wir das auch noch, aber: Schnäppchenjäger am Black Friday und Punktesammler bei Payback.

Wenn die Welt kein täglicher Überlebenskampf mehr ist, wenn die alten Tugenden, die den Fortbestand der Familie gesichert haben, nicht mehr gefragt sind, wenn keine Kontinente mehr zu entdecken und keine Raubtiere mehr zu besiegen sind, dann muss man die Abenteuerlust eben anders stillen. Man könnte zum Beispiel den Bausparvertrag kündigen. Doch es geht auch wilder. Es muss ja nicht gleich die Himalaya-Besteigung oder der Ultramarathon im Death Valley sein. Ich sage Ihnen: Der Alltag hält genug Mutproben bereit, man muss sie nur suchen. Tatsächlich sind wir Männer ständig auf der Suche. Und werden fündig!

Zum Beispiel so:

- ▶ Wir halten es für feige, bei kleineren Elektroreparaturen die Sicherung rauszudrehen.
- ▶ Wir zahlen 25 Euro für eine Tabascosoße, die so scharf ist, dass man damit Tresorwände perforieren könnte.
- ▶ Wir mähen so knapp am Elektrokabel des Rasenmähers vorbei, dass sich die Härchen auf dem Unterarm kurz aufrichten.

- Wir benutzen weiter die Klinge am Nassrasierer, die wir schon 2004 ausgepackt haben.
- Das Eincremen am Strand empfinden wir als Zweifel an der Widerstandsfähigkeit unserer Körper. Was richtig braun werden will, muss erst mal rot sein.
- Mützentragen im Winter ist nur was für Kleinkinder und ältere Damen. Unser Haupt muss sich frei entfalten können.
- Wir sagen Sätze wie: »Wenn ich die Leiter auf einen Stuhl stelle, komme ich da oben dran!«
- Das Lesen einer Bedienungsanleitung ist unter unserer Würde. Diese Ikea-Möbel sind doch alle gleich, oder?
- Wir zahlen 200 Euro Aufpreis, um beim Metallica-Konzert direkt vor den Boxen zu stehen.
- Vor dem Köpper vom Beckenrand würden wir niemals die Wassertiefe testen.
- Wir versuchen, uns in Parklücken zu zwängen, die einen Meter kürzer sind als unser Auto.
- Wenn uns jemand sagt: »Das ist wirklich sehr zu schwer zu tragen, geh' doch zweimal.« Dann tun wir alles – aber wir würden niemals zweimal gehen.
- Und wenn wir wirklich mit allem abgeschlossen haben, wenn wir den ultimativen Kick suchen – dann lästern wir im Soziologie-Grundkurs an der Uni übers Gendern.

Auch ich gebe mich nicht mit Schuppenaufräumen im Hochsommer zufrieden, ich habe mir eine weitere tägliche Nahtoderfahrung gesucht. Meine persönliche Mutprobe bestehe ich jeden Morgen unter der Dusche: Ich schiebe den Temperaturregler ganz nach rechts auf »Kalt«, drehe das Wasser auf – und schon trifft mich der Strahl so erschreckend wie der unangekündigte Physiktest in der siebten Klasse. In Sekundenbruchteilen ist mein ganzer Körper voller Adrenalin und schreit sehr laut: Alarm!

Ich ertrage den Kälte-Schock freilich mit einer männlichen Größe, die ihresgleichen sucht. Nur manchmal wimmere ich sehr, sehr leise ein bisschen vor mich hin. Aber das hört niemand. Oder doch? Einmal öffnete unser Zwölfjähriger die Badezimmer-Tür, als ich gerade wieder (wie ich meinte) aufrecht, stumm und stolz den Schmerz ertrug und sagte nur: »Papa, stirb leise!«

Ist das nicht schön, wenn die wohligen Worte der Familie einen wärmen wie ein Lagerfeuer?

Warum ich auf kalt Duschen gekommen bin? Vor ein paar Jahren hat eine Kollegin einen sehr schönen Text über ihre Mutter geschrieben, in dem sie davon erzählte, dass sie eine Angewohnheit von ihr übernommen hat: kalt Duschen am Morgen. Und dass dadurch weder ihre Mutter noch sie selbst jemals krank gewesen seien.

Mein männlicher Ehrgeiz war geweckt, das wollte ich auch. Ich dachte mir also: Was die beiden Damen schaffen, das schaffe ich erst recht! Ich begann vorsichtshalber im Sommer mit dem Training und duschte mir erst mal zitternd Unterschenkel und Unterarme ab. Arbeitete mich langsam weiter, zog das fortan jeden Morgen durch. Und ich kann Ihnen sagen: Die Zahl der Erkältungen pro Winter ging bei mir von sechs auf null zurück.

Das Schöne am kalt Duschen ist, dass es auf perfekte Art das Leben eines Höhlenmanns mit dem eines Achtsamkeits-Influencers vereint. Der Niederländer Wim Hof hat aus der Kältegewöhnung gleich ein Geschäftsmodell gemacht, indem er kalt Duschen und Eisbaden mit Atemübungen und Meditation verbunden hat. Perfekt, oder? Als hätten ein Wikinger und ein Yogi ein Start-up gegründet. Ich empfinde mein Schnattern unter der Dusche jedenfalls als Kräftemessen mit den Elementen und gleichzeitig weiß ich: Durch das Stimulieren der 125 Blutgefäße im Körper habe ich einen niedrigeren Puls und eine höhere Stressresistenz.

Sie sehen, es gibt eine Menge Möglichkeiten, sich auch in den harmlosesten Situationen eine Art Alltags-Heldentum aufzubauen und Abenteuer zu schaffen, wo eigentlich keine sind.

Kann man also grundsätzlich sagen, dass Männer das Risiko lieben? Kann man! Studien belegen: Beim Sport, im Beruf oder bei Anlageentscheidungen handeln Männer risikofreudiger als Frauen.

Und es sind wahrscheinlich evolutionäre Gründe, die dazu führen. Männer haben ein höheres Testosteron-Level, das ist der eine Faktor für wagemutige oder auch völlig behämmerte Aktionen. Der zweite Faktor ist der Grad an Gereiztheit, haben Studien ergeben. In einer amerikanischen Untersuchung von 2016 sollten die Probanden in einer aggressiven Stimmung Ballons aufpumpen. Jeder Luftstoß gab eine finanzielle Belohnung – wenn der Ballon platzte, gab es gar nichts. Das Ergebnis ist nur mäßig überraschend: Männer in einer brodelnden Grundstimmung gingen das höchste Risiko ein. Die Jungs pusteten so lange in die Ballons, bis es bum machte.

Weitere Untersuchungen haben ergeben: Gerade Jugendliche und junge Männer mögen es riskant, sie erreichen den Gipfel ihres gefährlichen Verhaltens mit 19 Jahren, dann sinkt es langsam wieder. Frauen sind früher dran, bei ihnen ist bereits mit 16 Jahren das Maximum an Risikobereitschaft erreicht. Allerdings: Das ist mitten in der Pubertät und lässt mich als Vater einer Tochter auch nicht gerade ruhiger schlafen ...

Als Vater eines Sohns hoffe ich einfach, dass er den Höhepunkt seiner Risikobereitschaft dazu nutzen wird, um auszuziehen. Das wäre mal sinnvoller Wagemut, denn dann liegt er den Eltern nicht auf der Tasche, bis er zweiunddreißig ist.

Ich frage mich auch, ob die Studien berücksichtigen, dass Männer sich mit Ende vierzig ein zweites Mal wie mit neunzehn fühlen. In dieser Phase wird das Verhalten genauso irrational, so hormongeprägt und plemplem wie in den Teenagerjahren. Sie wissen schon, ich meine: die Midlife Crisis.

Früher hat man sich dann einfach ein zu teures Cabrio oder eine zu junge Geliebte angeschafft. Heute riskiert man gleich sein Leben, geht Marathonlaufen, Fallschirmspringen – oder kauft sich ein Skateboard.

Dahinter scheint auch der Wunsch nach ewiger Jugend zu stehen: Wenn ich etwas tue, was ich mit 14 Jahren getan habe, dann bin ich doch auch wieder 14, oder? Das ist natürlich reine Illusion. Wenn ich mir einen Mitesser ausdrücke, bin ich ja auch nicht wieder in der Pubertät. Aber mit einem fahrbaren Untersatz ist das natürlich etwas anderes, das Skateboard, Inline-Skates oder supersportliche Fahrräder scheinen so etwas wie eine Zeitmaschine zu sein, mit der man direkt in die eigene Jugend rollt.

Schauen Sie sich nur um, ich entdecke diese Männer in letzter Zeit dauernd: Da ist der Nachbar, der seinen Jungs mit verkniffenem Gesicht und wackligen Knien vor dem Einfamilienhaus noch mal zeigt, was Papa damals auf seinem alten Skateboard konnte – während ich schon mal vorsorglich die 112 ins Telefon tippe, damit es dann in der Klinik schneller geht. Da ist der Freund, der jetzt versucht, mit seinem neuen Longboard die Schallmauer zu durchbrechen (»Unter dem Helm sieht ja niemand, dass ich keine Haare mehr habe«). Und in dem Skatepark um die Ecke trauen sich im Sommer sehr früh am Tag die Junggebliebenen in die Halfpipe. Sie haben alle ein paar graue Strähnen im Bart, käsige Arme und Beine, müde Augen, aber immer auch einen Hauch trotziger Todesverachtung im Blick. Als würden sie sich erst im Angesicht des raschen Endes richtig lebendig fühlen. Die Zerbrechlichkeit des menschlichen Körpers wird mir selten so bewusst wie in diesen Momenten.

Klar, Skateboard-Legende Tony Hawk hat auch als 48-Jähriger noch einen Sprung mit 900-Grad-Drehung gestanden. Aber der hat kurz darauf auch seine Karriere beendet. Andere Männer drehen dann offenbar erst auf.

Ich habe mich von Skateboards bisher ferngehalten, aber ich habe mir zum Geburtstag im vergangenen Jahr ein sportliches Fahrrad gewünscht. Meine Frau hat mir sehr großzügig eins geschenkt, es ist schwarz, schnell, minimalistisch und unglaublich schön. Und man sitzt darauf so gebeugt, dass man problemlos beim Fahren rektal untersucht werden kann.

Meine Frau nennt es schlicht: »Das Midlife-Crisis-Rad.«

Vor den ersten Ausfahrten habe ich immer kleine Stoßgebete gen Himmel geschickt, denn das Fahren auf dem Teil ist so gefährlich, dass S-Bahn-Surfen Ihnen dagegen als probate Fortbewegung im Öffentlichen Personennahverkehr vorkommt. Durch den extrem tiefen Körperschwerpunkt und die liegende Haltung war mein Gleichgewichtssinn irgendwie neu formatiert. Der simple Versuch, eine Hand zum Rechtsabbiegen vom Lenker zu lösen, endete einige Male fast am nächsten Ampelmast.

Aber die Qual lohnte sich, denn nach einigen Wochen war ich mit dem Rad so sicher, dass ich mich in den Windschatten von 5000-Euro-E-Bikes saugte, bis an den Rand der Ohnmacht strampelte, um letztlich mit gespielter Lässigkeit an dem Angeber-Radler vorbeizuziehen. Gewonnen!

Mittlerweile bin ich so schnell, dass ich dem Alterungsprozess locker davonfahre. Da kann ich es mir sogar erlauben, einen Helm zu tragen. Das habe ich jahrelang verweigert, denn Fahrradhelm – sorry, das konnte ich nicht mit dem Rest meiner männlichen Würde vereinbaren. Motorradhelme sind irgendwie schneidig, Skateboard-Helme auch, sogar Bauarbeiterhelme – und nicht zuletzt der Helm von Darth Vader. Aber ein Fahrradhelm? Es ist eben doch ein kleiner Unterschied, ob man die Geißel der Galaxis ist oder mit einem Hollandrad vor der Kita parkt.

Ich hatte ja bereits einen Helm – war aber irgendwie davon ausgegangen, dass er mich auch schützt, wenn er im Flur liegt. Umgestimmt haben mich schließlich die Kinder. Jahrelang haben wir sie darauf getrimmt, Helm zu tragen. Denn das schützt vor schweren Schäden.

Nachdem unsere Kleine mich dann das erste Mal auf dem Midlife-Crisis-Rad gesehen hatte, fragte sie besorgt: »Papa, warum trägst duuuuu eigentlich keinen Helm?«

Tja, ich fand ihn reichlich unbequem, er hat mir komische Streifen in die Schädeldecke gedrückt. Ich kann nicht mal sagen, dass ich Angst um meine Frisur hatte, wie 20 Prozent der übrigen Helm-Verweigerer – wenn ich unter einem LKW lande, ist mir meine Frisur relativ egal. Ich hatte einfach das Gefühl, dass bei einer Reisegeschwindigkeit von 20 km/h kein Helm nötig ist. Da mich das Midlife-Crisis-Rad auf 60 km/h beschleunigt und der Kopf nur noch 90 Zentimeter über dem Asphalt daher saust, habe ich mir jetzt doch einen extrem sportlichen Helm gekauft, der sich an meinen Kopf schmiegt wie eine Badekappe aus Karbon. Jetzt fühlt sich Fahrradfahren nicht mehr wie Radeln an, sondern als sei ich Kampfjet-Pilot in »Top Gun«. Mit anderen Worten: Es fühlt sich genau richtig an.

Den Hochsommertag im Schuppen habe ich übrigens überlebt. Ich wollte vorsorglich zum Abkühlen ins schattige Haus gehen, aber: Ich bin gerade mal zwei Meter weit gekommen, dann musste ich mich hinhocken, weil mir schwarz vor Augen wurde. Pause, atmen, aufstehen, drei Schritte gehen, hinhocken. Wenn mich jemand gesehen hätte, hätte er mich direkt in eine Verhaltenstherapie gesteckt. So habe ich mich über eine halbe Stunde die zehn Meter zum Haus zurück gearbeitet.

Dann habe ich drei Liter Wasser getrunken. Und dann war ich stark genug, meiner Frau zu sagen: »Du, das mit dem Finanzberater – das ist wirklich gar keine schlechte Idee. Es passiert ja so schnell etwas.«

IN DER KÜCHE KOMME ICH
INS SCHWITZEN

Na, wie ist das bei Ihnen? Sind Sie noch ein Mann oder kochen Sie schon?

Ja, das ist witzig! Oder besser: Das wäre witzig – wenn wir 1967 hätten oder wenn wir alle Mitglieder in der Werte-Union wären. Ansonsten kann man mittlerweile sagen: Jawohl, Männer kochen! Und zwar nicht nur ihr eigenes Süppchen, sondern Süppchen für alle. Gibt's denn etwas Männlicheres, als die Familie mit Nahrung zu versorgen? Ein Wildtier zu jagen, zu erlegen und dann über dem Feuer zuzubereiten – das machen Männer schon seit 500 Jahren und nichts daran ist unmännlich geworden.

Ich finde: Es muss nicht unbedingt ein Drei-Gänge-Menü sein, eine kambodschanische Spezialität oder Rehrücken in Rotweinsoße. Aber Männer sollten in der Lage sein, aus dem, was der Kühlschrank noch hergibt (plus vielleicht einem schnellen Gang zur Tankstelle falls der Ketchup aus ist), etwas zu produzieren, das genießbar ist. Sodass am Ende die Küche wieder begehbar ist und das Essen die Minimalanforderungen aus dem Film »City Slickers« erfüllt. Darin kocht ein lederhäutiger Cowboy im Blechtopf über dem Lagerfeuer für verweichlichte Großstädter und sagt: »Mein Essen ist braun, heiß – und was drin ist, geht keinen etwas an.«

Schon an dieser erfrischend unprätentiösen Aussage sehen Sie: Kochen ist was für Kerle! Ich muss mich nur umschauen: Die meisten Sterneköche sind Männer, ich habe mindestens drei Freunde, die die Hauptköche ihrer Familie sind, Kochen ist am Ende auch nichts anderes als Grillen, nur ohne Grill – und schließlich: Denken Sie auch mal an die Zukunft! Sie sollten in der Lage sein, sich mit einem Hauch Selbstachtung zu ernähren, falls Ihre Frau mit dem Yogalehrer durchbrennt.

Meine Frau macht zum Glück kein Yoga, ich beherrsche inzwischen dennoch eine Auswahl an Gerichten, mit der wir problemlos durch die ganze Woche kommen – wenn Sie die Pizzabestellung am Sonntagabend gelten lassen. Meine Einstellung zur Essensfertigung orientiert sich dabei am FC Bayern in den Achtzigerjahren: Ich bin komplett ergebnisorientiert. Das heißt auch: Wenn die Zubereitungszeit die Essenszeit um den Faktor drei überschreitet, dann fliegt das Rezept aus dem Repertoire.

Ich bin eben ein Freund der bodenständigen Küche, ich möchte mich noch unterscheiden von den Angeber-Hobbyköchen, die ihre Erfolge vor sich hertragen wie andere die Fortschritte beim Muskelaufbau. Was ich meine: Typen, die jedes ihrer irre aufwendigen Gerichte bei Instagram posten, und deren Kreationen so perfekt ausgeleuchtet aussehen, als hätte ein Food-Stylist das Ensemble zwei Stunden lang in Szene gesetzt. Der Erfolgsdruck wächst unzweifelhaft, Kochen ist jetzt auch ein Männer-Wettbewerb und kochende Kerle sind in den vergangenen Jahren ein Trend geworden wie Elektroautos, ETFs und Ganzkörperrasur. Wo man auch hinblickt: Familienväter posten bei Instagram ihre duftesten Braten, ein Ex-Kollege backt täglich Brot, ein Freund musste neulich dringend in ein französisches Nobelkaufhaus, weil Auflaufformen von Le Creuset im Angebot waren, ein Nachbar kocht indisches Curry, für das man ohne mit der Wimper zu zucken töten würde.

Selbst hartnäckige Kochverweigerer werden auf Linie gebracht, in Amerika wurde jetzt der »Nationale-Männer-kochen-Essen-Tag« ausgerufen. Immer am ersten Donnerstag im November sollen die Väter für ihre Familien kochen. Angesprochen sind all jene, die noch nicht täglich in der Küche stehen, für die Kochen immer noch vor allem mit Filterkaffee verbunden ist und die bei mehr als zwei Zutaten Schweißausbrüche bekommen.

Ich muss gestehen: Es ist noch nicht lange her, da war ich auch so ein Mann. Ja, ich habe mich lange gegen das Kochen gesträubt. Ein bisschen vielleicht aus Trotz, ich wollte nicht einfach kochen, nur weil das jetzt jeder macht. Ein bisschen auch aus Bequemlichkeit. Und ein bisschen, weil ich für das Kochen so talentiert war wie Lothar Matthäus für Hochdeutsch. Betrachtet man rückblickend meinen Werdegang in Sachen Kochen, ist das eine so unerwartete Steigerung, als wäre Loddar jetzt Deutschlehrer.

Als Kind kannte ich nur kochende Frauen. Meine Mutter zum Beispiel hat delikate ostwestfälische Hausmannskost fabriziert. Exotische kulinarische Ausflüge wie Nudeln mit Tomatensoße wurden auf filigrane Art variiert, indem sie für die Soße erst mal eine Mehlschwitze machte. Crossover-Küche auf Hausfrauen-Art, ganz nach dem Motto: Neapel und Nieheim trennen auch nur ein paar Buchstaben.

Samstags (wenn Mama arbeitete) war manchmal mein Vater für die Nahrungsbeschaffung zuständig, und er erledigte die Aufgabe auf seine Art: Er stand auf, nahm Autoschlüssel und Portemonnaie und fuhr mit mir zu »Würstchen-Vogt«, der Frittenbude im Ort. Ich habe die elterlichen Einflüsse adaptiert. Als ich einige Jahre später zum Studieren nach Berlin gezogen bin, bedeutete Nahrungsbeschaffung für mich: Ich stehe auf, nehme Fahrradschlüssel und Portemonnaie und fahre zu »Öz Samsun Grill«.

Nur punktuell tauchte Kochen in meiner Welt auf. Irgendwann entdeckte ich dann, dass es durchaus nützlich ist, um Kommilitoninnen zu beeindrucken. Zu diesem Zweck habe ich mir einen (sehr schmalen) blauen Ringbuchordner zugelegt, in dem ich fortan Rezepte sammeln wollte. Jahrelang befand sich darin exakt ein Zettel mit den Kochanweisungen für überbackene Cannelloni mit Hack. Daran konnte ich praktisch nichts falsch machen, ich habe das Rezept nur anlassbezogen eingesetzt. Überbackene Cannelloni mit Hack gab es, wenn Treffen anstanden zur Anbahnung oder Beendigung von Beziehungen. Also alle paar Jahre.

Grundsätzlich fand ich es schon damals beneidenswert, wenn jemand gut kocht. Wenn er vielleicht sogar besonders gern andere bekocht und damit für Geselligkeit und Wohlbefinden und tiefe Verbundenheit sorgt. Ja, wenn man so einen Menschen trifft, sollte man ihn heiraten oder zumindest mit in den Urlaub nehmen, für so jemanden gibt es immer eine Verwendung.

Meine Frau und ich haben das in unserer Partnerwahl nicht berücksichtigt: Wir waren so kurzsichtig, Liebe über Kochen zu setzen. Die Flausen der Jugend, sie kennen das. Wir waren nur zu zweit, wir waren jung und für 25 Euro bekam man abends noch zwei Pizzen und vier Weißbier. Danach sind wir gesättigt und glücklich nach Hause gegangen. Unser Credo war: Liebe geht vielleicht durch den Magen – aber sie muss nicht unbedingt in der eigenen Küche losgehen.

Außerdem gab es keine Notwendigkeit zum täglichen Kochen, wir wurden im Alltag von der Firmenkantine versorgt. Aber meine Frau entwickelte langsam Lust, am Wochenende ein paar Sachen auszuprobieren. Und ich entdeckte mein wahres Talent: Ich bin ein ausgesprochen guter Esser. Mir schmeckt fast alles. Ich esse immer auf. Ich bin sozusagen ein heimlicher Motivationscoach. Ich aß mich durch ihre ersten Kochversuche mit wachsender Begeisterung und trieb sie dadurch bis heute in ungeahnte Qualitätsregionen. Für mich gab es lange nicht den geringsten Anlass, ihr ins Handwerk zu pfuschen. Mit der Zeit sammelte sich ein Festmeter Kochliteratur im Regal, den ich mit wohlwollendem Blick ignorierte.

Diese saubere Aufteilung – sie kocht, ich esse – behielten wir lange bei. Ihr Ehrgeiz wuchs freilich mit den Jahren, die Gerichte wurden aufwendiger und spektakulärer. Ihr kulinarischer Iron Man waren die Heiligabend-Menüs, bei denen sie sich so viel vornahm, dass selbst Paul Bocuse vor Aufregung in eine Tüte geatmet hätte.

Wir lagen damit ziemlich im Trend, im Bericht der Deutschen Gesellschaft für Ernährung von 2008 gaben noch 39,4 Prozent der Männer an, dass sie, »wenig bis gar nicht gut« oder »überhaupt nicht« kochen können. Ich war einer von ihnen. Zum Vergleich: Bei den Frauen waren es 6,4 Prozent.

Die Küche war für mich jahrelang ein Durchgangszimmer, das man direkt rechts nach dem Eintreten ins Haus entert und nach einem kleinen Linksknick schnell wieder in Richtung Wohnzimmer verlässt. In handgestoppten 2,1 Sekunden war ich da durch. Es kam mir beim Hausbau völlig verrückt vor, 10 000 Euro für einen Raum auszugeben, den man nicht nutzt. Für 10 000 Euro kann man mehrere Jahre essen gehen oder einen Bringdienst gründen.

Es ist nicht so, dass wir die Küche gar nicht genutzt hätten – ICH habe sie kaum genutzt. Ich habe Wasser gekocht, sonntags Brötchen aufgebacken und in den ersten Jahren Babymilch in der Mikrowelle gewärmt. Das war's.

Und ich erinnere mich noch, dass wir mal einen Freund zu Besuch hatten und im Ofen Lammfleisch mit Gemüse oder so etwas garte. Während der Kumpel ziemlich souverän auf Kochzeit und Temperatur und Zutaten tippte, muss ich so ahnungslos geguckt haben wie bei einem Vortrag über Steuerrecht.

Ich merkte aber langsam, wie sich um mich herum etwas veränderte, dass unser kulinarisch beschlagener Besuch keine Ausnahme mehr war, sondern dass immer mehr Männer den Koch- und Küchendienst übernahmen. Und ich? Ich habe nicht einfach so angefangen.

In unserer Küche ist kaum Platz für zwei, und ich wollte meiner Frau keine Konkurrenz machen. Außerdem schämte ich mich wegen meiner wirklich fast hundertprozentigen Unfähigkeit in der Küche, ich hätte sogar »Kartoffeln kochen« googeln müssen. Und dann sah ich noch abschreckende Meldungen wie die hier: »Pfannen mit Antihaftbeschichtung lassen den Penis schrumpfen.« Italienische Forscher hatten herausgefunden: Die in der Beschichtung enthaltenen Chemikalien (sogenannte PFCs) lassen das Testosteron-Level sinken und sorgen dafür, dass der Penis bei Jungs, die mit dem Chemiezeugs aufgewachsen sind, 12,5 Prozent kleiner ist. Mit solchen Nachrichten werden natürlich Urängste geweckt: Guckt man einen Moment nicht hin, nimmt die falschen Küchenutensilien in die Hand – schon schrumpft der Penis auf die Größe einer Lego-Figur. Sie können sich also vorstellen, welche komplexen inneren Kämpfe ich austragen musste.

Was mich am Ende überzeugte, waren: Not und Ausweglosigkeit. Denn meine Frau hatte einmal für das Wochenende Koteletts gekauft – und wurde krank. Sie lag im Bett und es ging ihr wirklich schlecht. Ich stand mit zwei hungrigen Kindern in der Küche vor den vier Koteletts. Dazu sollte es Kartoffelbrei und Salat geben. Erst mal gab es vor allem viel Hilflosigkeit. Bei mir. Ich hatte zwar eine grobe Idee, wie Koteletts paniert werden, aber ich hatte früher auch eine grobe Idee, wie Skifahren geht – bis ich selbst das erste Mal am Hang stand.

Ich guckte die Kinder an, die guckten mich an. »Äh, wisst ihr, wie Mama das immer gemacht hat?« Kopfschütteln. Dann wandte ich mich das erste Mal dem Festmeter Kochbücher zu. Und zog zwischen den wahnsinnig schicken Design-Kochbüchern das einzige heraus, das mich da abholte, wo ich war. Es heißt: »Das Goldene

Kochbuch«. Eine umfassende Basis-Handreichung, in der wirklich alles erklärt wird. Vom Aufdrehen des Wasserhahns bis zum Rehrücken. Dann ging's los: Ich schlug Eier auf, verwechselte das Paniermehl kurz mit Bulgur, zog mit zitternden Händchen die Koteletts durch und legte sie in die Pfanne. Nach einer Stunde hatten wir ein Essen, das den groben Kriterien entsprach (braun, heiß). Wobei ich eine kleine Abkürzung genommen und den Kartoffelbrei einfach aus der Tüte angerührt habe. Das Kritikergremium (die Kinder) kam zusammen und bewertete:

»Gar nicht schlecht.«

»Aber die Panade schmeckt irgendwie so – bisschen bitter.«

»Ja, und der Kartoffelbrei ist oberbäh!«

»Wer ist der Meinung, dass es bei Mama besser schmeckt?«

Zwei Arme schnellten in die Höhe.

Ich hatte mich kaum von dieser Tortur erholt, da sagte meine Frau an einem der nächsten Samstagabende: »Du musst bitte morgen Lasagne kochen!« Wer, ich? Sie hätte auch sagen können: Bau morgen eine Halbleiterplatine. Aber meine Frau musste am Sonntag arbeiten, und die Kinder wünschten sich Lasagne. Eine schlaflose Nacht später: Meine Frau hatte vorgearbeitet – Bolognese gekocht, Lasagneblätter rausgelegt, das Kochbuch auf der richtigen Seite aufgeschlagen, sie hatte sogar Muskatnuss präpariert. Ich dachte: Wie toll sie das vorbereitet hat! Und: Wie wenig sie mir zutraut! Leider zu Recht.

Ich begann den ersten Versuch einer Mehlschwitze.

Wie ich von Mama wusste: die Basis jeden Essens. Und beendete ihn gleich wieder. Klumpen in senfgelber Suppe – das konnte nicht richtig sein. Der zweite Versuch machte mir ein bisschen Hoffnung. Das Mehl schwitzte, ich auch. Es könnte Béchamel-Soße werden! Ha, jetzt lief's: Ich schichtete mit wachsendem Ego Lasagneblätter und Bolognese, stellte das Kunstwerk in den Ofen.

»Riecht köstlich!«, lobte die Kleine. In aller Bescheidenheit kreuzte ich das Datum im Kalender an – ab diesem Tag muss die Geschichte der Lasagne neu geschrieben werden! Dann kam die Wahrheit auf den Tisch, gierig futterten die Kinder zunächst. Aber dann nölte der Große: »Bei Mama ist mehr von der weißen Soße! Und sie ist flüssiger! Und leckerer!« Ich kaute grummelnd vor mich hin. Es knackte. Und ich merkte: Die unterste Schicht der Nudelblätter war hart wie eine Schiffsplanke.

Nach diesen beiden bestenfalls mittelmäßigen Versuchen war klar, dass ich mehr Übung brauchte. Ich habe also angefangen, regelmäßig zu kochen. Beim ersten Mal (Nudeln mit Ei) noch kritisch beäugt von meiner Frau. Sie wirkte so nervös, als würde ich mit dem Atomcode Bingo spielen. Beim nächsten Mal gelangen mir dann Omeletts mit Käse und Schinken. Meine Frau stand staunend neben mir und nickte anerkennend mit dem Kopf. Ich hätte die Pfanne am liebsten in die Höhe gereckt und wäre jubelnd mit ihr durchs Wohnzimmer gelaufen, als wäre das Ding die Meisterschale und ich Hertha BSC. Aber auch am Herd gilt: cool bleiben. Der nächste Rückschlag ist nur einen Handgriff entfernt.

Mittlerweile sorgt unsere Neunjährige dafür, dass ich nicht abhebe. Denn sie ist nicht einfach nur ein freundliches blondes Mädchen, sie ist auch: die härteste Kritikerin der Welt. Ein Marcel Reich-Ranicki der Kulinarik. Ein Blick auf den Mittagstisch reicht ihr, dann sagt sie in den meisten Fällen: »Ich habe keinen Hunger!« Oder: »Ich mache mir ein Brot!« Oder: »Kann ich ein Eis?«

So wie ich durch positive Bestärkung meine Frau motiviert habe, schafft es die Kleine durch schlichte Ablehnung, meinen Ehrgeiz zu wecken. Keine Ahnung, was das über mich aussagt.

Es ist tatsächlich nur ein schmaler Korridor zwischen meinen begrenzten Fähigkeiten und ihren sensiblen Geschmacksknospen, aber einige Gerichte sind mittlerweile durchgeschlüpft. Zum Repertoire gehören nun Klassiker der Küche wie Milchreis mit Zucker und Zimt, Pfannkuchen, Würstchen mit Kartoffelbrei (ja, mittlerweile selbst gemacht), Leberkäse mit Bratkartoffeln und Spiegelei, Kartoffelsuppe, Spätzle mit Käsesoße und Zwiebeln, Frikadellen, Spaghetti Bolognese, Reispfanne mit Hühnchen, Bananen-Pancakes.

Das wird fröhlich vorwärts und rückwärts variiert und kommt ziemlich gut an. Besonders bei den Kindern. Unsere kleine Anna Wintour der Kochkritik hat mir sogar neulich einen Zettel gemalt, auf dem steht: »Papa ist der beste Koch!« Den trage ich jetzt immer bei mir und der ist mehr wert als ein Michelin-Stern.

Er ist auch Lohn für eine lange Zeit der Leiden, denn der Weg zum Erfolg in der Küche ist steinig und schmerzhaft. Das mit den Schmerzen können Sie wörtlich nehmen, mein Körper hat sich nur langsam an den unbekannten und feindseligen Lebensraum gewöhnt. Meine Bewegungen sind manchmal noch ungelenk und nicht ganz an die unwirtliche Umgebung angepasst. Deswegen macht's verdammt oft: AUA.

Beispiele? Neulich habe ich den Gemüsehobel abgetrocknet – ratsch, ein Schnitt, der erst durch das Küchenhandtuch und dann durch die Haut ging. Kurz darauf wollte ich meine Utensilien in die Spülmaschine packen – und fasste beherzt in die Spitze eines Schneidemessers. Dann: ein lässiger Griff in den heißen Ofen, um ein Baguette zu betasten – Handrücken verbrannt. Topfdeckel angehoben, um zu sehen, ob das Nudelwasser kocht – Verbrennung zweiten Grades am Unterarm durch den heißen Dampf. Zu meinen täglichen Vergnügen gehört es auch, mir bei der Reinigung des Universalschneiders lustige Muster in die Fingerkuppen zu ritzen. Das blutet wie Sau, unter dem Strich ist nur die Frage, welcher meiner zarten Finger gerade NICHT verpflastert ist.

Den Gipfel der Leiden habe ich erklommen, als ich mich beim Auspacken der Einkäufe nach der Milch bückte, dann schwungvoll nach oben federte – und den Kopf gegen eine geöffnete Schublade rammte. Ich habe nur noch auf den Ringrichter gewartet, der mich anzählt.

Meine Frau steht oft nur kopfschüttelnd daneben und fragt: »Hast du dir schon wieder wehgetan? Du Armer! Wie machst du das nur immer?«

Ich kann die Neugierde verstehen, aber darüber kann ich leider nicht sprechen. Jeder Koch hat schließlich seine kleinen Geheimnisse.

ZEHN DINGE, DIE SIE NOCH ÜBER DAS KOCHEN WISSEN SOLLTEN:

1) Alles mit mehr als drei Zutaten ist ein Rezept (Tomatenbrot mit Salz und Pfeffer!).
2) Die Küche ist ein tolles, neues Gebiet, um Geld für technisches Gerät auszugeben. Ich habe neulich 70 Euro in eine Pfanne investiert, an deren Beschichtung sogar Kaugummi abperlt.
3) Seien Sie bei Gewürzen nicht versnobt. Wenn es asiatisch schmecken soll, brauchen sie nichts anderes als die Würzmischung »Thai-Curry«.
4) Es gibt genug Gerichte, in denen Bier eine wichtige Zutat ist.
5) Wenn Sie das erste Mal etwas flambieren, wissen Sie erst, wie viel Spaß Kochen machen kann.
6) Halten Sie immer einen Verband und Jodsalbe bereit.
7) One-Pot-Gerichte sind toll, wenn Sie nicht viel spülen wollen. Werden Sie bei One-Pot Schnitzel mit Kartoffelsalat aber misstrauisch.
8) Für Haustiere und Kinder ist die Person, die das Essen beschafft hat, das beliebteste Familienmitglied.
9) Wer kocht, der bestimmt auch, was es gibt.
10) Hinterlassen Sie kulinarische Fußspuren und benennen Sie Gerichte nach sich selbst, zum Beispiel: »Michas Asia-Reisgedöns«.

MÄNNER BRAUCHEN VORBILDER – WEN NEHMEN WIR NUR?

Orientierung fällt immer leichter, wenn man ein Ziel hat. Das war mir schon früh klar, deshalb hatte ich wie jeder kleine Junge Idole. Meine waren die klassischen Ikonen der 80er-Jahre: Karl-Heinz Rummenigge, Thomas Gottschalk und Winnetou. Im Grunde habe ich die herausragenden Qualitäten der drei spielend erreicht: Ich bin ungefähr so sportlich wie Gottschalk, so witzig wie Winnetou und so tugendhaft wie Rummenigge.

Kleine Verirrungen können mal vorkommen, Kolumbus ist auch mit dem festen Ziel losgedüst, nach Indien zu segeln – und irgendwo ist er ja auch angekommen.

Nun gut, ich bin inzwischen erwachsen und ein Mann sollte heute andere Kriterien erfüllen als früher. Mit Schmuggel-Kalle, Zoten-Tommy und der klischeehaften Darstellung indigener Ureinwohner schinden Sie heute höchstens beim Retro-Stammtisch Eindruck. Also machen wir uns mal auf die Suche nach neuen Leitbildern.

Zunächst zu ein paar Merkmalen, die jungen Männern heute wichtig sind. Eine YouGov-Umfrage von 2018 bei 22- bis 37-Jährigen hat ergeben: 90 Prozent sagen, dass es ihnen am wichtigsten sei, glücklich zu sein und 80 Prozent sagen, es sei wichtiger, etwas gerne zu tun, als die Erwartungen der Gesellschaft zu erfüllen. Die

Werte Familie (35 Prozent) und Selbstverwirklichung (30 Prozent) stehen hoch im Kurs, insgesamt sind junge Männer heute sehr werteorientiert und idealistisch. 85 Prozent geben an, ihr Handeln an den Faktoren Ehrlichkeit (91 Prozent), Freiheit (90 Prozent) und Gerechtigkeit (89 Prozent) auszurichten.

Das also stellen sich die Herren selbst so vor. Die Dating-App Bumble versuchte 2020 dann herauszufinden, was andere denken, wie der moderne Mann so sein soll. Ergebnis: Hilfsbereitschaft und Respekt sollen die wichtigsten Eigenschaften sein (58 Prozent), direkt gefolgt von Einfühlungsvermögen (45 Prozent) und dem bewussten Ablehnen sexistischen Verhaltens (41 Prozent). Interessant und hart für alle Betreiber von Fitnessstudios: Körperliche Stärke wird nur noch von 13 Prozent als wichtiges Merkmal für Männlichkeit genannt, und sogar nur 7 Prozent erwarten, dass der Mann Hauptverdiener ist.

So, wer fällt Ihnen zu diesen Punkten ein?

Bei Befragungen nach männlichen Vorbildern lagen in den letzten Jahren folgende Kandidaten vorn: Ex-US-Präsident Barack Obama, Jesus Christus, Microsoft-Gründer Bill Gates, Fernsehmoderator Günther Jauch und Nationaltorhüter Manuel Neuer.

Bill Gates dürfen wir inzwischen schon mal streichen – der Scheidungskrieg und die Diskussion über diverse Affären mit Mitarbeiterinnen disqualifizieren den Microsoft-Gründer. Aber gucken wir uns doch mal die anderen potenziellen Kandidaten an.

Der Neue-Männer-Vorbild-Check:

BARACK OBAMA: Lässiges Auftreten, dabei sportlich

und politisch integer. Beruflich ganz okay erfolgreich, seit dreißig Jahren verheiratet, zwei Töchter. Die Doppelbelastung Präsident/Vater hat er locker gewuppt – indem er Familienaufgaben seiner Frau übertragen hat. Er hat sich mit Putin und Bin Laden beschäftigt, Michelle sich mit ihrem Job UND den zwei Töchtern. Das ist natürlich ein Rollenmodell, das so progressiv ist wie bei John Wayne (»Heute sehen viele Mädchen aus wie Männer, die wie Mädchen aussehen.«). Immerhin: Er hat gezeigt, dass man auch als Friedensnobelpreisträger mehrfach in Paartherapie sein kann. Und: Er hat seiner Frau beim Biografie-Schreiben den Vortritt gelassen.

GÜNTHER JAUCH: Kennt sich mit Politik und Fußball aus und interessiert sich für Menschen, das klingt wie die heilige Dreifaltigkeit der modernen Männlichkeit. Skandalfrei, uneitel, seit 2006 verheiratet – und das auch noch mit derselben Frau! Vier Kinder, zwei davon adoptiert. Hilfsbereitschaft verteilt er allerdings ein wenig selektiv, je nachdem, ob ihm der Kandidat bei »Wer wird Millionär?« sympathisch ist. Aus der Sendung weiß man auch: hat auf jede Frage eine Antwort. Daher einziger Haken: Mansplaining-Gefahr!

JESUS CHRISTUS: Lange Haare, Bart – optisch wäre er damit heute durchaus als männlicher Phänotyp geeignet. Dazu kommt auf der Habenseite: Hilfsbereitschaft, Respekt, Einfühlungsvermögen und Ehrlichkeit gehören zu seinen Kernkompetenzen, daher viermal Daumen hoch. Ansonsten gibt es in Sachen Diversität noch Nachholbedarf (zwölf Jünger!)

MANUEL NEUER: Als Torwart ist er definitiv ein Typ, der alles hält, was er verspricht. Hilfsbereit ist er vor allem für Innenverteidiger, weniger für gegnerische Stürmer. Ansonsten: groß, sportlich, erfolgreich. Dabei sympathisch und relativ uneitel. Eine gescheiterte Ehe wird ja heute unter »trennungserfahren« verbucht, ist also nicht mehr makelbehaftet. Aber, ganz große Gefahr: Mit Ende dreißig sitzt er vielleicht zu Hause und weiß nichts mehr mit sich anzufangen.

ROBERT HABECK: Bekommt es als einer der wenigen Männer hin, gleichzeitig machtbewusst und verträumt-verwuschelt zu wirken. Ist Minister und Dichter (gab's das schon mal?), lebte mit seiner Frau in enger Symbiose (gemeinsame Romane, Kinderbücher, Theaterstücke, vier Söhne), jetzt macht er in Berlin Klima- und Wirtschaftspolitik. Unterstützt Gleichberechtigung und Umweltschutz und sieht dabei aus, als sei er gerade aus einem Eric-Rohmer-Film rausspaziert. Sportlich ist er auch, er beherrscht zum Beispiel die politische Rolle rückwärts (Öl und Gas aus Katar – warum nicht?) Und: Er schafft es, Krawatten so zu tragen, dass jeder weiß, dass er kein Krawattenträger ist.

MARK FORSTER: Musikalisch, erfolgreich, lustig – voll gut, oder? Vorteil als Partner: Mit jemandem, der immer Basecap trägt, kann man sich nicht in die Haare kriegen. Nachteil: Sie hören bis an den Rest Ihres Lebens Texte, die im Verdacht stehen, bleibende Schäden zu hinterlassen: »Flash mich noch mal, als wär's das erste Mal.« Romantik aus dem »Jugendsprache-Duden 2011«. Seufz.

ELON MUSK: Wer die Leute glauben lässt, dass ein Zwei-Tonnen-Auto mit Stromantrieb umweltschonend ist, der erzählt ihnen auch, dass die hübsche PR-Beraterin, mit der er sich dauernd trifft, nur die entfernte Cou-

sine ist, von der man dachte, dass sie bei einem Hub-
schrauberabsturz vor 20 Jahren ums Leben gekommen
sei. Er ist patchworkerfahren, hat neun Kinder, war
dreimal verheiratet, davon zweimal mit derselben Frau.
Machen Sie sich klar: Ein Mann, der über 200 Milliarden
Euro schwer ist, wird immer Hauptverdiener sein. Kein
Typ fürs Reihenendhaus – im Zweifelsfall kauft er einfach die ganze Straße.

HANSI FLICK: Ein Hans-Dieter, der sich von einer
ganzen Nation »Hansi« nennen lässt – das spricht schon
für ein hohes Maß an Souveränität. Der Fußballtrainer
gilt als empathisch, teamfähig, modern, bodenständig
und klar in seinen Vorstellungen. Klingt das schon
schwärmerisch? Okay, das dürfen wir auch nicht verschweigen: Er bekommt sein Geld vom DFB, das ist so,
als sei man Personal Trainer bei der Cosa Nostra.

**JOKO WINTERSCHEIDT UND KLAAS HEUFER-UM-
LAUF:** Sie machen Sendungen mit Klamauk und Kanz-
ler, zwischen Promille und Politik. Sie füllen Matthias
Schweighöfer ab und spielen das »Dinner for One« als
Teenager-Trinkspiel nach, machen gleichzeitig zur besten Sendezeit Pflegenotstand, Seenotrettung, Vorsorge-
untersuchungen und sexualisierte Gewalt durch Penis-
fotos zum Thema. Die beiden Familienväter erfüllen
damit die Sehnsucht jedes Mannes, beruflich ernst genommen zu werden und dennoch irgendwie ein Kind
zu bleiben. Und als Duo sind sie das klassische Vorbild
für eine »Bromance«, eine Männer-Freundschaft, die
eher eine Liebe ist. Wie bei Winnetou und Old Shatter-
hand. Oder Ernie und Bert. Bleibt nur die Frage: Kann ein
Mann das alles auch allein schaffen?

PAUL RUDD: Paul wer? Der US-Schauspieler (»Liebe in jeder Beziehung«, »Ant-Man«) wurde Ende 2021 zum »Sexiest Man Alive« gekürt, zum weltweit heißesten Typen. Dabei ist er bereits über 50 und Familienpapa (zwei Kinder). Er ist durchtrainiert, sensibel und selbstironisch – okay, bisher alles nicht so schlecht. Zudem ist er beständig, mit seiner Frau Julie Yaeger ist er seit zwanzig Jahren verheiratet. Und er ist selbstbewusst genug, die Reaktion seiner Frau auf seine Wahl zu ertragen. Sie sei »verblüfft« gewesen, dann habe sie »gekichert« und schließlich gestanden: »Ich hätte Keanu Reeves gewählt.« Im eigenen Land zählt der Prophet nicht viel – wenn das sogar Marvel-Helden so geht, hat er meine Stimme.

OLAF SCHOLZ: So emotional wie ein Parkscheinautomat, entspricht von daher stark dem althergebrachten männlichen Ideal. Der ehemalige Finanzminister ist auch Verbal-Ökonom, bisher hat sich noch niemand beschwert, dass er zu VIEL redet. Regiert nach dem alten Familienvater-Prinzip: Wenn's Konflikte zu klären gibt, mache ich erst mal gar nichts, dann stelle ich mich schlafend.

PHIL DUNPHY: Er ist einer der Familienväter in der Serie »Modern Family«, hat zwei Töchter und einen Sohn, eine extrem organisierte und kritische Ehefrau. Er arbeitet als Makler und hat auch sonst alles, was ein moderner Mann haben muss: Er ist einen Tick zu sehr von sich überzeugt (»Ich könnte einem Eskimo einen Pelzmantel verkaufen«), sieht sich eher als Kumpel der Kinder (»Ich bin der coole Dad!«), ist ein bisschen trottelig, findet seine Witze selbst am lustigsten, wird von seiner Frau Claire konsequent unterschätzt (»Manchmal gibt sie mir Gemüsefotos mit zum Einkaufen statt einer Liste«), war an der Highschool Cheerleader und steht dazu und ist immer derjenige, der zuerst weint, wenn's emotional wird.

Damit hätten wir dreizehn mögliche Vorbilder, die alle mindestens eine Facette moderner Männlichkeit repräsentieren, die alle aber auch kleine Makel haben. Gibt es den perfekten Mann etwa doch gar nicht? Oder besser: NOCH gar nicht? Vielleicht hat die Welt gerade auf SIE gewartet? Oder auf mich?

Stellen Sie sich doch einfach Ihr persönliches Vorbild zusammen. Ein bisschen Manuel Neuer plus Robert Habeck plus Paul Rudd? Klar, warum nicht. Oder lieber viel Günther Jauch, eine Prise Joko und ein bisschen Olaf Scholz? Gewagt, aber bitte! Am Ende ist es genau wie beim Kochen: Egal was drin ist, es muss nur heiß sein.

ERZIEHEN, VERZIEHEN,
VERZWEIFELN, VERZEIHEN

Als Vater lebt man lange Zeit in der schönen Illusion, dass Kinder Respekt haben vor der Weisheit und Stärke der Erwachsenen. Aber um es vorsichtig zu sagen: Manchmal vergessen die Kleinen das. Unser Junge hat mir neulich zur Begrüßung jovial auf den Hintern gehauen und »Na, du altes Klappergestell!«, gerufen. Ich habe versucht, angemessen empört zu sein. Tatsächlich fand ich es unfassbar komisch, dass der Junge breit grinsend vor mir stand und sich über seinen Coup freute.

Kinder haben leider ein feines Gespür für die Toleranzbereiche in Papas ansonsten knallharter Autorität. Meine milde Reaktion auf das »Klappergestell« hat sie jedenfalls eher angestachelt, ich fühlte mich wie das Epizentrum eines kindlichen Frechheits-Gewitters. Ein menschlicher Punchingball. Ein paar Auszüge: »Na, du alter Faulpelz?!«, »Du hast aber einen dicken Bauch!«, »Ich laufe viel schneller als du, alter Mann!« Und als wir die Fernbedienung gesucht haben: »Da hat sich bestimmt Papa mit seinem dicken Hintern draufgesetzt!«

Wie ist das nur passiert? Eigentlich hatte ich so eine Vorstellung im Kopf, dass die Kinder in frisch gestärkten, weißen Hemden, mit gewaschenen Händen und sauber gezogenem Scheitel am Tisch sitzen, mich mit »Herr Vater«, »Eure Hoheit« und zumindest mit »Mamas Bester« ansprechen, das Tischgebet aufsagen und mich nach dem Essen freundlich fragen, ob sie mir noch einen Cognac und eine Zigarre bringen können. Ich hätte mich dann Thomas Mann genannt und wäre ein berühmter Schriftsteller geworden und die Kinder hätten eine solide Macke davon getragen, wären aber das, was man gemeinhin »vorzüglich erzogen« nennt.

Die Vision war also fest verankert, der Weg dahin eine Sackgasse. Denn als die Kleinkinder ein Alter erreicht hatten, in dem man an so etwas wie Erziehung überhaupt nur denken konnte, hatte ich schon keine Kraft mehr. Wenn du die langen Monate des Zahnens mit ihnen durchstehen musst, bist du nur noch ein nach Schlaf wimmernder Wurm, der dem Nachwuchs im Minutentakt gekühlte Beißringe, Veilchenwurzel und schmerzstillende Zäpfchen verabreicht. Und warte mal ab, wenn Windelwechseln kein lustiges Papa-Kind-Vergnügen mehr ist, sondern du mit deiner Frau Streichhölzer ziehst, wer die nächste Ladung apokalyptisch müffelnder Ausscheidungen fachgerecht entsorgen muss.

Du denkst: Ach, wäre das schön, wenn sie einfach selbstständig laufen und sprechen können! Doch dann ist es so weit – und schon flitzen sie unkontrolliert durch die Bude wie ein Saugroboter nach einem Blitzschlag. Einmal nicht hingeguckt: Zack! Haben sie eine Beule. Oder der Schrank ist ausgeräumt. Oder man hat plötzlich abstrakte Gemälde mit atomkriegsicherem Edding auf dem neuen 42-Zoll-Fernseher. Und man sieht sich selbst nur hektisch durchs Haus rennen und rufen: »Nein, nicht mit den Nutellahänden an die Wand!«, »Nein, den Kartoffelbrei nicht in die Waschmaschine!«, »Nein, nicht mit dem Holzhammer auf den Kopf!«

Erziehung ist in dieser Zeit so, als würde die Feuerwehr verzweifelt von einem Brand zum nächsten laufen und rufen: »Nein, nicht brennen!« Experten nennen es Autonomiephase und wie Autonome agieren die Kleinen auch. Hätte mich nicht gewundert, wenn sie in der Zeit in einen Bauwagen im Garten gezogen und Farbbeutel an unsere Hauswand geworfen hätten.

Seltsamerweise muss aber doch etwas zu ihnen durchgedrungen sein, denn es gab eine längere Epoche der kooperativen Koexistenz. Wie wir das erreicht haben? Wir haben einfach strikt alle Anweisungen im Ratgeber »Schreien, drohen, erpressen – erziehen am Rande des Burnouts« befolgt. Den gibt's nicht wirklich, er war aber dennoch unser innerer Kompass.

Bei mir persönlich hätte es noch die Verfeinerung gebraucht: »Schreien, drohen, erpressen – und dann doch einknicken«. Das führte dazu, dass die Kinder bei meiner Frau mit einer konsequenten Linie angeleitet wurden und bei mir nach dem Prinzip des geringsten Widerstands. Hände waschen vor dem Essen, nicht auf den Ellenbogen stützen am Tisch? War mir nicht so wichtig. Meine Frau musste nur einmal auf das Händewaschen hinweisen, schon reckten die Kinder die Arme in die Höhe und marschierten als kürzeste Menschenkette der Welt Richtung Bad. Hände waschen, im Gänsemarsch zurück an den Tisch. Ich habe natürlich von der Konsequenz meiner Frau maßlos profitiert, denn die Kinder hatten die groben Leitlinien des menschlichen Zusammenlebens verinnerlicht, gleichzeitig war ich immer noch der freundliche Schmusepapa.

Das ganze eskalierte vor ein paar Jahren bei einer Situation im Italien-Urlaub. Nach den üblichen Querelen, wer neben dem coolsten Typen der Familie am Tisch sitzen darf (»Ich will neben Papa sitzen!«, »Nein, ich!«) waren die Fronten flott geklärt: Mama und Papa auf der einen, die Kinder auf der anderen Seite des Tisches. Dort wurden sie von der Mutter darauf hingewiesen, dass Ellenbogen beim Essen nichts auf dem Tisch zu suchen haben.

Unser Sohn maulte: »Mama ist viel strenger als Papa.« Ich fand das okay, denn einer muss ja der gute Cop sein und einer der böse. Das funktioniert bei Polizei-Verhören gut, warum also nicht auch in der Familie? Meine Frau wies darauf hin, dass die kleinen Monster ihr später einmal dankbar sein würden, dass sie ihnen die Grundregeln menschlichen Verhaltens beigebracht hat.

Wir waren also wieder beim alten Thema mit der Strenge. Und ich sagte mit autoritärer Stimme: »Mama ist streng, ich nicht? Gut, dann bin ich ab jetzt auch viiiiiel strenger!«

Darauf erwiderte der damals Sechsjährige achselzuckend: »Dann haben wir dich auch nicht mehr lieber – wir mögen dich nur, weil du nicht so streng bist.« Die Dreijährige nickte ernst.

Damit waren die Abgründe der Familie kompakt zusammengefasst: Mama ist die Strenge, Papa muss man nicht so ernst nehmen, und die Kinder sind schon mit drei und sechs Jahren kleine, berechnende Biester.

Wir standen also vor der Herausforderung, das Erziehungsverhalten von Papa und Mama zu synchronisieren, und das hieß: mein Verhalten an das von Mama anzupassen. Der leichteste Weg zum Ziel führt über Regeln. Regeln ersparen einem tägliche Verhandlungen und machen es mir leichter, auch mal Nein zu sagen. Denn es gibt ja eine Regel. Hinter der konnte ich mich so gut verstecken, dass ich kaum noch zu sehen war.

Es war gerade die Zeit, als unser Junge in die Grundschule kam und der Spracherwerb auch auf dem Schulhof gefördert wurde. Neben vielen sehr guten Noten brachte er eine illustre Auswahl an Kraftausdrücken wie »Alter!«, »Scheiße!« und weitere rhetorische Kostbarkeiten mit. Fluchende Kinder fand ich am Anfang noch irre süß, aber wenn die Kinder nur noch »Alter, is' keine Leberwurst mehr da!«, sagen, dann wird es Zeit, zu handeln. Wir haben dann von Freunden eine Methode übernommen, um die Sprachhygiene hochzuhalten. Wir hielten sie für sinnvoll und seriös: Man geht den Kindern einfach an die Kohle. Mit anderen Worten: Wir führten eine Fluch-Kasse ein.

Für »böse Wörter« musste jedes Familienmitglied zehn Cent ins Gossenjargon-Sparschwein abdrücken. Und von dem Geld sollte es dann in die Eisdiele gehen. Das Blöde an dem Deal: Er gilt auch für Eltern. Die Wörter auf der Liste kann ich leider hier nicht alle aufführen, denn sonst müsste ich ja für jedes zehn Cent löhnen. Und meine Frau und ich haben schon eine Menge gezahlt. Am schlimmsten war's beim Autofahren. Wenn ich einen Drängler, Vorfahrtnehmer oder Falschblinker mit »Alter!!!« beschimpfte, rief die Kleine triumphierend vom Rücksitz: »Zehn Cent!« Und wieder klingelte es im Fluch-Schwein.

Besonders schräg war's, wenn man nicht mehr ganz genau draufhatte, welche Wörter auf der Liste standen. Der Junge fragte uns einmal:

»Papa, Mama, steht ›Uschi‹ auch auf der Liste?«

Wir blickten uns an: »Uschi?!?! Welche Uschi? Warum sollte ein Name auf der Liste stehen?«

»Kein Name«, sagte er. »Ich meine bei Mädchen, also da unten. Ein anderes Wort für die Scheide.«

»Ja, Muschi steht auf der Liste!«

»Haha, zehn Cent!«

Fies. Mit den eigenen Waffen geschlagen. Wenn die Kinder danach das Schwein füllen wollten, fragten sie scheinheilig:

»Papa, Mama, steht ›A...‹ auf der Liste?«

»Was? Arsch? Ja, klar, Arsch steht auf der Liste!«

»Zwanzig Cent!«

Wir haben das mit der Kasse dann wieder abgeschafft. Die Idee war gut, aber ich habe zu viel gezahlt und die Kinder bekamen einfach Unmengen Eis. Unsere Tochter war ohnehin bereits auf dem besten Weg, eine respektable Speiseeis-Abhängigkeit zu entwickeln.

Es gab Tage, da fragte sie scheinheilig:

»Papaaaaaaaaaa?«

Den bettelnden Unterton erkennen Eltern sofort.

»Ja?«

»Kann ich Eis?«

»Vielleicht stehst du erst mal auf, ziehst dich an und frühstückst . . . ?«

Der Rest des Tages lief dann ungefähr so:

»Kann ich Eis?«

»Nein.«

»Kann ich Eis?«

»Vielleicht später.«

»Ist jetzt später?«

»Nein.«

»Kann ich Eis?«

Sie ist wirklich knallhart. Und ich bin überzeugt: Könnte sie mit Kim Jong-un verhandeln, würde er die Grenzen seines Landes öffnen, ein Lied aus dem »Bibi & Tina«-Soundtrack zur Nationalhymne erklären und ihr gut gelaunt die koreanische Monatsproduktion an Süßigkeiten überlassen.

Ja, die Eisrationierung ist kompliziert: Wie lässt man den Kleinen den Spaß am Sommer und macht ihnen dennoch klar, dass Erdbeer-Eis nicht voll lustiger Vitamine ist, nur weil sie ein Fruchtstück in der zuckrigen Milchmasse finden? Na klar: Mit einer Regel. Wir haben es eine ganze Zeit mit der Temperaturregel versucht: Ab 25 Grad aufwärts dürfen die Kinder Eis. Ziemlich schlau, denn so konnte ich mich wieder aus der Verantwortung stehlen, »nein« zu sagen – ich habe einfach aufs Thermometer gezeigt – und die Temperatur konnte ja nicht nachgeben.

In manchen Sommern hat das hervorragend geklappt. Da gab es insgesamt dreimal Eis. Aber es folgten auch viele Jahre, in denen die Eis-Junkies vormittags lächelnd auf das Thermometer starrten und wussten: drei Minuten, dann haben wir's geschafft. Die Regel ist toll, aber vom Klimawandel ausgehebelt.

Mit den Jahren hatte ich tatsächlich immer mehr das Gefühl: Erziehung, das ist einfach eine endlose Reihe von elterlichen Fehlschlägen. Kleine Kinder, kleines Scheitern, große Kinder ... ach, lassen wir das. Die einzige Konstante blieb meine Inkonsequenz, die darin bestand, es so erfolgreich machen zu wollen wie meine Frau – und wenn das nicht klappte, innerlich die weiße Fahne zu schwenken oder wutschnaubend zum Drillsergeant aus »Full Metal Jacket« zu werden.

Ich denke noch mit Grausen an die Tage, an denen ich die Kinder allein aus dem Bett und in die Kita und die Schule bekommen musste. Das Drama begann um halb sieben mit dem ersten Weckversuch: Ich rüttelte an den Kindern, schaltete Radio Teddy an, öffnete die Vorhänge. Keine Reaktion. Ich duschte, kochte Kaffee, deckte den Tisch. Ging zu den Kindern. Exakt dieselben Körperpositionen. Prüfte vorsichtig, ob sie atmen.

In solchen Momenten habe ich aus tiefster Seele bedauert, dass ich nicht bei der Bundeswehr war. Denn dann wäre ich in die Zimmer gestürmt, hätte einen Metalleimer durch den Flur gepfeffert und hätte »Aufstehen, ihr Säcke!« gebrüllt. Ich fürchte nur: Mit den beiden wäre selbst die Bundeswehr erst am frühen Nachmittag abwehrbereit.

Nächste Stufe: Kitzeln. Endlich! Der Junge bewegte sich! Ich zog ihn an, während er wie ein Bewusstloser auf seinem Sitzsack lag. Ich mag ja aufgeweckte Kinder. Aber dann müssen sie auch mal aufwachen! Immerhin: Die Kleine war mit Plüsch-Einhorn im Arm aus dem Bett gekrabbelt. Damit begann und endete die Kooperationsbereitschaft. Jetzt testete sie meine Konsequenz:

»Neiiiiiin, ich will das rooooosa Kleid mit Glitzer.«

»Aber das hast du seit einer Woche an.«

Bockiges Gesicht.

»Wirklich, das geht nicht, weil ...« Ich sah auf die Uhr. »Ach egal, zieh das halt an.«

Wenn wir dann am Frühstückstisch saßen, schlug die Maulfaulheit um. Als hätte jemand die Schleusen des Drei-Schluchten-Stausees geöffnet, wurde dann gesabbelt.

»Kriege ich Süßes?«

»Vielleicht später.«

»Kriege ich Schokolade?« (bitte als Endlosschleife vorstellen).

Irgendwie bekam ich die Kinder dann mit dem Lockmittel mehrerer zuckerfreier Lutschbonbons ins Auto. Verurteilen Sie mich nicht, Diplomatie ist immer die Kunst des Interessenausgleichs auf niedrigstem Niveau. Und unter meinem Niveau konnte nicht mal mehr ein Regenwurm Limbo tanzen.

Abends war es auch nicht viel besser – nur ohne den Zeitdruck des Schulbeginns. Ein typischer Abend: Es war kurz nach 20 Uhr, die Kika-Nachrichten waren durch. Mit bemüht fester Stimme sagte ich:

»Kinder, Zähne putzen und ab ins Bett!«

Keine Reaktion.

»Zähne putzen und ins Behetttt!«

»Nein!« »Nein!«

Im Gegensatz zu mir hatten die Kinder keine Probleme mit grober Ablehnung. Wenn die Inuit 99 verschiedene Wörter für Schnee haben, haben die Kleinen ungefähr 2894 Arten, Nein! zu sagen. Ich versuchte es erneut:

»Los, Kinder! Zähne putzen, bitte!«

Das eine Kind bekam einen mittleren Wutanfall (»Das

ist langweilig!«, »Das ist unfair!«), das andere versteckte sich unter dem Sofa. Klar, eine angemessene Reaktion. Sie sollten ja mit einer Zahnbürste ihre Zähne berühren.

Mit ausgesprochenem Verhandlungsgeschick (»Wenn ihr jetzt nicht hochgeht, gucken wir morgen gar kein Fernsehen!«) schaffte ich es, die Kinder zur Mitarbeit zu bewegen. Vier Meter weit, bis sie an der Treppe angekommen waren.

»Ich will zuerst hoch!«

»Nein ich!«

»Nein, lass mich!«

Verstehe das, wer will. Erst nicht hoch, dann als Wettrennen. Schließlich rempelten sie die Stufen hoch, als würden sie mit Autoscootern eine Bergetappe fahren.

»Nicht schubsen auf der Treppe!«, rief ich noch.

Raten Sie mal, ob jemand reagiert hat.

Ich habe lange darüber nachgedacht, warum Kinder nicht einfach tun, was man ihnen sagt. Mein Verdacht: Sie können nicht anders! Kinder haben einen eingebauten Chip, der jeden Eltern-Satz in eine andere Sprache übersetzt.

Wenn Eltern sagen: »Zähne putzen!«, versteht das Kind: »Schieb dir Streichhölzer unter die Fingernägel.« So gesehen ist die Reaktion völlig verständlich. Kann man locker weiter durchspielen:

Eltern sagen: »Pass bitte auf, dass der Spinat nicht an der Wand landet!«

Kind versteht: »20 Cent für jeden Treffer auf das Bild mit Oma.«

Eltern sagen: »Mach schnell! Wir kommen zu spät zur Schule!«

Kind versteht: »Werde so langsam, dass eine Tantra-Lehrerin gegen dich hektisch wirkt.«

Eltern sagen: »Nicht in die Pfütze mit den neuen Sachen!«

Kind versteht: »Arschbombe!«

Eltern sagen: »Leiser, ich stehe neben dir!«

Kind versteht: »Noch lauter, die Thiemanns in Wanne-Eickel haben dich noch nicht gehört.«

Heute blicke ich auf alle diese verzweifelten Versuche mit der allwissenden Abgeklärtheit eines Frontsoldaten. Gestählt und abgehärtet in den Schützengräben der eigenen Vaterschaft. Milde lächelnd über all das, was ich falsch gemacht habe, weil ich es besonders gut machen wollte. Weil ich es so gut wie Mama machen wollte – nur eben in schlecht.

Wie man es besser machen kann, habe ich von einem echten Kerl gelernt, sozusagen vom Besten: von meinem Sohn. Es war einer dieser Morgen, an denen wir die vermeintlich schwierigsten Hürden schon genommen hatten. Die Kinder waren aufgestanden, angezogen, sie hatten gefrühstückt, jetzt mussten wir nur irgendwie: LOS! Doch unsere Kleine hatte beschlossen, dass ihre Mitarbeit in diesem Moment endet. Ich fragte:

»Kannst du bitte deine Schuhe anziehen? Wir müssen in die Kita.«

Die Tochter: reagierte nicht.

»Kannst du JETZT deine Schuhe anziehen, wir müssen in die Kita!«

Die Tochter: reagierte nicht.

Ich fragte mich schon, ob sie über Nacht ihr Gehör verloren hatte. Und dann passierte das Unglaubliche.

Während ich kurz davor war, mit Blick auf die Uhr völlig durchzudrehen, ging der damals Achtjährige nah zu ihr, schaute sie an, flüsterte ihr ins Ohr und fragte sie leise, ob sie zu ihren Freundinnen in die Kita will. Kopfnicken. Und ob sie auf dem Weg krank werden will. Kopfschütteln. Und dass sie nur schnell die Schuhe anziehen muss, um zu ihren Freundinnen zu kommen.

So ähnlich hatte ich das doch auch probiert, oder? Mit einem Unterschied: Bei ihm funktionierte es. Du redest dir den Mund fusselig, hast 160 Puls – und dann kommt der Schwesterflüsterer und klärt die Sache. Ich war vollkommen perplex. Wie kann es sein, dass ein Achtjähriger die Geschichte der Pädagogik neu schreibt? Zumindest für mich. Kein Geschrei, keine Drohungen, einfach nur Gucken, auf Augenhöhe gehen, sanftes Sprechen und die Sache ist geritzt?!?!

Er hat dann natürlich mitbekommen, über welche mächtigen Werkzeuge er verfügt.

»Ich könnte ja ein Buch schreiben«, sagte er, »eine Bedienungsanleitung für meine Schwester! Und die verkaufe ich.«

»Fantastisch!«, antwortete ich. »Was soll die kosten?«

»Och, so 50 Cent.«

Das Buch hat er nie geschrieben. Aber seine Lektionen waren unbezahlbar. Er hatte einfach die perfekte Mischung gefunden aus der Friedfertigkeit eines Mahatma Gandhi und dem Verhandlungsgeschick eines Autoverkäufers. Ich testete mein neu erworbenes Wissen gleich an den Kindern.

Es war Nachmittag, 26 Grad und die Kinder hatten schon ein Eis. Die Kleine kam rein und krähte:

»Papa, ich will ein Eis!!«

»Oh das ist schwierig – du hattest ja schon ein Eis.«

»Ich will aber noch eins!«

Ich hockte mich vor sie, hielt ihre Hand, blickte in ihre Augen.

»Du magst richtig gern Eis, oder?«

Nicken.

»Ich kann dich total gut verstehen, ich mag auch so gern Eis. Und ich muss als Papa auch aufpassen, dass deine Zähne gesund bleiben und du vom vielen Eis keine Bauchschmerzen bekommst. Das willst du ja auch nicht, oder?«

Abwartender Blick. Kopfschütteln.

»Darum gibt's erst morgen wieder ein Eis.«

Zögern. Sollte ich den Durchbruch geschafft haben? Nicht ganz. Die Kleine hatte noch ein ausgefeiltes Argument auf Lager. Sie rief: »Aber Emma hatte auch schon zwei Eis!!!«

Ich versuchte, angemessen zu reagieren – aber der erneute Widerstand löste meinen Explosionsmechanismus aus: »Das ist mir scheißegal, was Emma macht, hier ist Schluss mit dem süßen Mist, verflixt noch mal!«

Verdammt! Es lief gerade so gut – und dann das!

Die Kleine weinte, ich weinte auch und hinter mir stand unser Junge, schüttelte den Kopf und wandte sich ab.

Da gab's nur einen Trost: Eis für alle! Nein, natürlich nicht, das hätte ja alles nur noch schlimmer gemacht. Ich fand die Fassung wieder, erinnerte mich an unseren kleinen Gandhi und die Lehre vom passiven Widerstand und versuchte es erneut:

»Das können die Eltern von Emma auch so machen, und ich kann es nur so machen, wie ich es für richtig halte. Ich verstehe, dass du noch ein Eis möchtest. Und weil du schon eins hattest, möchte ich das nicht. Aber was hältst du davon, wenn ich dir eine Nektarine schneide? Die sind auch süß und in denen ist weniger Zucker.«

Zögern. Prüfender Blick. Es vergingen einige nerven-zerfetzende Sekunden. Und dann sagte sie:

»Naaaaaaa guuuuuuut.«

Sie glauben nicht, wie erleichtert ich war! In meinem Kleinhirn war Silvesterparty und in meinem Herzen Valentinstag. Ich hatte meine Lektion gelernt und die Kleine vielleicht auch ein bisschen.

Merke: Es gibt keine Erziehung ohne Beziehung, es gibt keinen Kontrakt ohne Kontakt. Könnte ich mir glatt aufs T-Shirt drucken lassen, aber dann denken bestimmt alle, das wäre aus dem Jesper-Juul-Fanshop. Sie wissen schon, der dänische Erziehungs-Papst.

Von dem habe ich mittlerweile auch einen Stapel Bücher gelesen, am besten hat mir aber der Präsenzun-terricht bei unserem Jungen geholfen. Und mit den Jah-ren habe ich das Wichtigste gelernt, denke ich. Es gab viele Aufs und Abs, das Destillat dieser vielfältigen Er-fahrungen habe ich für Sie mal zusammengefasst:

▸ Unter Druck steigt der Widerstand.
▸ Wenn das Ziel nicht attraktiv ist, will auch niemand das Ziel erreichen.
▸ Meine Lösungen sind nicht automatisch die besten Lösungen.

- Sagen Sie nicht bitte, wenn Sie nicht bitte meinen.
- Verkleiden Sie Aufforderungen nicht in Fragen.
- Zuhören ist wichtiger als reden.
- Wenn Sie es eilig haben: Machen Sie langsam.

Schneiden Sie sich die Sätze ruhig aus, Sie funktionieren auch, wenn Sie Abteilungsleiter sind, Unternehmensberater, Geschäftsführer oder Mutter.

Die Vision von mir selbst als Familienpatriarch Thomas Mann habe ich jedenfalls über Bord geworfen, ich habe sozusagen die Vision der Wirklichkeit angepasst. Ich sehe mich jetzt von der Grundhaltung her als Mittelding aus Michel aus Lönneberga und Zenon von Kition, dem Begründer Stoizismus. Bei kleinem Blödsinn mache ich mit (Volleyball im Kinderzimmer), sonst verstehen die Kinder ja nicht, wann der größere Blödsinn beginnt, bei dem man besser aufhören sollte. Wenn die Kinder mal wieder mit putzigen Beleidigungen loslegen, ist ein Michel-Moment. Dann sage ich:

»Moooment, ist das alles, was ihr könnt!? Also los, das ganze Beleidigungs-Alphabet, bitte! A wie ...«

»Armleuchter!«

»Affe!«

»Amateur!«

»Sehr gut! Dann B wie ...«

»Blödi!«

»Banane!«

»Brummelkopp!«

»Bruder!«

»Klasse! Los, C wie ....«

»Clown!«

»Chaot!«

»Crétin!«

Sehen Sie mal, Französisch lernen die Kinder dann auch noch. Und Stoizismus ist angesagt, wenn Ihr Kampf für bestimmte Vorstellungen irgendwann die Kraft übersteigt. Ich arbeite zum Beispiel daran, mein Ideal von »Ordnung« und »Sauberkeit« neu zu justieren. Solange es schmale Laufwege durch die Lego-Berge in den Kinderzimmern gibt, ist alles gut. Gegen ohrenbetäubende Lautstärke im Kinderzimmer helfen Noise-Cancelling-Kopfhörer und wenn die Kinder jetzt die zeitliche Flexibilität beim Schulbeginn austesten wollen, beobachte ich ihre Versuche mit zugewandtem Interesse. Der Schulbeginn um 8 Uhr ist ja eine Regel der Schule, nicht meine.

Mittlerweile bin ich überzeugt: Als Eltern sind wir nicht Erzieher, sondern eher Forscher und Entdecker. Man weiß nie, wo die Reise einen hinführt, jeder Tag kann eine unverhoffte Überraschung bringen.

Eine der Überraschungen sah so aus: Meine Frau und ich saßen morgens am Küchentisch, die Kleine war sehr früh wach und sang im Bett liegend lautstark 168 Strophen eines »Bibi & Tina«-Lieds. Bis ihr Bruder aufstand, zu ihr ging – und es war Ruhe. Er kam die Treppe herunter und staunend fragten wir, wie er das wieder gemacht hat. Er schaute treuherzig und sagte: »Ich habe ihr eine Socke in den Mund gesteckt.«

ICH WILL DOCH NUR COOL SEIN.
IST DAS UNCOOL?

Die Erkenntnis überfiel mich, als ich mit der Kleinen auf dem Weg zur Kita war. Albert Einstein hatte solche Momente wahrscheinlich ein paar Mal, Leonardo da Vinci wohl auch, Marie Curie ganz sicher und vielleicht auch Pep Guardiola.

Und jetzt ich.

Im Auto lief wieder einmal »Radio Teddy«, und während ich mehr oder weniger abwesend zuhörte, zuckte ich plötzlich zusammen. Denn mir wurde klar: »Backe, backe Kuchen« und »Liebe, liebe Sonne« haben exakt dieselbe Melodie. Ist das nicht unglaublich? Probieren Sie es mal aus! Sie werden staunen! Jahrelang habe ich das mit den Kindern unwissend vor mich hingesungen und dann diese Entdeckung! Okay, im nächsten Moment wurde mir dann auch klar, wie deprimierend das gleichzeitig ist. Denn: DAS sind jetzt meine Triumphe als Mann.

Ich wohne im Reihenendhaus, habe einen Bausparvertrag, mähe gern Rasen, fahre einen Volvo-Kombi und putze gern Fenster. Würde ich jetzt noch Motivkrawatten sammeln oder professionell »Siedler« spielen, wäre ich ein komplett hoffnungsloser Fall. Aber auch so ist es schon niederschmetternd, was aus diesem Sinnbild von männlicher Lässigkeit geworden ist. Ja, ich rede von mir.

Jahrzehntelang habe ich daran gearbeitet, mein Image als cooler Typ zu pflegen. Und ich habe wirklich früh damit angefangen. Es gibt da dieses Foto im Urlaubsalbum meiner Eltern. Ich lehne lässig am Balkongeländer unseres Halbpension-Hotels auf Ibiza, habe die Haare zurück gegelt, trage eine Pilotenbrille und ein bauchfreies Shirt mit Snoopy-Motiv. Ich weiß noch, dass ich mich wahnsinnig cool gefühlt habe. Ich bin auf dem Bild zehn Jahre alt.

Wenn man so früh solche Sternstunden erlebt, ist der Weg natürlich vorgezeichnet. Aber man wird auch immer wieder an seinen einstigen Glanztaten gemessen. Fragen Sie mal Mario Götze.

Rückblickend bin ich gar nicht so sicher, ob ich meinen Ibiza-Moment noch oft erreicht habe. Immerhin habe ich mich bemüht, grundsätzlich würde ich sagen: Als Mann verbringt man die Zeitspanne von zehn bis vierzig Jahren damit, irgendwie cool zu wirken. Oder etwas zu sein, das man für cool hält. Man kann sich zum Beispiel einer Jugendkultur anschließen, bei mir standen damals Popper oder Rocker oder Punk zur Auswahl. Ich habe mich für Streber entschieden, das ist ja quasi auch eine Jugendbewegung. Es war auf jeden Fall gut mit den gebügelten Klamotten vereinbar, die meine Mutter mir morgens immer rausgelegt hat.

Mit dem Umzug nach Berlin konnte ich mich dann neu definieren, in den Neunzigerjahren konnte ich Slacker, Raver oder Hiphopper werden. Ich war eigentlich nichts davon, und das auch noch ein bis zwei Jahre zu spät. Als Student habe ich die reichlich bemessene Freizeit dennoch genutzt, um die Bücher zu lesen und die Musik zu hören, die man hören musste, um als cool zu gelten. Es war wichtig, »Pulp Fiction« und Helge Schneider korrekt zu zitieren, außerdem habe ich intensiv an meinen Talenten beim Rauchen und Trinken gearbeitet und mir einen Tanzstil angeeignet, für den man mich nicht sofort in die Notaufnahme gebracht hat. Das Ganze war eine Menge Arbeit, aber man will ja auch was erreichen im Leben.

Das Blöde ist: Wenn man irgendwo hin will, kommt man auch irgendwann an. Sie haben sich etwas aufgebaut, Sie haben ein Haus, Kinder, eine zunehmend komplexe Steuererklärung und einen Smart-TV, dessen Bedienung noch komplexer ist als die Steuererklärung. Und dann folgt der Moment, an dem man merkt: isch over. Vorbei jetzt. Leugnen zwecklos, du bist: Nicht! Mehr! Cool! Die Fragen, die sich dann anschließen: Bin ich der Erste, der es bemerkt, oder ist es den anderen schon längst klar? Bin ich vielleicht doch zu alt für die ein wenig zu schmal geschnittenen Hosen? Kann man als Vater überhaupt noch cool sein? Und: Was macht Radio Teddy mit meinem Gehirn und meinem Musikgeschmack?

Das trifft mich wirklich im Kern meines Selbstbilds. Früher habe ich fanatisch die neuesten Platten studiert und versucht, mir einen kennerhaften und aufregenden Musikgeschmack zuzulegen. Ich gehöre zu diesen Nerds, die Vinylplatten kaufen, regalweise CDs besitzen, zwei Musikzeitschriften im Abo lesen und geschmäcklerische Sätze sage wie: »Von denen kannst du nur die ersten zwei Platten hören.« Ich habe mir wirklich etwas eingebildet auf meinen Musikgeschmack. Und dann kam »Radio Teddy« in mein Leben. Ich habe es unbedacht eingeschaltet, als ich mit den Kindern im Auto unterwegs war. Und damit war es vorbei. Jegliche Versuche, wieder zu menschenwürdiger Musik zu wechseln, scheiterten an der Geschmackspolizei auf der Rückbank. Nach spätestens zwanzig Sekunden wurde gequengelt und einstimmig »Teddy! Teddy!« gefordert. Ich hatte die Lufthoheit über das Autoradio und damit auch partiell den Verstand verloren.

Denn das akustische Waterboarding hinterlässt Spuren: Wenn das Gehirn dauerhaft von Deutschpop oder Kindermusik perforiert wird, bleibt irgendwann eine Melodie hängen. Ich hatte schon einen Ohrwurm von Sarah Connor (»Wie schön du bist«) und Yvonne Catterfeld (»Das Pendel«) und von DIKKA (»Pommes mit Mayo«). Es ist auch passiert, dass ich drei Monate ein Titellied vom »Kleinen König« (»Ich zieh' mich ganz alleine an«) gesummt habe oder »Conni, Conni mit der Schleife im Haar ...« nicht mehr aus dem Kopf bekam. Das ist hochdramatisch, ein Kinderlied-Ohrwurm ist so hartnäckig wie Herpes. Er breitet sich im wehrlosen Vaterhirn aus – und ohne darüber nachzudenken summt man: »Stups der kleine Osterhase ...«. Machen Sie das mal in der Projektleiter-Konferenz, dann sind sie nicht mehr der coole Typ aus der Nachbarabteilung, sondern nur noch der infantile Trottel, neben dem in der Kantine immer vier Stühle frei bleiben.

Ich wollte mich aber nicht ohne Widerstand geschlagen geben. Ich hatte zwar nicht mehr viele Gelegenheiten, MEINE SEHR COOLE Musik zu hören. Aber meine

Streamingdienst-Playlists waren noch sorgsam kuratiert – dachte ich. Bis ich einmal wieder meine Musik hören wollte (natürlich nur mit Kopfhörern, ich will ja niemanden stören), drei verschiedene Playlists öffnete und in allen war »Bibi Blocksberg – Hexerei in der Schule«. Es war sinnlos, meine digitale Musikbibliothek weiter zu durchsuchen, denn sie war geflutet von »Bibi & Tina«, »Leo Lausemaus«, »Hexe Lilli« und »Feuerwehrmann Sam«.

Ist das nicht deprimierend? Erst hatten die Kinder die Macht über das Autoradio übernommen. Und mir dann die musikalische Identität geraubt.

Und das reichte immer noch nicht, denn auch mein Büchergeschmack wurde infiltriert. Ich liebe skandinavische Krimis, wenn ordentlich gemeuchelt wird, breitet sich in meinem Inneren eine wohlige Wärme aus. Es gilt die goldene Regel: Ist nach den ersten fünfzehn Seiten noch niemand obduziert, ist der Schinken langweilig. Einmal jedoch bekam ich plötzlich eine Bestätigung über den Kauf von zwei eBooks: »Der Berg der Sehnsucht: Big Sky Mountain« und »Nur eine Sache«. Hatte ich die gekauft? Blick in die Inhaltsangabe von »Nur eine Sache«: »Die Künstlerin Lexie McCain verbringt ihre Tage damit, ihre Lebensgeschichte in einen wunderschönen Wandteppich zu weben . . .« Du meine Güte! Eine ganz üble Schmonzette aus der Romantik-Hölle. Nur mühsam konnte ich die Kunden-Hotline davon überzeugen, dass nicht ich diese Machwerke bestellt hatte, sondern unsere Tochter, die noch nicht mal lesen konnte, aber mit ein paar Klicks wahllos Ramsch bestellt hatte.

Wer Kinder hat, kann sich jedenfalls von der aufopferungsvollen Pflege seines kulturellen Profils verabschieden. Dazu noch das fortschreitende Alter und die damit einhergehende geschmackliche Verunsicherung – schon haben Sie den Anschluss an Trends und jugendliche Lässigkeit verloren. Das können Sie getrost für alle Lebensbereiche durchspielen. Ich mache das gern mal für Sie:

Früher habe ich Herrenmagazine gelesen, um modisch en vogue zu sein, heute ziehe ich einfach eine Hose und ein Shirt aus dem Schrank und hoffe, dass mir niemand einen Humana-Gutschein zusteckt.

Früher kannte ich den angesagten halbillegalen Klub in Berlin-Mitte, heute habe ich das Gefühl, etwas Verrücktes zu tun, wenn ich beim Laternenumzug den Kinderpunsch für mich und die anderen Eltern heimlich mit Wodka verfeinere.

Früher war ich bis sechs Uhr morgens aus, heute stehe ich um sechs Uhr morgens auf.

Früher dachte ich: Das Schlimmste auf der Welt ist Liebeskummer. Heute weiß ich: Ein zahnendes Baby schlägt alles.

Früher kannte ich so ziemlich jeden neuen Kinofilm, der später in der engeren Oscar-Auswahl sein würde. Mittlerweile freue ich mich auf »Jumanji 3« und den neuen »Johnny English«.

Früher kannte ich die kompletten Charts auswendig, heute finde ich auf Platz 61 die erste Band, die ich kenne.

Früher dachte ich bei Ü-30-Party an eine Vorstufe zum Tod, heute renne ich quiekend vor Glück auf die Tanzfläche, wenn irgendwo 80er-Jahre-Musik läuft.

Früher habe ich mich mit Freunden über Fußball, Frauen und Fernreisen unterhalten, heute über Altersvorsorge, Anschlussfinanzierung und Vasektomie.

Die Liste ließe sich endlos fortsetzen, ich will uns aber nur noch einen Punkt gönnen: Früher waren vor allem Partys wild und gefährlich. Die Gastgeber kannte man oft nur um zwei Ecken, die Musik war erst laut genug, wenn die Polizei klingelte. Das Balzverhalten war unkoordiniert und mäßig geschickt (»Willlssssuuu au noch bleibn?«). Und man ging erst, wenn man auf der Suche nach dem letzten Schluck Bier aus Versehen aus der Flasche getrunken hat, in die die anderen Gäste in der Küche seit zwei Stunden reingeascht hatten.

Und heute? Lädt man die Nachbarn zum Wein mit französischem Käse und Baguette und lässt Musik laufen, die unaufdringlich elektronisch im Hintergrund wabert. So läuft es normalerweise. Allerdings haben wir uns noch einmal gewehrt. Es war der 40. Geburtstag meiner Frau und sie wollte feiern. Richtig feiern. Für die Kinder haben wir vorsorglich bei ihren Kindergarten-Freunden Partyasyl organisiert. Wir hatten weniger Sorge, dass sie zu wenig Schlaf bekommen – sondern, dass sie irreparabel traumatisiert werden, wenn sie ihre Eltern tanzen sehen. Wie klug das war, wussten wir erst hinterher …

Denn die Party war ein Triumph des Willens über den Körper, es war die Versöhnung von Punkrock mit dem Reihenendhaus. Die Gäste haben artig die Schuhe ausgezogen, denn sie alle kennen die Angst um das Parkett, und dann haben sie sturzbetrunken Stagediving von der Wohnzimmercouch gemacht! Es war spektakulär, alkoholfreies Bier ging genauso schnell weg wie alkoholhaltiges, hinterließ aber dieselbe Wirkung. Unter dem Discolicht im Wohnzimmer wurde über das Industrieparkett getanzt, als seien wir in einem Abbruchhaus in den Neunzigern, sogar die Musik ähnelte sich. Als DJ konnte man getrost alles weglassen, was nach 2004 erschienen ist – keiner der Gäste kannte es. Dafür sollten Sie schnell handeln, wenn ihr alter Uni-Kumpel noch mal »Killing In The Name Of« hören will. Denn er will es SOFORT!

Die Männer auf der Party waren hingerissen von einer besonderen Schönheit, die die ganze Zeit auf der Terrasse stand: Ja, die Feuerschale der Nachbarin brachte so manches Herz zum Glühen. Die Information, wo sie das Ding gekauft hatte, wurde so heiß gehandelt wie früher die Festnetznummer der hübschen BWL-Studentin.

Das höhere Alter der Gäste führte auch zu einem größeren Maß an Selbstkontrolle, die meisten bemühten sich redlich, erst zu Hause umzukippen, Flaschen und Gläser blieben heil (bis auf zwei), nicht mal die Polizei kam – das Reihenhaus ist schallentkoppelt. Wir dachten also, dass der Nachbar im Mittelhaus neben uns den Party-Zinnober nicht hören würde. Hat er aber. Seine Frau auch. Und ihr Baby ebenfalls.

Um unkontrollierten Drogenkonsum bei einer privaten Ü-40-Party müssen Sie sich ebenfalls keine Sorgen mehr machen, wobei: Ich selbst habe mir um drei Uhr morgens eine interessante Nahtod-Erfahrung beschert, als ich durch unkontrolliertes Kauen ein Stückchen »Chipsfrisch Oriental« in meiner Luftröhre platziert habe.

Ach, das war schön. Die Kinder durften am Tag danach sehr viel Fernsehen gucken und ich hatte noch am Mittwoch danach Kopfschmerzen. Aber das war es wert.

Ja, das war das letzte Aufbäumen. Seitdem sitzen wir

im Schnellzug Richtung Peinlichkeit. Das ist okay, das ist der Job von Eltern. Das Wichtigste ist dann einfach, es zuzulassen und zu akzeptieren. Wirklich peinlich sind nur die Eltern, die partout nicht peinlich sein wollen. Zugegeben, manchmal ist es noch verlockend, als der lässige Dad zu gelten. Doch die härtesten Kritiker hat man im eigenen Haus. Unser Junge fragt mich in letzter Zeit gern: »Papa, bist du cool?« Und manchmal fühle ich mich ein wenig geschmeichelt und sage: »Naja, das ... also ... ich würde sagen ... manchmal, jaaaa, da ... ach, das müssen andere beurteilen. Was denkst du denn?«

»Nein.«

Und dann läuft er schnell weg.

Dass man selbst nicht die Endstufe der Evolution ist, wird einem spätestens dann klar, wenn der Nachwuchs cool wird. Und ich kann mir nicht helfen – ich habe das Gefühl, dass Jungs darauf ein wenig mehr Wert legen als Mädchen.

Ich erinnere mich noch, als unser Sohn sieben Jahre alt war und mit seiner fünfjährigen Schwester in der Wanne mit dem Playmobil-Piratenschiff gespielt hat. Er legte einen Piraten auf die Planken und sagte dann: »Der chillt voll!« Prustendes Gelächter der Schwester. Angefeuert vom Publikum legte er nach: »Der chillt voll ab!« Hysterisches Kreischen von beiden Enden der Badewanne.

Ja, die Grundschule fördert in vielerlei Hinsicht den Spracherwerb, Alter! Trotz unseres anfänglichen Widerstands hat er sich einen soliden Teil seines Wortschatzes auf dem Schulhof angeeignet und nicht in der Deutschstunde. Weil's cooler ist.

Cool? Ha! Da muss ich mich dranhängen, habe ich mir gedacht. Vielleicht die letzte Chance, doch noch mal einen Hauch Jugendlichkeit zu verströmen, wieder anzuknüpfen an frühere Glanzzeiten. Diesmal nicht mit bauchfreiem Shirt, sondern mit sinnfreien Sprüchen. Seitdem lerne ich fleißig Schulhof-Vokabeln, zum Beispiel: »Flexer« (Checker), »Cheater« (Schummler), »Suchti« (Süchtiger, bezogen auf Videospiele), »Isso, Alter!«, »Digga!« (Freund), »Bro!« (Bruder), »Das ist so übelst op«! (»Das ist echt total krass«), »Schwitzer« (sehr ehrgeiziger Spieler), »Ehre entwendet« (den habe ich hops genommen).

Und es ist gerade eines der größten Vergnügen für meine Frau und mich, Jugendsprech schlecht nachzuahmen. Sie können sich gar nicht vorstellen, wie unser Junge sich windet vor Scham, wenn seine Eltern rhetorisch noch mal jung sein wollen! Zum Beispiel, wenn sein Freund klingelt und ich zuerst an der Tür bin. Ich nicke nur kurz mit dem Kopf, sage: »Yo Bro, was geht, Digga«, und hebe die Faust zum Ghetto-Gruß. Hinter mir kollabiert dann vielleicht ein Zwölfjähriger vor Scham – das kann ja mal passieren. Jetzt ist es ganz wichtig, nicht nachzulassen, sondern dranzubleiben: »Sheeeesh, Junge! Dich hat's ja übelst hingehauen. Alles fresh?« Dann drängt sich unser Sohn wahrscheinlich kopfschüttelnd an mir vorbei und sagt nur noch: »Boah, ihr seid so lost.«

Sie meinen, wir sollten Mitleid haben? Ach wo. Die Kinder haben uns die Coolness genommen. Jetzt nehmen wir ihnen ihre.

Ehre entwendet!

PRINZESSINNEN- ODER PUNKROCK-PAPA?

Es sah nicht gut aus mit unserem Plan. Wir hatten die Illusion, dass unser Mädchen nicht im klassischen Sinn ein Mädchen sein müsse. Also nicht so ein Pferdemädchen, eine kleine Prinzessin, in rosa Glitzertüll gehüllt. Und auch nicht so eine stumme Hübsche, wie Gaby in TKKG. Kennen Sie die noch? Richtig, die blonde Hundebesitzerin, deren herausragende Qualifikation im Titelsong gepriesen wird (»Gaby hat den Tarzan liiiiiieb!«).

Unsere Tochter sollte eher eine Ronja Räubertochter sein, die Anführerin einer Jugendgang oder einer Punkrockband, die Bier aus der Flasche trinkt und alle Jungs auslacht, die sie anbaggern. Denn sie selbst ist viel cooler als die Typen und ihr Herz schlägt ohnehin nur für Papa. So ungefähr. Geschlechtsneutrale Erziehung könnte man sagen.

Das Ergebnis unserer Bemühungen sah so aus: Wenige Tage vor dem vierten Geburtstag unserer Tochter saß ich auf dem Wohnzimmerfußboden und bastelte aus quietschrosa Karton eine Krone mit der Zahl »4« und beklebte sie mit goldenen Glitzersteinen. Ihre klare Ansage: »Meine Liebchenfarben sind Rosa, Lila und Glitzer.« Sie interessierte sich nur noch für Pferde, Fohlen und Einhörner. Selbst zu Halloween wollte sie nicht einfach eine handelsübliche Hexe sein, sondern eine Hexen-Prinzessin.

Folglich war auch ihr Kindergeburtstag eine Prinzessinnen-Party, alle Freundinnen kamen in bodenlangen Roben und Krönchen und bewegten sich mit der Eleganz von Opernball-Debütantinnen. Das wildeste, was sie gemacht haben, war Stopptanz. Kein Vergleich zu dem Geburtstag unseres Sohns im selben Jahr, nach dem wir das Gefühl hatten, eine Pershing-Rakete sei quer durch unser Erdgeschoss gedonnert.

Mit ihren kristallklaren Vorstellungen hat unsere Prinzessinnen-Tochter sämtliche Erziehungsideen auf den Kopf gestellt. Sie gab sich voll dem Rollenklischee hin und der Einzige, der sich in Richtung Geschlechtsneutralität entwickelte, war ich. Von väterlicher Autorität war nichts mehr übrig, ich wurde genötigt, morgens Pippi-Langstrumpf-Zöpfe zu flechten und wenn sie wünschte, auf ihrem »Liebchenpferd« zu reiten, ruinierte ich mir bereitwillig die Kniescheiben auf dem Wohnzimmerparkett.

Das Schlimme war: Ich fand's super. Ich war vollständig in der Hand einer kleinen Tyrannin. Und meine einzige Entschuldigung dafür war: Ein Vater, der beim Anblick seiner glücklichen Pferde-Glitzer-Rosa-Prinzessinnen-Tochter nicht dahinfließt wie Margarine an einem Julitag, der hat ein Herz aus Stahlbeton.

Dabei haben wir das Ganze wirklich nicht befeuert. Wir haben uns tapfer verweigert, ihr Eisköniginnen-Schnickschnack zu kaufen, Kinderschminke oder Plastikschmuck. Doch zum Geburtstag und zu Weihnachten brach die Lawine über uns herein. Sie bekam von einer

Freundin Kinderparfüm, von der nächsten ein Krönchen und von der dritten den Zauberstab von Elsa, der Eiskönigin. Mit dem tanzte sie wochenlang durchs Wohnzimmer und schmetterte mit der bebenden Ernsthaftigkeit einer Mariah Carey: »Let it goooo, let it goooo, I can fiiiiiilit animoooooo!«

Und von Oma bekam sie zu Weihnachten die Schuhe von Elsa. Man kann es nicht anders sagen: Billigstes Korea-Vollplastik mit Absatz, man konnte praktisch nicht darauf laufen, ohne dass man einen Haltungsschaden, Platt-, Senk- und Spreizfüße oder einen komplizierten Knöchelbruch riskierte. Kurzum: Sie liebte die Schuhe. Damals war Elsa für unsere Kleine größer als der Weihnachtsmann. Und wenn sie sich ganz besonders chic machte, dann zog sie ein Prinzessinnenkleid an und stakte mit den Plastikbrocken an den Füßen durchs Wohnzimmer. Es war ein erbarmungswürdiger Anblick. Sie fand es toll.

Wenige Wochen später hatte sich das Problem gelöst – erst mal. Die Kleine fragte nämlich voller Stolz ihren großen Bruder, ob der nicht auch mal ihre Hammer-Schuhe tragen will. Das Fatale: er wollte. Er stellte sich also auf die Schuhe – glatter Sohlenbruch auf beiden Seiten.

Die Dinger landeten im Müll, und wochenlang schien alles gut. Doch dann: Völlig unvermittelt weinte die Kleine abends im Bett bitterlich. »Mei-hei-hei-heine Klackerschuhu-hu-he sind kaputt!« O je! Immer wieder hatte sie in den folgenden Wochen plötzliche Traueranfälle. Und ich gestehe: Ganz heimlich habe ich im Internet nachgeschaut, ob man die Dinger notfalls vielleicht noch mal bestellen kann.

Zum Glück habe ich es nicht gemacht. Langsam heilte die Wunde, ihre Tränen trockneten, die Schuhe verschwanden aus ihrem Gedächtnis.

Dafür wuchs die Sehnsucht nach etwas Neuem. Sie wollte ein Pferd. Am liebsten natürlich ein echtes. Unser Argument, dass ein Reihenendhaus-Garten von 150 Quadratmetern nicht der perfekte Lebensraum für ein Fluchttier ist, wurde abgeschmettert. Wir könnten ja umziehen. In eine Villa. Und ein Pferd sei ja auch ungemein praktisch: »Man kann damit zum Supermarkt reiten.«

Das Thema blieb aktuell bei ihr und ihren Freundinnen, das merkte ich spätestens, als mir eine der Kita-Mütter morgens im Fahrstuhl begegnete. Auf der einen Seite neben ihr ging ihre Tochter, auf der anderen Seite schleifte sie ein 1,50 Meter großes Plüschpferd mit sich. Es war Spielzeugtag. Und die Kleine hatte offenbar darauf bestanden, dass der annähernd lebensgroße Paarhufer ihr mitgebrachtes Utensil für den Kita-Tag ist. Die Mutter, in ihrem anderen Leben eine extrem coole Führungskraft, hatte vollkommen souverän reagiert: Sie war eingeknickt und zog nun den Kuschel-Klepper mit sich.

Sie müssen nicht lange rätseln, was der Herzenswunsch unserer Tochter in den folgenden Monaten war: dieses Pferd. Wir haben länger darüber diskutiert, ob das wirklich eine gute Idee ist. So viel Geld? Für ein Klischee mit vier Beinen? Ein Plüsch-Pony? Wir haben es uns nicht leicht gemacht – und dann bestellt.

Kurze Zeit später stand also »Phoebe« bei uns im Kinderzimmer. Und ich untertreibe kaum, wenn ich sage: Es war die beste Investition seit dem Pizzaschneider.

Sie liebt das Pferd noch heute, hat Wochen ihrer Lebenszeit damit verbracht, es zu striegeln, zu kämmen, das Zaumzeug anzulegen, es zu satteln, darauf zu sitzen, mit ruckenden Bewegungen samt Zossen durchs Kinderzimmer zu rutschen und »Bibi & Tina« nachzuspielen.

Wir haben erkannt: Man kann versuchen, das Kind noch so gut vor den Einflüssen des Gender-Marketings zu schützen – am Ende kann man ihnen nicht jahrelang Augen und Ohren verbinden und sie in einen reizarmen Raum mit anthroposophischem Spielzeug stecken. Man kann sich nur entscheiden, ob man Brandbeschleuniger oder Feuerwehrmann ist. Und manchmal ist auch dieser Einfluss nur sehr begrenzt.

Den Eindruck hatte ich jedenfalls, als ich einmal mit unserer Kleinen von der Kita heim fuhr. Vom Rücksitz aus verkündete sie: »Papa, ich bin eine Mutter!« Ich war so verschreckt, dass ich kurz das Lenkrad verriss. Eine Mutter? Mit vier Jahren? Sie streckte ein Plastik-Telefon aus dem Prinzessin-Lillifee-Heft und einen Kinder-Labello nach vorn. Beides Beifang von unserem unachtsamen Kinder-Comic-Kauf. Unsere Kleine zählte auf: »Ich habe ein Handy! Und einen Lippenstift! Also: Ich bin eine Mama!«

Als ich wieder normal atmen konnte, wollte ich pädagogisch richtig handeln und lobte erst einmal ihre logische Herleitung. Aber ein wenig Kritik gehörte schon auch dazu, denn sie hatte natürlich den Latte Macchiato vergessen, der zwingend zur Grundausstattung einer Berliner Mutter gehört.

Aber ernsthaft: Vier Jahre Erziehungsbemühungen gegen alle Geschlechterklischees und DAS war das Ergebnis. Ihr Weltbild besagte: Mädchen tanzen, Jungs spielen Fußball. Frauen sind schön, Männer stark. Mamas tragen Schmuck, Papas tragen die Bierkisten ins Haus. Das wollte ich nicht so stehen lassen.

Als ich ihr sagte, dass ich auch einmal einen Ohrring getragen habe, war sie platt. »Duuuu? Du bist doch ein Papa.« Na und? »Einen Ohrring mit Glitzer dran?« Nein, ohne Glitzer. »Ach so.«

Ganz so festgefahren, wie ich befürchtet hatte, waren ihre Rollenvorstellungen dann zum Glück doch nicht. Denn als ich sie fragte, was sie später einmal werden will, rechnete ich mit dem Schlimmsten: Spielerfrau, Arztgattin, Model, Prinzessin oder Schmuckdesignerin? Nein, sie sagte: »Ein großer Bruder!«

Das Überraschende war: Die Glitzer-Rosa-Prinzessinnen-Phase endete nach ein paar Jahren. Durch die gesamte Kita-Zeit trug sie fast ausschließlich Kleider, bei der Klamottenwahl am Morgen war sie ähnlich divenhaft wie Madonna (»Wo ist das Kleid mit dem Gold dran?!?!«) und sie besaß nur eine Hose – und das war ihre Schneehose. Sie wollte Zöpfe und Glitzer. Aber mit dem ersten Tag an der Grundschule war diese Zeit: vorbei.

Mein Beitrag dazu war so groß wie der Beitrag von Esso und Aral zum Klimaschutz. Von einem Tag auf den anderen wollte sie einfach keine Kleider mehr, und auch kein Rosa. Ihre Liebchenfarbe ist jetzt Dunkelblau, sie trägt am liebsten Hoodies und Leggings oder schwarze Jeans. Sie findet Elsa, die Eiskönigin »peinlich« und kann präzise erklären, was Tussis sind: »Das sind Frauen, die sich chic anziehen. Die schminken sich doll und tragen Klackerschuhe. Und wenn ein Hund kommt, haben sie

Angst.« »Vor dem Hund?« »Ja, weil der Hund dann vielleicht ihre Kleider schmutzig macht. Und dann kreischen sie rum!«

Nein, eine Tussi ist sie auf keinen Fall. Sie hat kein einziges rosa Kleidungsstück mehr, Kleider trägt sie nie und Hunden begegnet sie komplett angstfrei. Sie hat kaum noch etwas mit Glitzer oder Gold, sie hört nur noch ab und zu Hörspiele mit Sternenschweif, dem Einhorn. Ich finde: Das haben wir hervorragend gemacht. Ich weiß zwar nicht wie, möglicherweise einfach nur, indem wir sie nicht in der Persönlichkeitsentwicklung gestört haben. Sie ist sogar verdammt nah dran, das Ziel zu erreichen, ein großer Bruder zu sein. Wenn sie manchmal von der Schule nach Hause kommt, lässt sie krachend den Ranzen fallen und ruft: »Wallah, Habibi! Was geht!?«

Eine Menge, Brudi, eine Menge.

MAKING OF ... A MAN

Väter neigen manchmal dazu, über ihre Kinder das auszuleben, was sie selbst nicht erreicht haben. Daher können Sie vielleicht verstehen, wie stolz ich war, als unser Junge mit vier Jahren seinen Berufswunsch äußerte: Er wollte Pirat werden.

Fand ich in Ordnung, denn mir war diese Karriere versagt geblieben. Dabei war mein Lieblingsfilm als Kind »Der Rote Korsar« und über 15 Jahre lang stand auf meiner Weihnachts- und Geburtstagswunschliste: »Playmobil Piratenschiff«. Was hätte nur aus mir werden können! Ein ostwestfälischer Schrecken der Meere, ein gesetzloser Herrscher über die Weser-Auen. Vielleicht auch der erste Pirat mit 9,5 Dioptrien und Augenklappe, ich hätte die Inklusion in der Seeräuberei verankern können.

Tja, aber das Piratenschiff habe ich als Kind nie bekommen. Und ohne Schiff kein Pirat.

Erst als ich 35 Jahre alt war, hat mir meine Frau das Playmobil-Piratenschiff geschenkt, ein Jahr später dann den Sohn und irgendwie hat das Schicksal damit doch alles gefügt, oder?

Unser Junge hat die Sache auf jeden Fall ernst genommen und ich habe ihn tatkräftig unterstützt. Er wollte zu Karneval immer Pirat sein, zum fünften Geburtstag bekam er von uns ein eigenes Playmobil-Piratenschiff, über seinem Bett hingen Wimpel mit dem Totenkopf-Symbol, sein Lieblingsfilm war: »Die Piraten – ein Haufen merkwürdiger Typen« und selbst beim Essen blieb er der beruflichen Spezialisierung treu: Er mochte Kapern.

Leider gab es bei dieser Rundum-Fortbildung Kollateralschäden. Denn auch die Oma beteiligte sich daran und schenkte dem Enkel eine CD von: Santiano. Richtig, den norddeutschen Shanty-Rockern. Unfassbar erfolgreich und für mich so schwer zu ertragen wie ein Mastbruch mitten auf dem Atlantik. Vielleicht habe ich schon erwähnt, dass ich mir echt was einbilde auf meine Plattensammlung, dass ich angewidert die Nase rümpfe, wenn etwas »zu Mainstream« ist und meinen versnobten Ansprüchen nicht genügt. Und dann dröhnt aus dem Kinderzimmer in Dauerrotation das greise Galeeren-Gesinge von Santiano. Beim Klabautermann!

Es war seine erste kleine Form von Rebellion. Er brauchte dafür weder einen Iro, noch Death Metal, Punkrock oder eine Sicherheitsnadel in der Augenbraue. Mit Santiano machte er klar, dass Papas Einfluss an der Kinderzimmertür endet. Hätte man sich natürlich denken können, dass ein Pirat sich weder unter die Knute der englischen Krone noch unter die des väterlichen Musikgeschmacks begibt.

Ja, die Kinder werden größer, die Enttäuschungen auch. Ich sah die Chancen dramatisch sinken, unseren Jungen irgendwie in meinem Sinne zu beeinflussen. Es wurde jedenfalls klar, dass meine große Leidenschaft Musik nicht im selben Maße seine Leidenschaft werden würde. Wir starteten noch einen verzweifelten Versuch, indem wir ihm Weihnachten mal eine Gitarre schenkten.

Sie war drei Wochen interessant, aber nachdem er das erste Lied beherrschte (raten Sie mal: Santiano!), beendete er seine Karriere dann auch wieder.

Und die Piratenlaufbahn? Ich würde Ihnen gern berichten, dass er auf dem Klaus-Störtebeker-Gymnasium ist, Leistungskurse »Entern« und »Brandschatzen«. Ist er aber nicht. Die Piraterie hat er aufgegeben.

Gab es denn gar keine Möglichkeiten, meinen väterlichen Einfluss noch gewinnbringend einzusetzen? Sicher! Er mochte doch Fußball! Meine eigene Karriere als Außenverteidiger hatte ich damals in der B-Jugend wegen akuter Lustlosigkeit beendet – was aber sprach dagegen, ein Fußball-Papa zu werden, der seinen Sohn fördert, fordert, schleift, motiviert, mit ihm stundenlang Spiele analysiert, ihn kilometerweit zu Turnieren fährt und schließlich sein Berater wird und mit dem aktuellen Bayern-Manager über die Vertragsmodalitäten verhandelt?

Ich sage mal so: Wenn sie das als Fußball-Papa ein Jahr gemacht haben, reicht's auch. Ihnen selbst nämlich. Wenn Sie im Januar sonntagsmorgens vor 8 Uhr an einer Sporthalle jenseits der Stadtgrenze stehen, um die nächsten fünf Stunden mit pappigen Brötchen, abgestandenem Kaffee, tobenden Trainern und lauter Mini-Superstars verbringen, die nach einem Tor Richtung Spielfeldecke rennen, abspringen, sich in der Luft drehen und breitbeinig mit der selbstverliebten Haltung landen, als seien sie mit Cristiano Ronaldo verwandt, dann gerät der Zukunftsplan für den Sohn schon mal ins Wanken. Ich habe lange geschwankt, was ich schlimmer fand: die überambitionierten Trainer der Achtjährigen (»Nach dem Abstoß über Außen kippen die Sechser ab«), die tobenden

Mütter an der Seitenlinie (»Hau den um!«), die endlosen Wartezeiten zwischen zwei Turnierspielen oder die Jungs, die in ihrem Gehabe die Fußball-Weltstars imitierten. Kurzum: Ich habe auch diesen Plan fallen lassen. Und unser Sohn hatte auch keine Lust mehr. Darin waren wir uns immerhin einig.

Ich glaube mittlerweile: Kinder haben ein sehr feines Gespür dafür, wenn die Ambitionen der Eltern höher sind als ihre eigenen, wenn sie ganz dezent in eine Richtung geschubst werden sollen. Das kann ich auch alles verstehen, es ist dann dennoch verblüffend, wie früh gerade bei Jungs das Streben nach Freiheit und Autonomie einsetzt. Sie beginnen eben sehr jung, ein eigenes Leben zu führen und wollen sich nicht ewig beglucken lassen.

Als Vater habe ich dafür natürlich größeres Verständnis als die Mutter – habe ich immer gedacht. Doch ich erinnere mich noch an die Woche, als unser Junge beschloss: Ab heute gehe ich allein zur Schule. Eines Morgens mit sieben Jahren blieb er an der Grundstücksgrenze stehen und erklärte meiner Frau, dass er jetzt groß genug sei, nicht mehr mit Papa oder Mama gehen zu müssen. Das war hart für ein liebendes Herz. Und man kann sicher verstehen, dass eine Mama da nicht einfach sagt: Alles klar, viel Spaß, kiff' nicht so viel. Meine Frau ist auch absolut keine Helikopter-Mutter. Aber sie ist eine James-Bond-Mutter.

Sie verfolgte den Jungen unbemerkt, schlug sich durch das Unterholz der Grünanlage, tauchte hinter Autos ab und verschmolz mit Stromverteilern, um das Kind heimlich zur Schule zu geleiten und im Notfall sofort rettend eingreifen zu können

Als sie das abends erzählte, lächelte ich milde über das Drama, das sich da abgespielt hatte. Zwei Tage später konnte ich zeigen, wie man souverän mit so etwas umgeht. Ich brachte den Sohn zur Grundstückseinfahrt, verabschiedete ihn männlich (Abklatschen!) und sah ihm hinterher. Er ging zielsicher seinen Weg, überquerte die erste kleine Straße, wandte sich nach links. Wartete zwischen den parkenden Autos, um den nächsten kleinen Weg zu überqueren. Ich wollte noch kurz zusehen, wie er auch das schafft. Aber er kam nicht.

Ich ging selbst ein paar Meter hinterher. Jetzt müsste er doch langsam . . . Nichts zu sehen. Ich ging zu der Stelle, wo ich ihn zuletzt gesehen hatte. Nichts. Ging jetzt mit schnellerem Schritt bis zur Schule. Kein Sohn.

Ich lief wieder zurück, diesmal einen anderen Weg. Mein Herz schlug schneller, aber bestimmt nur von dieser sinnlosen Rennerei hier. Nichts. Ich lief noch mal zur Schule, rannte die Treppe hoch, stürmte in seinen Klassenraum. Und da saß er zwischen seinen Freunden. Gott, war ich erleichtert!

Gott, war ich peinlich!

Er sah mich mit großen Augen an, schüttelte den Kopf und sagte dann missbilligend: »Was machst DU denn hier?« Als hätte ich seine Teenager-Party ausgerechnet beim Flaschendrehen gecrasht. Ich tat, was Eltern in so einem Fall tun: etwas Unverständliches brummeln und dann schnell gehen.

Sogar der Einfluss auf die Freizeitgestaltung schwindet dann schnell. War gerade noch Malen und Basteln und Schaukeln total angesagt, ist all das auf einmal: »Laaaaangweilig!«

Es begann eine neue Phase, die mir echt Angst gemacht hat. Er sagte wirklich dauernd: »Mir ist sooo laaaangweilig!« Die nächsten Stunden wurden dann die Hölle. Bleierne Zeit, die so langsam verging, dass man den Uhrzeiger auf Speed setzen wollte. Ich habe versucht, das Problem mit Logik zu lösen – was natürlich Quatsch ist. Ich sagte also: »Du kannst doch mit deinen 437 Lego-Sachen spielen.« »Langweilig.« »Oder was lesen.« »Laaangweilig.« »Oder hör' ein Hörspiel!« »Laaahaaangweilig.« »Oder geh' raus spielen!« »Auch langweilig.« »Wenn eh alles langweilig ist, können wir vielleicht dein Zimmer aufräumen?« »Neiiiin, das ist oberlaaaangweiiilig!«

Ich habe mal gelesen, dass die Kindheit vorbei ist, wenn Kinder das erste Mal sagen, dass ihnen langweilig ist. Von daher war er sehr früh erwachsen.

Mir war als Kind auf dem Land auch oft so langweilig, dass ich aus leeren Arzneimittelschachteln »Star Wars«-Raumschiffe gebastelt habe. Als ich ihm das erzählte, hat er mich mit einem Blick angeguckt, als hätte ich vorgeschlagen, dass er mal der Wandfarbe beim Trocknen zuschauen soll.

Mir fiel keine andere Lösung mehr ein. Meiner Frau schon: Sie guckte mit ihm Katzenvideos bei YouTube. Es ist unfassbar, aber er lacht dann so euphorisch, dass ich kurz davor bin, ihn bei den anonymen Hysterikern abzugeben.

Es war ein deutlicher Hinweis darauf, dass Erziehung bei Jungs über eckige elektronische Geräte funktioniert. Alles, was einen Bildschirm hat, ist NICHT langweilig. Alles andere ist: laaaaangweilig.

Dabei möchte man seinen Kindern die Augen öffnen für das Leben da draußen, für die Menschen und für die kleinen Glücksmomente, die man nicht kaufen kann. Ich weiß noch, wie ich mal mit ihm einen Aufkleber gesehen habe, auf dem stand: »Geld macht nicht glücklich!« Ich witterte eine Chance, die Weichen in die richtige (also meine) Richtung zu stellen und fragte interessiert bei ihm nach: »Was glaubst du denn, was glücklich macht?« Er überlegte. Und überlegte. Ich wollte ihm auf die Sprünge helfen – und schlug vor: »Vielleicht Freunde? Oder DIE FAMILIE?«

Da strahlte er plötzlich. Und in der Gewissheit, jetzt eine herzerwärmende Antwort von ihm zu bekommen, fragte ich noch mal erwartungsvoll nach: »Naaaaa – was macht glücklich?« Er rief laut: »iPad und Playstation!«

Es war niederschmetternd, aber dieselbe Antwort hätte ich wohl auch auf die Frage nach dem Sinn des Lebens bekommen. Für heranwachsende Jungs gibt's eben nichts Tolleres als: »Zocken!«.

Und irgendwann schnallt auch der dämlichste Vater: »Mir ist langweilig« heißt korrekt übersetzt: »Ich will zocken«!

Der Erziehungsauftrag reduziert sich dann in den folgenden Jahren mehr oder weniger darauf, die Spielzeit des Jungen an Handy, iPad, Nintendo Switch oder Playstation einzuschränken. Denn man weiß ja, was sonst passiert: Sucht, Fettleibigkeit, gefährliche Online-Bekanntschaften, das Familienvermögen wird heimlich in Waffenkäufe bei »Fortnite« investiert, die Sehfähigkeit sinkt auf das Niveau eines Maulwurfs und die sozialen Kompetenzen auf das Level von Donald Trump.

Das ist in Kurzform der Vortrag, den ich täglich halte, wenn wir über die Spielzeit diskutieren. Und diskutiert wird immer. Sie könnten die Spielzeit auf 26 Stunden täglich festlegen, es würde sich immer noch ein Freund finden, der mehr zocken darf und deswegen ist das alles: »Unfair!« Es kommt durchaus vor, dass die Diskutierzeit die Spielzeit um den Faktor sieben überschreitet.

Stück für Stück bröckelt dann auch die rigideste Haltung, die Spielzeit ist in den letzten drei Jahren von 20 Minuten am Wochenende über 20 Minuten täglich, 30 Minuten täglich, auf eine Stunde täglich angewachsen.

Möglicherweise kann das auch daran liegen, dass er mir anmerkt, dass die kategorische Skepsis gegenüber Videospielen bei mir nicht ganz so tief sitzt wie bei meiner Frau. Und das hat einen einfachen Grund: Ich war viel schlimmer, als er es je sein wird.

Ich habe mit 13 Jahren meinen ersten Computer bekommen – und die folgenden fünf Jahre vor dem Commodore 64 verbracht. In der schlimmsten Phase, so mit 15 Jahren, kam ich aus der Schule, habe den Ranzen in die Ecke geworfen und habe gezockt. Den Nachmittag durch, nur unterbrochen vom Kuchenessen. Bis zum Abendessen. Dann haben wir Fernsehen geguckt und dann habe ich weiter gezockt, bis mir irgendwann um 23 Uhr eingefallen ist, dass wir noch Hausaufgaben machen müssen. Die habe ich dann noch schlaftrunken erledigt. Das ging lange gut, bis die Nachbarn meine Mutter irgendwann darauf hinwiesen, dass nachts um halb zwei Uhr in meinem Zimmer noch Licht brannte.

Ich habe in der Zeit zwar nicht zugenommen, aber meine Dioptrien-Zahl stieg von 3 auf 8 und die Sozialkompetenz stagnierte auf dem Niveau eines 13-Jährigen. Immerhin: Ich habe den Ausstieg geschafft. War angesichts meines Suchtverhaltens gar nicht leicht, aber ich hatte auch Hilfe: Die Kriminalpolizei kam vorbei.

Kein Witz, eines hübschen Tages klingelte es kurz nach dem Mittagessen und in der Tür standen ein durchaus freundlicher Beamter und seine Kollegin in Zivil, die fragten, ob hier ein Michael Witt wohne. Sie hätten einen Durchsuchungsbefehl. Meine Adresse hatten Sie in der Kundenkartei eines halbprofessionellen Raubkopierers gefunden. Tatsächlich wurde dann mein Zimmer nach Spielen durchsucht, alle Disketten einkassiert, und das Verfahren mit einer Verwarnung eingestellt.

Meine Bemühungen, unseren Jungen von der Spielesucht zu bewahren, gleichen also dem Versuch eines Kettenrauchers, seinem Sohn die Schokozigaretten zu verbieten.

Als ich das verstanden hatte, konnte ich mit dem Thema deutlich entspannter umgehen. Ich streite nicht mehr über fünf Minuten mehr oder weniger Zocken, ich werde nur noch grantig, wenn er seine Spielzeit bei uns nutzt, dann zu seinem Freund geht, bei ihm dessen Spielzeit mitnimmt und dann vielleicht noch zum dritten Freund geht. Immerhin spielen sie dann zusammen, und überhaupt lohnt es sich für mich, die positiven Effekte seines Spieltriebs zu sehen: Ich habe immer jemanden, gegen den ich Fifa zocken kann und ich kann mich hemmungslos mit ihm über Handyspiele unterhalten.

Er hat sogar ein eigenes Projekt gestartet und betreibt regelmäßig einen Podcast über sein Lieblingsspiel Zelda. Und einen Fortschritt in Sachen Diversität hat er auch gemacht, als nämlich neulich seine Schwester fragte, ob das Monster, gegen das er da kämpft, ein Mann oder eine Frau sei, dozierte er: »Die Monster in Zelda sind nicht-binär!«

Da war auch meine Frau stolz auf ihn.

MÄNNER SIND KEINE WITZFIGUREN

Ein Freitagabend, meine Frau kommt in die Küche und fragt: »Woche geschafft, wie wäre es mit einem Feierabendgetränk?«

Ich: »Klar, gern.«

Sie: »Ein Bier?«

Ich: »Jau, heißt ja auch: Bier gewinnt!«

Heimlich gucke ich mich dann beifallheischend um und erwarte, dass mir für meinen feinen Wortwitz in tiefer Bewunderung gehuldigt wird, die Kinder ein Spalier bilden oder zumindest vom Smartphone aufschauen – aber nichts. Und plötzlich habe ich den Satz im Kopf: »Wenn alles schweigt und einer lacht – Micha hat 'nen Witz gemacht.«

Da gibt es nur eins: dranbleiben, weitermachen, nicht aufgeben. Die Welt ist eben gerade nicht bereit für diese ausgefeilte Pointe. Zweifel an der Witzqualität würde ich gar nicht erst aufkommen lassen, auch bei ABBA war nicht jeder Song ein Welterfolg. Trotzdem tolle Musik, oder?

Ich persönlich handele daher strikt nach dem Motto: Fünf schlechte Witze sind so viel wert wie ein guter. Früher oder später landet man schon einen Treffer.

Das ist ein bisschen wie bei Fips Asmussen: Du kannst zwei Stunden lang mit versteinertem Gesicht seine

Kalauer hören und nicht mal zucken. Und dann kommt der eine kleine Witz, der dich packt, der die Tür eintritt und das Niveau entführt – und plötzlich gackerst du sogar über: »Geht ein Schornsteinfeger in eine Kneipe, bestellt einen Korn. Sagt der Wirt: Der geht aufs Haus!«

Finden Sie witzig? Dann sind Sie bestimmt ein Vater. Während der Rest der Menschheit nur den Kopf schüttelt, haben wir Papas offenbar eine eigene Humorgattung entwickelt. Wurde mir auch erst bewusst, als eine junge Kollegin mal erzählte, dass sie von ihrem Vater eine Spruchkarte geschickt bekommen hat: »Tonic ohne Alkohol ist ginlos.«

Sie stöhnte: »Oh Mann, das ist so ein Dad Joke!«

Ein Dad Joke. Und was ist das genau? Ein kurzer Witz, gern bei Familienfeiern erzählt, in jedem Fall so flach wie die Lüneburger Heide. Ich habe »Dad Jokes« gegoogelt und festgestellt: Mist, da steht mein ganzes Witzrepertoire im Netz. Zum Beispiel: Wie nennt man einen Großvater mit Waschzwang? Seifenopa. Was macht ein Pirat am Computer? Drückt die Enter-Taste. Was macht ein Clown im Büro? Faxen. Wovon träumt eine Katze nachts? Von einem Muskelkater.

Ich habe inzwischen auch eine eigene Theorie, wie der »Dad Joke« entstanden ist. Ich glaube: Wenn die Kinder noch klein sind, kommt man mit Flachwitzen und Wortblödsinn unfassbar gut an. Angestachelt von den Lachern und der Illusion der eigenen Großartigkeit zieht man das Erfolgsmodell gnadenlos durch. Infantiler Humor eint Männer und Kinder offenbar. Ich hatte auch wochenlang Zwerchfell-Muskelkater, als unsere Tochter gerade fünf Jahre alt war und es lustig fand, wenn man unweihnachtliche Wörter in Weihnachtslieder schmuggelt. Zum Beispiel: »Leise rieselt der Pups!« Wenn es dann noch einen siebenjährigen Bruder gibt, der im familiären Fäkalhumor-Wettstreit mitzieht, wird bis Weihnachten durchgelacht. Ich sage nur: »Stille Nacht, pupsende Nacht!« Und: »O Tannenpups!«

Neben Flachwitzen gehören zur Palette der »Dad Jokes« auch Witzvarianten, deren Verfallsdatum um den 31.12.1996 liegt. Genau, Vollpfosten-Sprüche aus dem Ende des letzten Jahrtausends, wie zum Beispiel: »Na wunderbärchen, dann ist ja alles in Dortmund! Schankedön auch!« Einzig und allein am Leben gehalten oder aufs Schändlichste reanimiert von Männern. Offenbar sind wir sentimentale Traditionalisten, die wehmütig die Zeit festhalten wollen, als wir alle weniger Kilos auf den Hüften hatten, deutlich mehr Haupthaar und unsere Handys noch so groß waren wie ein Roggenbrot.

Ja, die unsterblichen Neunziger! Ich hatte mal einen Kollegen, der auf dem Weg zum Bäcker noch schnell in den Großraum rief: »Ich hole mir ein paar Blödchen!« Und zur Verabschiedung hieß es dann wahlweise: »Tschüssikowski« oder »Mach's gut – aber nicht zu oft!« oder »Bis dannimanski!« oder »Ciao Cescu!« Sie finden das irgendwie lustig? Na dann: Herzlichen Glühstrumpf!

Zumindest bei den Kindern stehe ich mit meinem Humor nach wie vor ganz gut da, bei unserem Sohn habe ich kürzlich echte Überraschungserfolge mit Otto Waalkes gefeiert. Er kam morgens nicht aus dem Bett – und dann ist mir jedes Mittel recht. Otto-CD eingelegt und dann ging's los:

»Leber an Großhirn, Leber an Großhirn: Wo bleibt denn der Alkohol, ich krieg' ja gar nix mehr zu tun hier?«

Wir haben dann eine ganze Zeit morgens Otto gehört oder Otto-Gags nacherzählt. Ein bisschen sentimental wurde ich dabei natürlich auch, die Kassette »Ottocolor« konnte ich als Kind komplett mitsprechen. Heute blickt mich meine Frau nur milde an und sagt: »Ist doch eine Win-win-Situation: Du wirst deine alten Witze los und das Kind freut sich.«

Da bin ich jetzt also gelandet. Bei Flachwitzen und Gags für Halbglatzenträger und Bausparkassen-Vertreter. In den seltenen Momenten vollständiger Klarheit denke ich so bei mir: Bin ich vielleicht gar nicht mehr sooo witzig, wie ich glaube? War früher wirklich alles besser – sogar meine Witze?

Zumindest steht man als junger Mensch unter größerem Witz-Druck. Denn schon als Teenager versteht man, dass man nicht unbedingt die Sportrakete der Schule sein muss, um bei Mädchen Erfolg zu haben. Die wichtigste Währung ist: Humor. Mir fiel die Erkenntnis besonders leicht, mit einer Fehlsichtigkeit von 9,5 Dioptrien und entsprechenden Brillengläsern geht man von der Jungfräulichkeit direkt ins Zölibat über oder sucht alternative Strategien – und findet: den Witz.

Keine Frage, für Männer ist Humor ein wichtiges Wettbewerbskriterium. In einer BBC-Studie befragten Forscher 2018 fast 10 000 Frauen danach, welche Eigenschaften ihnen an einem Mann wichtig sind. Ergebnis: Humor lag mit 53 Prozent vorn, gefolgt von Intelligenz mit 44 Prozent. Völlig logisch: Ein witziger Typ macht auch den Abend auf dem Sofa zum Ereignis, während der feine Herr mit dem 1,0-Abschluss ja nicht dauernd sein Abi-Zeugnis vorlesen kann.

Interessant ist die unterschiedliche Erwartungshaltung bei Männern und Frauen in Sachen Humor. 1996 haben Forscher 3745 Partnerschaftsanzeigen untersucht. Ergebnis: Doppelt so viele Frauen suchten einen Partner, der sie zum Lachen bringt, als dass sie sich selbst Fröhlichkeit zuschrieben. Männer dagegen priesen ihren Humor dreimal öfter selbst an, als dass sie ihn bei einer Partnerin erwarteten. Heißt konkret: Frauen suchen Männer, die sie zum Lachen bringen. Und Männer suchen Frauen, die über ihre Witze lachen.

Warum ist das so? Psychologe Scott Barry Kaufmann von der New York University sagt: »Humor ist ein Hinweis auf Intelligenz, Kreativität, Verspieltheit und Offenheit für Experimente.« Die Wissenschaftler vermuten: Da Frauen das Nachwuchs gebärende und daher wählende Geschlecht sind, suchen sie instinktiv Männer, die möglichst viele positive Attribute auf sich vereinen. Und wenn Humor Intelligenz und Kreativität verspricht, sind das schon mal echte Pluspunkte. Durch ihr Lachen signalisieren die Frauen Interesse – und Männer wiederum finden lachende Frauen attraktiv. So wird weibliches Lachen zum Seismographen für die gegenseitige Anziehungskraft.

Alles läuft also über ein paar gute Gags? Liebe Männer, das heißt jetzt aber nicht, dass Sie beim ersten Date in den Klamotten vom Vortag auftauchen können, sämtliche Grundregeln des Benimms außer Acht lassen, um dann mit drei Sprüchen aus dem »Werner Beinhart«-Buch von 1983 alles zu retten. Ein wenig Mühe müssen

Sie sich schon geben, denn: Humor ist ein Muskel und sollte trainiert werden. Da kann man nicht jahrelang Pause machen und im entscheidenden Moment Witze produzieren wie am VW-Fließband. Wenn es blöd läuft, ist das Humorzentrum beim Date noch im Tiefschlaf und man sitzt nur dösig grinsend hinter der Speisekarte. Und erst viel später, wenn man allein in seinem Bett wach liegt, fallen einem die vielen feinen Witze ein, die man hätte machen können.

Wer in entscheidenden Momenten kreativ, geistreich und schnell sein will, der muss Schlagfertigkeit trainieren. Und wie geht das besser als mit den potenziellen Konkurrenten?

Also nutzen Männer jede Gelegenheit zum Witz-Wettkampf, in der Kneipe, im Büro, in der Konferenz, in der Teeküche. Und wir lernen bereits früh: Einen gemeinen Witz kontert man am besten mit einem gemeineren Witz. Wenn Sie also um 17 Uhr im Büro die Sachen packen und Feierabend machen wollen und ihr Kollege breit grinsend stichelt:

»Na, gehst du schon? Halben Tag Urlaub genommen?«

Dann können Sie nicht einfach sagen:

»Sorry, das finde ich jetzt provozierend und möchte mich nicht für meine Arbeitszeit rechtfertigen.«

Die traditionelle männliche Replik wäre:

»Ist wegen Arbeitsschutz, ich darf dein hässliches Gesicht nicht länger acht Stunden angucken.«

Humorforscher Sam Shuster von der britischen University of East Anglia in Norwich bestätigt, dass Männer aggressive und diskriminierende Witze mögen, die andere lächerlich machen oder herabsetzen. Das erklärt humoristische Kollateralschäden wie den Blondinenwitz. Shusters These besagt, dass Humor mit Aggressionen zusammenhänge. Das höhere Testosteron-Level mache Männer aggressiver – und witziger.

Kein Wunder also, dass wir ständig miteinander kabbeln, sticheln, uns ärgern, uns gegenseitig übertrumpfen wollen mit Witzen. Als wären Gags ein Ersatz für eine solide Prügelei um die Vorherrschaft in der Gruppe und um die Gunst der begehrten Frauen. Ganz nach dem Motto: Witzen ist Macht.

Wenn ich das so schreibe, wachse ich innerlich noch einen halben Meter, denn offenbar ist es mir ja vor einiger Zeit gelungen, mich ins Herz meiner Frau zu kalauern, was nicht leicht ist. Denn sie ist selbst wahnsinnig witzig. Und sehr schlagfertig. Zu Beginn unserer Beziehung war sie mit einer Freundin im Urlaub und die Freundin begann den Tag, indem sie sehr früh tirilierte: »Ich sage immer: Morgenstund' hat Gold im Mund!« Und meine Frau antwortete schlaftrunken: »Ich sage immer: Halt die Klappe!«

Und neulich saß ich morgens mit ihr am Frühstückstisch, reckte mich träge und fragte: »Gibt es eigentlich auch so etwas wie Herbstmüdigkeit?«

Sie sah mich lächelnd an und fragte: »Meinst du den Herbst des Lebens?«

Das ist leider so lustig, dass ich mich nicht mal richtig ärgern kann. Die Humor-Ansprüche sind also durchaus hoch im Hause Witt, was eine Erklärung dafür sein könnte, warum ich mit meinem feinen Wortwitz nicht immer Volltreffer lande. Vielleicht bin ich in Sachen Humor auch einfach in Würde gealtert. Wenn ich so zurückblicke, kann ich sagen: Ich habe in meinem Leben schon viele Witz-Phasen durchlaufen, den Häschen-Witz, den Fritzchen-Witz, den »Streiten ein Engländer, ein Franzose und ein Deutscher-Witz«, den Wortspiel-Witz, den Ich-spreche-Helge-Schneider-nach-Witz, den männlichen Aggro-Witz – und jetzt, wo die Zeiten des Werbens und Konkurrierens vorbei sind, bin ich offenbar beim Papawitz gelandet. Man muss nur aufpassen, dass man nicht beim Altherren-Witz endet – es sei denn, man heißt Jürgen von der Lippe und macht ein Geschäfts-modell daraus.

Je länger ich darüber nachdenke, desto besser kann ich mich mit dem Dad Joke anfreunden. Sympathisch macht er mich ja auch. Meine Frau erzählt noch heute gern die Geschichte, wie ich sie vor Jahren mal im Büro angerufen habe, um ihr unter Tränen den Witz zu er-zählen, den ich gerade von einem Freund gehört hatte: Was liegt am Strand und ist schwer zu verstehen? Eine Nuschel.

Vielleicht sind lauwarme Gags also genau richtig für Ehemänner jenseits der vierzig. Ich habe nämlich auch gelesen, dass aggressiv-männlicher Humor im Laufe einer Beziehung nicht mehr so gefragt ist. Es gehe nach einigen Jahren als Paar nicht mehr darum, zu beeindru-cken und zu unterhalten, sondern darum, Spannungen zu reduzieren, Verständnis zu schaffen, das Gesicht zu wahren. Dabei helfen feine Ironie und die Fähigkeit, aus dem eigenen Verhalten einen Witz zu machen.

Über sich selbst lustig machen als Beziehungstipp? Gar nicht schlecht. Das würde ich übrigens auch allen Männern empfehlen, die meinen, man könne über gar nichts mehr Witze machen heutzutage. Es gibt als Mann doch nichts Schöneres und Männlicheres, als voller Großmut und Freigiebigkeit zu sagen: »Der nächste Witz geht auf meine Kosten!«

SHOPPING – GLÜCK MIT JEDEM KLICK

Ich sage es gleich vorweg: Ich bin ein Kind der 80er, ich liebe Shopping. Alles, was man damals mit einer Aspirin nicht heilen konnte, wurde mit Shopping behoben. Langeweile, Frust – fahr' ich doch erst mal ins Kaufhaus.

Damals habe ich noch nach Computerspielen, Schallplatten und Büchern geguckt, nach Fußballschuhen und Comics. Beim Shoppen galten für mich immer zwei strenge Regeln: Kauf' nur, was im Angebot ist. Und: Guck noch mal, ob es woanders nicht was Besseres oder Billigeres gibt. Das macht Shoppen ganz schön anspruchsvoll – und zeitaufwendig.

Von daher finde ich oft die Bilder putzig, auf denen genervte Männer in Einkaufszentren vor Shops sitzen und auf ihre shoppenden Frauen warten. Wie auf dem Instagram-Account »Miserable Men«. Da sieht man wartende Männer vornübergebeugt, nebeneinander aufs Handy starrend, umringt von Einkaufstüten, zusammengesackt und schlafend oder mit Kaffeebechern in der Hand, von denen einer noch komplett gefüllt ist (Weil die Frau gesagt hat: »Hol' doch schon mal zwei Kaffee, ich bin gleich so weit«). Auf solchen Fotos werden Sie mich nie finden, denn ich bin wahrscheinlich im Laden nebenan. Oder meine Frau sitzt draußen und wartet auf mich.

In den seligen Zeiten vor den Kindern war es eine

große Freude, gemeinsam einkaufen zu gehen – ich war auch mal mit Freunden shoppen, einmal sogar bei der langen Herren-Einkaufsnacht eines Berliner Nobelkaufhauses. Es war wirklich ein Fest, wir stromerten stundenlang durch die Abteilungen, probierten, berieten, rechneten Rabatte aus und saßen am Ende um kurz nach 23 Uhr in der Feinkost-Bar, jeder mit einer gut gefüllten Einkaufstasche und einem Glas moussierenden Weißweins vor sich. Wir waren ein glückliches Paar.

Dann wurde ich Vater und die Shoppingerlebnisse reduzierten sich auf einen Milchkaffee und ein Snickers in der Firmenkantine.

Ich wollte allerdings nicht kampflos aufgeben, einmal habe ich noch probiert, mit Kinderwagen shoppen zu gehen, aber es war keine Freude. Im ersten Moment, wenn Sie einen Laden betreten, wird vielleicht noch interessiert geschaut: Ah, ein Mann, der die Einkäufe im Kinderwagen durch die Gegend fährt. Aber spätestens, wenn der Verkäufer sieht, dass da ein echtes Baby drin liegt, ist klar: ein Mann mit Kind – nichts an dieser Konstellation deutet auf gute Geschäfte hin. In ein, zwei Läden habe ich dennoch versucht, in eine Umkleidekabine zu schlüpfen. Und als ich gerade in Unterhose in der Kabine stand und ein Bein in der Jeans versenkte, fing draußen das Kind an zu schreien. Ich hampelte hüpfend durch die Kabine und fragte mich, wie ein Raum gleichzeitig zu eng und zu groß zum Anlehnen sein kann, während der eine Fuß noch immer im Hosenbein steckte und ich plötzlich merkte, wie ins Wanken geriet. Zwei kleine Hüpfer zur Kabinenwand, Kopf gegen die Wand gelehnt, doch der Kopf rutschte, rutschte ... bis die Stirn gegen die vordere Kabinenwand stieß und den Fall stoppte. Als ich die Kabine verließ, hatte ich eine Wunde an der Hand vom Reißverschluss, ein knallrotes Gesicht und leichte Kopfschmerzen. Ich habe dann doch nichts gekauft und habe den Laden grußlos verlassen.

Ich gehe davon aus, dass die Mitarbeiter noch heute über das Überwachungsvideo aus der Kabine lachen und es seit zehn Jahren auf dem Höhepunkt der Weihnachtsfeier abgespielt wird. Zwischen Schnaps-Olympiade und Schrottwichteln. Immerhin: Auch eine Form von Ruhm.

Ich hatte mit meiner Shopping-Laufbahn also weitgehend abgeschlossen, bis ich endlich ein völlig neues Betätigungsfeld entdeckt habe: Kinderklamotten-Shopping. Es begann, als ich kurz vor dem sechsten Geburtstag unserer Kleinen durch ein Kaufhaus ging und in der Kinderabteilung ein Kleid sah: dunkelblau, mit einem Herz aus goldenen Wendepailletten. Exakt alles, worauf sie stand. Da war ich mir sicher – aber welche Größe trägt sie nur?!

So wie jeder Supermarkt seine Gemüseabteilung mit einwandfreiem WLAN ausstatten sollte, gehört sich das auch für die Kinderabteilung eines Kaufhauses. Ich musste drei Etagen runter bis zur Schmuckabteilung, ehe der Empfang gut genug war, um eine Nachricht rauszuschicken und meine Frau nach der richtigen Größe zu fragen. Bisschen groß das Kleid, also perfekt.

Ich schnappte mir das Teil und war so euphorisiert von meinem ersten relevanten Kinderklamotten-Kauf, dass ich noch etwas einpackte: einen Roboter-Spielzeughund. Er war ein plüschiger Spielzeug-Beagle, den sich die Kleine ebenfalls sooo dringend wünschte. So stand ich mit dem Kleid und Benni, dem Beagle, an der Kasse – als plötzlich jemand sagte: »Komm, spiel mit mir!«

Sollte meine Ausstrahlung so einnehmend sein, dass ich im Kaufhaus angequatscht werde? Nein, es war der Beagle. Und dann sagte er auch noch: »Kraulst du mich am Rücken?«

Benni hörte nicht auf zu reden. »Hab dich lieb!«

Die ersten Leute vor mir drehten sich um. Benni legte nach: »Sagst du mir noch mal, wie süß ich bin?«

Die ersten kicherten.

Ich erklärte: »Ähhh, das war der Hund. Keine Ahnung, wie man das abstellt.«

Wieder Benni: »Ich kann meinen Schwanz immer noch nicht fangen!«

Die ersten Kunden lachten laut und ungeniert. Sie glauben nicht, wie erleichtert ich war, als ich endlich bezahlt hatte und raus war.

Doch die Mühe hatte sich gelohnt: Die Kleine war mit ihren Geschenken so glücklich, wie ein kleines Mädchen nur sein kann. Und ich habe mir ein neues Kinderklamotten-Selbstbewusstsein erschaffen.

Kurz darauf habe ich für unseren Jungen weiße Sportsocken gekauft, die er nicht mehr ausziehen wollte, dann ein paar coole Unterhosen. Stück für Stück habe ich mich ins Kindersachen-Universum reingekauft. Und habe damit eine neue Stufe des Ruhms erklommen. Es ist wirklich erstaunlich, welche Kompetenzen bei verheirateten Typen irgendwann zählen. Sie können dreimal pro Woche ins Fitnessstudio rennen, sie können sich eine ausgefeilte indische Liebestechnik zulegen oder vier-gängige Menüs kochen – alles Quatsch. Womit ich am meisten Eindruck gemacht habe, das war, als meine Frau mit einer Bekannten telefonierte, die fragte, ob wir Interesse an Kinderkleidung hätten. Ihr Nachwuchs sei rausgewachsen. Meine Frau sagte: »Moment, wegen der Größen muss ich eben meinen Mann fragen.«

Und ich gab kompetent Auskunft: »Die Kleine 116 bei Hosen, 122/128 bei Oberteilen, der Junge 146.«

Die Bekannte muss vor Erstaunen kollabiert sein, jedenfalls war es lange sehr still in der Leitung.

Ja, Sie sehen es richtig: Die Größen der Kinderkleidung zu kennen, ist eine heimliche Superkraft bei Männern. Auf dem härtesten Pflaster der Welt, der Whats-App-Gruppe der Nachbarinnen und Freundinnen, sind sie damit ein Goldnugget.

Es war auch eine gute Grundlage, um die nächste Stufe des Einkaufs zu bewältigen: Onlineshopping. Corona war zweifellos noch mal ein Brandbeschleuniger für Internetkäufe und das galt auch für mich: Ich bestellte Bücher, Hörspiel-CDs, Kinderklamotten, Inlineskates, Geburtstagsgeschenke. Ich bestellte Shirts für mich, Socken für meine Frau – und dann begann der Stress.

Erst kamen E-Mails mit der Bestellbestätigung, dann mit der Zahlungsbestätigung, dann mit der Versandbestätigung. Dann mit dem Retoureneingang. Ich habe irgendwann den Überblick verloren. Wenn es klingelte, war ich manchmal selbst ganz überrascht, was da geliefert wurde. Aber ich habe immer weitergemacht. Und mit mir offenbar Millionen Männer. Denn: Männer lieben Onlineshopping noch mehr als Frauen. 2020 gaben

69 Prozent der Herren an, in den letzten zwölf Monaten etwas online gekauft zu haben – und 67,1 Prozent der Frauen. Kein Wunder, wenn Sie mich fragen. Beim Kaufen vor dem Computer vermeidet man sozialen Stress und WLAN gibt's auch immer.

Dafür ergeben sich andere Herausforderungen. Als ich im letzten Winter den Vorrat unserer Tochter an blauen Strumpfhosen auffüllen wollte (es musste gerade alles blau sein ...), und bei der Gelegenheit noch eine Strickjacke (blau) und Gummistiefel (blau) für sie gekauft habe, erlebte ich den Albtraum des Onlineshoppers. Denn als es ans Bezahlen ging, kam die Meldung: »Ein Artikel in ihrem Warenkorb ist nicht mehr verfügbar.« Natürlich die Strumpfhosen. Die ganze Seite abgesucht. Nix. Keine blauen Strumpfhosen mehr in Größe 116. Andere Seiten gecheckt. Nichts. Offenbar gab es in der Pandemie einen Moment, als blaue Mädchenstrumpfhosen das neue Klopapier waren.

Drei Tage später. Mal wieder auf die Internetseite geguckt. Da! Blaue Strumpfhosen! Im Zweier-, im Dreierpack. Ich nahm den Zweierpack mit den dunkelblauen. Und wo ich gerade dabei war: Unterhemden – und da ist ja eine Jogginghose für den Großen. Warenkorb, Kasse: »Ein Artikel in ihrem Warenkorb ...« Nein! Die Strumpfhosen! Zwei Minuten zu lange gezögert.

Ich war nervlich echt am Ende, gegen das Strumpfhosen-Business ist Daytrading an der Börse glatt Entschleunigung. Zurück auf die Shoppingseite. Dann eben den Zweierpack mit der dunkelblauen und der grauen. »Nur wenige verfügbar!« Warenkorb, Kasse. »Ein Artikel in ihrem ...«

Das kann doch nicht sein! In vier Sekunden? Offenbar saßen in ganz Deutschland Mütter vor dem Rechner und klickten mit der kalten Präzision von Scharfschützinnen die letzten Strumpfhosen vom Markt. Verzweifelt guckte ich auf, meine Frau kam ins Zimmer. »Gegen die hast du keine Chance«, sagte sie und meinte damit offenbar die mitleidslosen Klick-Killerinnen in den Designer-Wohn-küchen, die mir meine Shoppingtriumphe vermiesen wollten. Und dann fügte meine Frau noch an: »Strumpf-hosen kauft man eben im August.« Schönen Dank auch.

Nachtrag: Im vergangenen August saß ich dann vor dem Rechner und kaufte blaue Strumpfhosen in allen verfügbaren Größen, sodass die Kleine jetzt bis zum Abitur ganz gut ausgestattet sein dürfte. Allerdings hat sich eine neue Herausforderung ergeben: Unsere Tochter trägt keine Strumpfhosen mehr.

FRAUEN SIND EITEL.
MÄNNER? NIE –!

Eitelkeit war für Männer einmal ein übersichtliches Geschäft. Mein Vater hatte auf seiner Seite des Spiegelschränkchens lediglich: eine Zahnbürste, ein Stück Seife, »Reinol«-Reinigungspaste (für die Hände nach der Arbeit) und eine Flasche Rasierwasser – natürlich das Rasierwasser, das Uwe Seeler in der Werbung flötend auftrug.

Heute wissen Männer: Eine leistungsfähige Maschine muss gut geschmiert werden. Da ist der männliche Körper keine Ausnahme. Ja, wir cremen, schmieren und sprühen jetzt auch. Wir wissen, dass Q10 kein »Star-Wars«-Roboter ist und dass ab 35 Jahren mehr nötig ist als ein freundliches Lächeln, um beim nächsten Ehegatten-TÜV noch die Plakette zu bekommen.

Die Zahlen sprechen da für sich: 6,85 Millionen Männer benutzen täglich eine Gesichtscreme, ergab die Verbrauchs- und Medienanalyse (VuMA) im Jahr 2021. Laut einer weiteren Studie benutzen 49 Prozent öfter Handcreme. Wem das zu verweichlicht klingt, den beruhigt vielleicht diese Zahl: Nur 68 Prozent der Männer benutzen täglich Deo. Das heißt, ein Drittel aller Typen, denen Sie heute begegnen, setzt auf den Geruch, den die Natur und ihre Schweißdrüsen ihnen bescheren.

Damit konnte man in der Jungsteinzeit vielleicht noch

punkten, inzwischen sehen die Erwartungen anders aus. Mehr als zwei Drittel der unter 29-Jährigen geben an: Sie möchten mit der Anwendung von pflegenden Produkten attraktiv auf Frauen wirken. In einer Studie über Kosmetik sagt der Soziologe Professor Dr. Günter Burkart: »Die Herstellung eines schönen Körpers ist heute kulturelle Norm.«

Tatsächlich wird jede zehnte Schönheits-Operation mittlerweile an Männern durchgeführt. Und was denken Sie, woran am häufigsten geschnippelt wird? Die beliebtesten Operationen sind: Augenlidkorrekturen vor Fettabsaugen und Bauchdecke straffen. Ja, der Zwang zur Selbstoptimierung macht auch vor uns nicht halt. Und: Wer Vorbilder hat wie Trainer-Star Jürgen Klopp (Haare aufgeforstet), Weltmeister Benedikt Höwedes (Haare aufgeforstet) und Silvio Berlusconi (Haare, Haut, Augen, Kinn, Nase, Ohren, Bauch, Beine, Po ...), der fackelt nicht mehr lange.

Bei so vielen prominenten Beispielen können wir ja offen drüber reden: Ich habe auch was machen lassen. Vor fünf Jahren wurden mir die Augen gelasert. Ich habe gleich gefragt, ob man bei der Gelegenheit auch Augenlider, Nase und O-Beine machen könnte, aber das ging komischerweise nicht.

Ich sage Ihnen: Es war dennoch das am besten investierte Geld meines Lebens. Gleich nach der ersten Playstation 1997. Von 9,5 Dioptrien auf 0 – da umarmen Sie vor Glück den Laser. Seitdem habe ich jedenfalls einen relativ handwerklichen Blick auf den menschlichen Körper. Was nicht passt – lasst es doch passend machen! Solange Ihr eurem Passfoto noch halbwegs ähnlich seht.

Meine Segelohren behandelte meine Mutter übrigens vor fünfundvierzig Jahren auch schon ohne großes Aufhebens. Sie fixierte sie mit Tesafilm.

Von meiner Mutter habe ich auch meine erste Leidenschaft für ein kosmetisches Pflegeprodukt geerbt. In meinen Teenagerjahren entwickelte ich eine fatale Leidenschaft für eine After-Sun-Bodylotion mit Kakaobutter-Aroma. Die stand im Bad meiner Eltern und verlieh mir die Aura eines Südsee-Freibeuters. Im Nachhinein weiß ich: Es war eine muffige Kunstaroma-Illusion von Karibik. Aber ich mochte sie und man konnte sie praktischerweise für Körper, Gesicht, Hände und Haare benutzen. Ich habe sie zumindest für all das benutzt. Und ich hielt mich damit für ziemlich unwiderstehlich – im Freibad wurde niemand von so vielen Insekten umschwirrt wie ich.

Ich blieb der Kakaobutter-Emulsion ziemlich lange treu, auf jeden Fall weit länger als der Rest der Menschheit. Das bemerkte ich daran, dass mein Lieblingsprodukt im Drogerie-Regal immer weiter nach unten wanderte, in immer weniger Filialen verfügbar war und ich schließlich zum Schlecker am Rande der Stadt fahren musste, um noch zwei Flaschen Restbestand unten im Regal hinter der Schrundensalbe zu finden.

Es war ein tragischer Verlust, aber die After-Sun-Bodylotion mit Kakaobutter-Aroma hat es auch nicht in unsere erste gemeinsame Wohnung geschafft. Meine Frau wies mich dezent darauf hin, dass es nicht ihr Lebenstraum ist, sich beim Betreten des Bads wie in der Amateur-Version von »Die blaue Lagune« zu fühlen. Der künstliche Kakaobutter-Muff musste weichen, die Alternative wäre eine Beziehung mit zwei Metern Mindestabstand gewesen.

Kein Problem, ich ersetzte die Bodylotion durch eine andere mit einem weniger aufdringlichen Aroma, und erweiterte langsam durch die tatkräftige Unterstützung meiner Frau meinen kosmetischen Horizont. In den ersten Jahren unseres Zusammenwohnens wuchs das Arsenal meiner Tiegelchen und Tuben im Badezimmer beträchtlich. Ich hatte eine Gesichtscreme, eine Augencreme, die man vorsichtig einklopfen musste, ein Waschgel, ein Peeling, eine Peelingcreme, Lippenbalsam, eine Gesichtscreme mit Lichtschutzfaktor, eine andere mit Bräunungspartikeln, natürlich ein, zwei Stylingcremes für die Haare und Eau de Toilette.

Und wenn ich im Bad war, entdeckte ich auf ihrer Seite des Badschranks immer mal wieder eine Tinktur, die meine Frau sich hingebungsvoll auftrug und die ich noch nicht kannte. Nicht, dass sie das nötig gehabt hätte – nein, gar nicht. Aber ich verstand und war fasziniert davon, was man alles tun kann, wenn noch nicht optischer Alarmzustand herrscht. Eigentlich logisch: Das Auto pflegen Sie ja auch nicht erst, wenn Sie durch die Roststellen ins Wageninnere gucken können.

Ich habe also Stück für Stück nachgerüstet und hatte nach ein paar Jahren in der gemeinsamen Wohnung ein Arsenal an Kosmetikartikeln, das es langsam mit ihrem aufnehmen konnte. Allerdings nur langsam. Die Schränke meiner Frau waren immer noch besser gefüllt als meine. Wenn sie die Tür des Badschränkchens öffnete, passierte es schon mal, dass eines der Tiegelchen in die Tiefe stürzte wie die Klippenspringer von Acapulco. Ich hätte es ja gern aufgefangen – aber ich hatte mir gerade die Hände eingecremt.

Obwohl ich in diesen glorreichen Zeiten schon ein richtig schmieriger Typ war, ist das Thema »Körperpflege für Männer« in der Öffentlichkeit immer noch verpönt. Die Zahl der Produkte für Kerle ist um 70 Prozent gestiegen, aber ich kenne keinen Mann, der sich mit Freunden über Moisturizer unterhält. Geschweige denn über kosmetische Behandlungen. Das Prinzip lautet: Tue Gutes für dich und rede nicht darüber.

Das ist schon deshalb eine gute Idee, weil man die kleinen Patzer dann für sich behalten kann. In der Hochphase meiner Eitelkeit war ich nicht nur regelmäßig im Fitnessstudio, sondern wollte dort auch etwas für meinen Teint tun. Denn es gab hinter den Umkleiden drei Ganzkörper-Sonnenbänke. Und da ich ja rundherum makellos sein wollte, warf ich alle Hemmungen und Kleidungen von mir, hüpfte der Länge nach in die Röhre und stellte das Gerät auf 20 Minuten.

Körperlich gestrafft und gut gewärmt kam ich heim, checkte jede Stunde im Spiegel, ob es schon einen Bräunungseffekt gibt. Den gab es dann auch. Ich weiß jetzt: Fitnessstudio-Solarien sind offenbar immer auf maximale Stärke gestellt – und meine sonnenempfindsame Rückseite fühlte sich wenige Stunden nach der Bestrahlung wie ein Toast im Fegefeuer. Mit anderen Worten: Mein Hintern war wundes Fleisch. Es brannte so teuflisch, dass ich drei Tage im Stehen arbeiten musste und mit Tränen in den Augen unsere Wohnung nach einer letzten Flasche After-Sun-Lotion abgesucht habe. Mein Trost war nur der Gedanke: Schmerz vergeht, Schönheit bleibt.

Immerhin: Aus Aua wird man klug, das mit dem Solarium habe ich besser gelassen. Es gibt ja noch weitere Methoden der Verschönerung. Ein Weg führte mich zum Beispiel am Montagmorgen, um kurz nach neun, zu einem Kreuzberger Kosmetiksalon. Montag, das war viele Jahre mein freier Tag, und wenn die Kinder in der Schule und der Kita waren, dann begann: Papazeit. Für mich hieß das, jede dritte Woche zur Maniküre zu gehen.

Am Anfang war es nur eine Maßnahme gegen einen eingerissenen Fingernagel. Dann merkte ich, dass es auch hilft, das Fingernagelknibbeln massiv zu reduzieren. Und dann stellte ich irgendwann fest: Es ist eine große Freude, nach einer halben Stunde Intensivbetreuung, einem Kaffee und einem netten Plausch mit gefeilten, gecremten, massierten und duftenden Händchen in die Woche zu starten. Es ging nur vordergründig um die Hände, eigentlich ging es um die sensible Männerseele, die in akribischer Kleinarbeit wieder auf Hochglanz gebracht wurde.

Die halbe Stunde am Montagmorgen war mein kleines Wellness-Geheimnis. Bei einer Jungsrunde in der Kneipe hätte ich wahrscheinlich nicht gleich als Erstes davon erzählt. Vielleicht auch nicht als Zweites, Drittes, Zwölftes oder Siebenundsechzigstes.

Es hätte ewig so weitergehen können mit meiner Montagmorgenandacht. Aber dann passierte etwas, durch das ich spontan wieder mit dem Fingernägelkauen angefangen habe.

Ich hatte mich gerade am Maniküre-Tischchen zurecht gesetzt und genoss die erste Runde Feilen, Knipsen und Raspeln – als es klingelte. Ein weiterer Kunde oder

Kundin, das passierte selten um diese Zeit. In breitestem Berliner Idiom dröhnte eine herzlich-kernige Stimme durch den Salon: »Tachchen, Tachchen, wie geht's, wie steht's?! Is mal wieder so weit mit uns, nech?«

Hmmm. Die Stimme – irgendwoher kam mir die bekannt vor. Aber ich konnte mich ja schlecht umdrehen, mit meinen Händen im Nagelbad. Die Stimme kam näher. In meinem Rücken schallte es: »So, na denn nehm ick een mal untenrum Komplettprogramm. Hähähä. Wie immer, ja?«

Ich begann mir gerade Gedanken zu machen, was »untenrum« denn genau bedeutet, als ein Fußbad eingelassen wurde. Das entspannte mich gleich ein wenig, aber neugierig war ich immer noch. Ich drehte den Kopf ein bisschen weiter nach hinten und dann sah ich, wer uns da am Montagmorgen ein unverhofftes Tête-à-tête unter Männern beschert hatte. Klein, kräftig, schwarze Haare, Freddie-Mercury-Schnäuzer – es war der Wirt meiner Kreuzberger Lieblingskneipe.

Im selben Moment erkannte er mich auch.

»Mönsch, na dit is je nen Ding! Watt machst du denn hier?«

»Äh, naja: Hände. Und du?«

»Füße, Komplettprogramm. Gibt nix Besseres, wenn du den ganzen Tag stehst.«

»Ja, schön. Und – Laden, läuft?«

»Ja, muss, weeßte ja, ...«

Wir können uns hier ausblenden, denn die Unterhaltung plätscherte lauwarm dahin wie die Seifenlauge in einem alten Fußbad. Ich guckte noch eine halbe Stunde angestrengt auf meine Fingernägel, hinter mir hörte ich es noch vereinzelt wohlig seufzen. Ich glaube, es war für uns beide okay, aber ein wenig hat es uns doch peinlich berührt. So als würde man sich in der Herren-Unterwäscheabteilung zufällig am Regal für die Push-up-Schlüpper treffen. Zwei Wochen später war ich mit meiner Frau mal wieder in seiner Kneipe – und er beugte sich gleich über den Tresen zu mir und sagte: »Na, wir zwee Süßen sehen ja wieder super aus, oder? Nächsten Montag schon was vor?«

Dann blinzelte er, drehte sich schallend lachend weg und brachte zwei große Bier. Später haben wir noch einen Haselnussschnaps zusammen getrunken und es fühlte sich alles wieder ganz in Ordnung an. Wir haben eben jetzt ein kleines gemeinsames Geheimnis.

Und was lernen wir jetzt daraus? Wenn sich Männer untenrum pflegen, haben sie wenigstens schöne Fußnägel? Nee, die Geschichte ist nur ein weiteres Beispiel dafür, dass Diskretion in der Welt der Herren-Kosmetik oberstes Gebot ist.

Auch sämtliche Versuche, das Thema Körperpflege bei Männern in die Öffentlichkeit zu tragen, sind bisher gescheitert. Vor knapp zwanzig Jahren gab es zum Beispiel einen Medienhype um Metrosexuelle, die im besten Fall aussahen wie David Beckham und im schlechtesten wie Mark Terenzi. Ich kannte keinen einzigen persönlich. Später hieß es, »Guyliner« wären total hip – der Eyeliner für den Mann. Und zuletzt sollte es total angesagt sein, wenn Männer Nagellack tragen.

Als Beispiele wurden angeführt: Schauspieler Lars Eidinger, Rapstar Lil Yachty, Glamrocker Damiano David von der italienischen Band Måneskin, die den Eurovision

Song Contest 2021 gewonnen hat, Rapper Lil Nas X und der britische Popsänger Harry Styles. Lil Yachty hat sogar eine Nagellacklinie für Männer auf den Markt gebracht. Das ist natürlich ganz ehrenwert, und ich habe neulich gesehen, dass auch der Freund der Nachbarstochter schwarzen Nagellack trägt. Aber der ist auch 21. Mit 21 hätte ich das vielleicht auch gemacht, eventuell sogar mit 31. Ab 35 Jahren kann ich davon nur abraten, wenn Sie nicht alternder Rapstar, Alice Cooper oder Statist in der Geisterbahn sind. Merke: Der Luxus der späten Jahre ist das Ignorieren von Trends.

Es gilt also, einen Mittelweg zu finden, um einerseits nicht schon in jungen Jahren so auszusehen wie Keith Richards jetzt – und andererseits nicht zum Opfer des Kosmetikmarketings zu werden und jeden Trend mitzumachen wie ein verunsicherter Teenager. Anhaltspunkte für das richtige Maß an Eitelkeit ist die Zeit, die Sie morgens im Bad verbringen.

UNTER 3 MINUTEN: Glückwunsch, das ist irre schnell. Aber wenn Sie heute noch Menschen treffen wollen: Hängen Sie eine Minute dran, denn Zähneputzen UND Haare bürsten sollte schon noch drin sein.

BIS 10 MINUTEN: Sie sind sehr effektiv und sparen durch Blitzduschen sogar Wasser. Denken Sie aber daran, dass Zähne Zwischenräume haben und Zehennägel auch an Wochentagen wachsen. Also: Am Wochenende mal rundum durchputzen.

BIS 20 MINUTEN: Gründlichkeit ist Ihr Ding, Sie mögen Ihr Aussehen und gehen nur frisch rasiert und gestriegelt aus dem Haus. Das ist total okay. Jetzt aber nicht weiter aufrüsten!

BIS 30 MINUTEN: Junge, Junge, Sie brauchen wahrscheinlich länger im Bad als Ihre Frau, oder? Bitte nicht übertreiben – ein paar Falten sind okay, Sie müssen nicht mit Mitte fünfzig aussehen wir der Typ von Barbie.

ÜBER 30 MINUTEN: Lieber Herr Glööckler, ich freue mich, dass Sie mein Buch lesen. Sie sind gar nicht der Glööckler??? Oha, dann denken Sie mal darüber nach.

Ja, gar nicht so leicht, sich souverän zwischen Lederhaut und Bubi-Bäckchen zu bewegen. Ich kenne beide Extreme wirklich gut und bin mittlerweile wieder bei der kosmetischen Abrüstung angekommen. Ich hatte morgens und abends einfach nicht mehr so viel Zeit für meine Haut, ich musste abends Wundcreme auf Babyhintern verteilen und meine Zeit morgens im Bad drastisch reduzieren, denn da mussten Kinder geweckt und angezogen und gefüttert werden. Wenn Sie dann hektisch im eigenen Badschrank zur falschen Tube greifen, klopfen Sie sich schon mal die Aknecreme großflächig um die Augenpartie. Das brennt zwei bis drei Stunden ordentlich – immerhin sind Sie dann pickelfrei.

Und hier schließt sich der Kreis, ich bin wieder zu Pflegeprodukten gewechselt, die alles in einem Arbeitsgang können. Ich habe eine Creme gefunden, die meine Haut so glättet, dass ein Babypopo dagegen runzlig wirkt. Das Zeug verspricht: Anti-Falten, Anti-Trockenheit, frischen Teint, Hautstraffung, feste Haut. Klingt wie 'ne Runderneuerung beim plastischen Chirurgen, gibt's aber alles für zehn Euro.

Produkte mit Mehrfachnutzen sind bei den meisten Männern hoch im Kurs, sie sind einfach effizienter. Jeder kennt ja das 2-in-1-Shampoo, ich würde mir sogar ein 17-in-1-Shampoo wünschen, das die Haare reinigt, den Körper, das Gesicht cremt, die Nasenhaare entfernt und die Frisur nach dem Trocknen hübsch legt. Wenn es dann noch in der Lage wäre, die Beschaffenheit meines Haupthaars auf dem Stand zu konservieren, als ich 27 Jahre alt war, wären alle anderen Probleme schon gar nicht mehr so groß.

Kommen wir damit zum letzten Punkt in Sachen männlicher Eitelkeit: dem Kopfhaar. Jeder Kerl möchte doch auch nach dem Eintritt ins Rentenalter noch mit wogendem Haar durchs Leben gehen, als sei er Winnetou oder Günter Netzer.

Wie man das schafft? Die Tricks dazu kurz zusammengefasst: es gibt keine. Finden Sie sich damit ab, der Wald wird mit den Jahren lichter. Man kann noch ein paar Jahre kämmen, sortieren, kaschieren und sündhaft teure Tinkturen kaufen, die die Rettung des Haupthaars versprechen – spätestens wenn mehr Haare auf dem Rücken als auf dem Kopf sind, gilt die gleiche Regel wie für den Vorgarten: Samstag ist Mähtag.

So weit bin ich noch nicht ganz. Ich habe noch genug Haare, um langsam zu ergrauen. Eine Zeit lang kann man das noch ignorieren und durch schimmernde Haarpflegeprodukte überdecken. Aber dann häufen sich die Bemerkungen irgendwann: »Oh, das sind aber ganz schön viele graue Haare!«

Noch viel schlimmer als diese Feststellung sind dann die tröstenden Sätze. So wie: »Das macht Männer doch nur interessanter.« Oder: »George Clooney sieht mit grauen Haaren doch auch fantastisch aus.« Blöderweise stand in meinem Pass gar nicht »George Clooney«, als ich zuletzt reingeschaut habe.

Ein Freund bekam sogar mal das zweifelhafte Kompliment: »Mensch, deine grauen Haare passen ja total gut zu deiner Hose!« Solche Sätze sind kein Zuspruch, sondern Mobbing.

Zugegeben, ich gewöhne mich nur mühsam daran, vor dem fünfzigsten Geburtstag bereits zur erweiterten Wählerschaft der Grauen Panther zu zählen. Ich bin auch gar nicht so sicher, was mich an grauen Haaren stört. Vielleicht das: Sie sind ein Zeichen für einen sinkenden Testosteron-Spiegel. Und kein Mann, der sich gerade noch seiner pulsierenden Leidenschaft rühmte, gesteht gern ein, dass seine Libido so abschmiert wie Opas Aktien am Schwarzen Freitag.

Ich habe dennoch bisher nichts unternommen, um die grauen Flecken im Haupthaar zu kaschieren. Ich sehe sie einfach als Tarnfarbe des Alters. Ich möchte dazu stehen und bald selbstbewusst sagen können: Ja, das bin ich. Das bin ich mit allen optischen Veränderungen, die mir das Leben beschert hat. Ich habe graue Haare und jedes einzelne kann eine Geschichte erzählen.

Ich fürchte allerdings, dass noch ein längerer Weg vor mir liegt, dann so ganz habe ich das noch nicht verinnerlicht. Die Kinder sahen nämlich kürzlich meinen neuen Reisepass auf dem Tisch liegen. Und als sie ihn aufgeklappt haben, sind sie spontan vor Lachen kollabiert.

»Was habt ihr denn?«

»Paaaaaaaahahahahahahahaapaa?!?!«

»Was ist denn los?«

»Da ist ein Fehler!«

»Quatsch, da ist alles korrekt.«
»Nee, du hast was falsch angekreuzt!«
»Ach, und was?«
»Da steht als Haarfarbe: BLOND!«
Ups.

22 BEZIEHUNGSTIPPS, DIE (VIELLEICHT) WIRKLICH FUNKTIONIEREN

Jedes Schiff gerät mal in Seenot und auch jede Beziehung durchquert Untiefen. Wenn man jung ist, ist die Lösung noch einfach: Umsteigen auf das Schnellboot nebenan.

Mit zunehmendem Lebensalter wird die Sache dann immer komplexer. Denn man teilt einen gemeinsamen Lebensweg, gemeinsames Wachstum, die Verantwortung für die Kinder und die Hypothek für ein Reihenendhaus.

Wenn man die Zeit der ersten euphorischen Verliebtheit hinter sich gelassen hat (Dauer: 6 Monate) folgt die Zeit des gemeinsamen Aufbaus, man verbringt gemeinsame Urlaube, zieht zusammen, zieht in eine größere Wohnung, schmiedet Pläne, bekommt ein Kind, streitet über die ungleich verteilte Arbeitslast, trinkt gemeinsam Wein, kauft eine Wohnung, bekommt ein zweites Kind, trinkt noch mehr Wein (Dauer: zehn Jahre).

Und dann ist man so absorbiert vom Alltag, vom Planen und vom Problemlösen, dass man sich fragt, was eigentlich dieses Glück ist, von dem in den Liebesromanen früher immer geschrieben wurde – und ob man Glück auf eine To-do-Liste setzen kann. Das ist der Moment der Beziehung, wenn man den ersten Beziehungsratgeber kauft. Gut, machen wir uns nichts vor: Den Beziehungsratgeber kaufen meist die Frauen und lesen ihn. Und dann schleppen sie ihren ahnungslosen Gatten zum Paartherapeuten und sagen: »In unserer Beziehung gibt's ein Problem – und das ist mein Mann.«

Tatsächlich werden die meisten Scheidungen von Frauen eingereicht, während die Männer bis zum Tag des Auszugs noch in der Illusion leben, dass doch alles gut ist. Daher ist Vorsorge wichtig. Kurz gesagt: Beziehungspflege!

Hier finden Sie 22 Pflegetipps, die ich teilweise sogar selbst ausprobiert habe. Der Rest ist das »Best of« aller Beziehungsratgeber, die ich im Laden durchgeblättert habe.

ZWISCHEN DEN ZEILEN LESEN

Eine langjährige Beziehung ist gleichzusetzen mit der Kunst, verschlüsselte Botschaften zu entziffern. Gegen einen schweigsamen Partner ist die »Enigma«-Maschine ein klar formulierendes amtliches Mitteilungsorgan. Das gilt aber auch für Frauen. Kleiner Tipp: »Es ist nichts!« heißt nicht, dass nichts ist. »Ach, egal!« bedeutet, dass es gerade lichterloh brennt.

ZEIT MITEINANDER VERBRINGEN

Eine Beziehung kann nicht funktionieren, wenn man nicht ab und zu mal im gleichen Raum ist. Also planen Sie jeden Tag Zeit zu zweit ein. Es können auch nur fünf Minuten sein. Wenn Sie schon länger verheiratet sind: Gemeinsames Fernsehen zählt auch.

EINEN PASSENDEN KOSENAMEN FINDEN

Achtung, es gibt keine akzeptablen Kosenamen, die an staatliche Organe angelehnt sind. Heißt: »die Regierung«, »die Finanzministerin« oder »der Oberste Gerichtshof« sind dringend zu vermeiden, wenn Sie mit gesundem Nasenbein die ersten Beziehungsmonate überstehen wollen. Auch die Bezeichnung »die Chefin« kann nicht darüber hinwegtäuschen, dass sie »die Chefin« ein bisschen veralbern wollen, gleichzeitig aber Angst haben, von ihr fristlos gekündigt zu werden.

Im Idealfall sollte der Kosename so gesellschaftsfähig sein, dass man im Büro ans Telefon gehen kann und nicht plötzlich vor Scham im Boden versinkt, weil man aus Versehen vor den Kollegen laut »Tiger« oder »Pupsi« gesagt hat. Nennen Sie Ihre Frau besser wie etwas, dass Ihnen lieb und teuer ist. Aber: »Samsung GQ65Q60A mit 65 Zoll«, »iPhone«, »Tesla« oder »HSV« gelten nicht!

SOLIDARITÄTS-TRINKEN

Ihre Frau hatte einen harten Tag und möchte abends ein Glas Wein zur Entspannung? Und Sie haben noch Kopfschmerzen vom Würfelabend mit den Freunden? Sorry, wenn Ihre Frau Sie braucht, müssen Sie da sein. Co-Abhängigkeit ist das logische Symptom jeder Ehe.

TSCHÜSS, MÖBEL!

Ist der Moment gekommen, an dem Sie mit Ihrer Partnerin zusammenziehen? Dann suchen Sie sich EIN Möbelstück aus, um das Sie kämpfen. Sagen Sie Ihrer Frau, dass Sie ohnehin den besseren Geschmack hat und bringen den Rest Ihres Mobiliars ohne weiteren Kommentar auf den Sperrmüll. Klammern Sie sich an dieses eine Lieblingsteil, als sei es Ihre Seele. Nach ein paar Jahren fliegt es dann ohnehin raus. Bei der Gelegenheit: Jemand Interesse an einem schwarzen Leder-Zweisitzer?

GUCK MAL, DIE ANDEREN!

Jede Beziehung braucht Momente des Innehaltens, des Reflektierens und des Darüber-Redens. Also nehmen Sie sich ab und zu mal die Zeit, sich ganz in Ruhe hinzusetzen und dann über die Ehe der Nachbarn zu sprechen.

MIT MAMA WIRD ALLES AUFREGENDER

Es ist eine Illusion, zu glauben, dass man nur EINEN Menschen heiratet. Denn Mama mischt immer mit. Männer meinen mit einem Blick auf die Schwiegermutter ihre eigene Frau in dreißig Jahren zu sehen. Und Frauen sehen in seiner Mutti die Frau, die Schuld trägt an seinen Macken (total verwöhnt, unselbstständig – das Übliche). Nutzen Sie das, wenn Sie ein wenig Nervenkitzel suchen. Sagen Sie zum Beispiel: »Wow, schmeckt fast so lecker wie bei deiner Mutter.« Oder sprechen Sie Ihre Frau zufällig mit dem Vornamen ihrer Mama an. Aber treiben Sie es nicht zu weit. »Du bist wie deine Mutter!«, beschert Ihnen sicher mehrere Nächte auf dem Sofa. Und wenn Ihre Frau schreit: »Ich bin nicht deine Mutter!« Dann sagen Sie einfach nichts, es gibt keine gute Erwiderung. Eine der schlechtesten ist: »Ja, leider.«

ANGST HABEN

Zu einer guten Beziehung gehört ein gewisses Maß an Panik. Es ist definitiv förderlich, wenn Sie immer in Betracht ziehen, dass es in fünf Minuten vorbei sein könnte. Alles. Beziehung, Ehe – finito. Das bewahrt Sie davor, zu bequem zu werden und sich Ihrer Sache zu sicher zu sein. Sie müssen nicht gleich hysterisch werden, aber drei bis zehn schlaflose Nächte im Jahr sollten Sie sich schon gönnen.

DER LIEBLINGSGEGNER WOHNT IN IHREM HAUS

Beim Sport und im Auto wollen Sie doch auch der Beste sein, warum dann nicht zu Hause? Also los, machen Sie aus allem einen Wettkampf mit Ihrer Frau: »Ich brauche mit dem Fahrrad 18 Minuten zur Kita – und Du?« »Die Schulbrote, die ich geschmiert habe, hat sie heute aufgegessen – Deine gestern nicht!« »Ich bin schneller am Müll!« »Wenn ich sie ins Bett bringe, schlafen sie vor 18 Uhr!«

SAGEN SIE SICH ETWAS NETTES

Es muss nicht gleich »Ich liebe Dich!« sein, wir sind hier ja nicht in einer amerikanischen Familienserie aus den 80ern, wo selbst das Brotschmieren mit einer Salve wechselseitiger Liebesbekundungen garniert wird.

»Ich habe es dir mit Käse belegt.«
»Ich liebe dich.«
»Ich dich auch.«
»Und Schinken auch?!«
»Ja, weil ich dich liebe!«
»Ich liebe dich auch!«

Wir haben uns verstanden, das braucht kein Mensch, oder? Aber es könnte ruhig ein wenig mehr sein als: »Heute ist der Kaffee gar nicht so schrecklich wie sonst.« Oder: »Ich werde dich vermissen, wenn du tot bist.«

DIE HAARE AUS DEM ABFLUSS SAMMELN
Wenn Sie mal wieder knöchelhoch im Duschwasser stehen, bücken Sie sich einfach und entfernen den Althaarpfropfen. Das Verursacherprinzip gilt hier nicht. Die lästigen langen Strähnen sind zwar von Ihrer Frau, aber auch Männer verlieren bis zu 200 Haare am Tag. Und Sie wollen gar nicht wissen, wo überall.

ERST ATMEN, DANN REDEN
Das kennen Sie aus Ihrem Männer-Yogakurs: Atmen bringt uns zurück zu uns selbst, wir regulieren unsere Affekte und spüren unseren Körper. Aber Achtung: Nicht einfach einatmen, um dann laut »Du doofe Nuss!« zu rufen. AUSATMEN ist die geheime Zutat.

NICHTS SÜSSES, SONST GIBT'S SAURES!
Auch wenn Ihre Frau noch so großzügig erscheinen mag: Essen Sie ihr nie die Lieblings-Süßigkeit weg! Glauben Sie mir, ein Griff in die Waffeleier-Tüte kann die größte diplomatische Krise seit der Landung in der Schweinebucht auslösen.

BRAUCHEN SIE EINE NO-GO-AREA?
Spätestens beim Zusammenziehen sollten Sie besprechen, wie privat ein Toilettenbesuch ist. Folgende Abstufungen sind möglich: Immer abschließen. Oder: Der an-

dere darf kurz reinkommen, um den Föhn zu holen. Oder: Der Partner oder die Partnerin dürfen auf dem Badewannenrand sitzen und ganz in Ruhe mit Ihnen die Lösung des Nahost-Konflikts erörtern. Falls Sie sich für abgeschlossene Türen entscheiden: Nach zwei bis drei Tagen muss es okay sein, wenn Ihre Frau die Tür von außen aufbrechen lässt.

UM RAT FRAGEN

Es ist die einfachste Art, zu zeigen, dass Sie den anderen ernst nehmen, dass Ihnen seine Meinung wichtig ist. Sie können ihm dann auch die Schuld geben, wenn etwas schiefgeht.

ANTWORTEN SIE (FAST) EHRLICH

Wenn Sie von Ihrer Partnerin etwas gefragt werden, sollten Sie auch antworten. Da ist manchmal Diplomatie nötig. Gerade bei Fangfragen (»Steht mir das?«, »Sitzt das zu eng?«) empfiehlt sich ein neutral-nichtssagendes Brummeln. Vorsicht – nach zehn bis fünfzehn Jahren wird das durchschaut, jetzt ist es wichtig, dass sie eine ehrlich klingende Antwort geben. Das ist nicht zwingend dasselbe wie eine ehrliche Antwort.

VORSICHT BEI UMARMUNGEN

Beziehungsexperten sagen: Körperkontakt schafft Bindung und Entspannung. Also: Umarmen Sie Ihre Frau mal wieder! Aber bitte nicht in jeder Situation. Wenn Sie zum Beispiel gerade joggen waren: Duschen Sie sich erst mal den Gelegenheitsläuferschweiß vom Rücken, bevor Sie sich wie ein Raubritter auf Ihre Frau stürzen! Auch

Überraschungs-Umarmungen im halbdunklen Hauseingang sind nicht sinnvoll, wenn Ihre Frau in Martial Arts ausgebildet ist.

REDEN SIE ÜBER IHR LIEBLINGSTHEMA

Sollten Sie es tatsächlich geschafft haben, mal ein paar Stunden ohne Brut aus dem Haus zu kommen? Dann keine Scheu – sprechen Sie bei der Datenight ruhig über die Kinder. Es interessiert wirklich niemanden sonst. Und mal ehrlich: Welche anderen Themen haben Sie denn noch?

EIN WITZ FÜR ALLE FÄLLE

Wenn Sie sich das nächste Mal in einer Diskussion verhaken: Humor löst Spannungen und befreit. Notfalls erzählen Sie den Witz vom streitenden Ehepaar. Sagt er: »Ich hab's satt! Seit 17 Jahren korrigierst du mich ständig!« Sagt sie: »Seit 18 Jahren, mein Lieber.«

STREAMING-BETRUG? VORSICHT!

Es gilt die Regel: Wenn Sie eine Serie gemeinsam beginnen, gucken Sie auch gemeinsam weiter. Immer. Sollten Sie sich wirklich trauen, heimlich eine Folge allein zu schauen, dann machen Sie sich auf das Schlimmste gefasst! Eine Affäre ist ein Witz dagegen.

SCHLIESSEN SIE EINEN VERTRAG

Natürlich meine ich nicht den klassischen Ehevertrag, sondern eine Vereinbarung über die Dinge, die Ihnen beiden WIRKLICH wichtig sind. Halten Sie schriftlich fest, wann er ins Stadion darf, wie oft sie Mädelsabend feiert, wer wie oft die Kinder abholt, wie viele freie Wochenenden Sie sich gönnen und über welche seiner Ex-Freundinnen sie nie lästern darf. Seien Sie ruhig betrunken dabei. Beide.

ACHTEN SIE DAS ÄSTHETIKGEBOT!

Auch wenn Sie beide berufstätig sind und Geld verdienen, heißt das noch lange nicht, dass sie beide etwas für den Haushalt anschaffen dürfen. Sobald es in den gemeinsamen Bereich geht, gilt: erst sprechen, dann kaufen – zum Beispiel Kühlschränke, Waschmaschinen, Häuser oder Autos. Bei so teuren Anschaffungen ist das klar. Ich hatte den naiven Gedanke, ich könne eigenmächtig sechs neue Müslischalen kaufen – falsch. Müslischalen unterliegen dem familiären Ästhetikgebot und dafür bin ich nur sehr eingeschränkt zuständig, nämlich gar nicht. Unter das Ästhetikgebot fallen auch Geschirrtücher, Duschhandtücher oder Tassen. Wenn Sie Glück haben, sind Sie bei technischen Geräten freier, die sind gemäß dem Ästhetikgebot ohnehin hässlich.

ICH BOHRE, ALSO BIN ICH

Ich bin in einem Handwerkerhaushalt groß geworden, die Arbeit mit den Händen wurde also gleich in die Wiege gelegt. Allerdings nicht in meine.

Ich würde Ihnen gern erzählen, dass ich früh gelernt habe, mit chirurgischer Präzision zu bohren. Dass ich Decken malern kann wie der junge Michelangelo. Und dass ich Lampen installiere, als hätte ich in meinem Leben nichts anderes gemacht.

Die Wahrheit ist: Nichts davon habe ich gelernt, denn die Rolle war mir nicht zugedacht. Mein Vater war ein Allround-Handwerker, der so ziemlich alles konnte – ich war seine (un)willige Hilfskraft. Samstag war bei Papa Reparatur- und Basteltag und ich war leider unabkömmlich. Gelernt habe ich dabei nicht wirklich viel, außer vielleicht übers Schimpfen. Meine Aufgabe war: Ich musste Schraubenschlüssel anreichen und die Wasserwaage halten. Darin war ich ziemlich gut, wahrscheinlich hätte ich locker einen Meisterbrief in Wasserwaagehalten bekommen. Allerdings sind die Einsatzgebiete für diese Fähigkeit begrenzt. Eine Deckenlampe bekommen Sie damit garantiert nicht zum Leuchten.

Meine handwerklichen Fähigkeiten waren also bescheiden, das Neben-Papa-Rumstehen, Gelangweilt-

Löcher-in-die-Luft-Starren und Warten haben mich nicht gerade fürs Werken entflammt. Außerdem war das Credo der Eltern damals: Die Kinder sollten gerade NICHT Handwerker werden müssen, sondern einen bequemen und ordentlich bezahlten Bürojob haben. Entsprechend waren meine Hände nur trainiert in: Tintenfüller halten und den Joystick am Commodore 64 bedienen.

Rückblickend betrachtet war das von mir auch eine bedeutsame Auflehnung gegen die alten Rollenklischees, die damals existierten: Mama macht die Küche und die Kinder, Papa ist auf Maloche und kümmert sich um alles Handwerkliche. Meine Verweigerung handwerklichen Könnens darf man also als revolutionär-feministischen Akt gegen diese überkommene Aufgabenverteilung sehen. Oder auch einfach als Talentlosigkeit.

Immerhin habe ich später doch noch mit meiner Hände Arbeit Geld verdient. Das war mit achtzehn Jahren, wir brauchten alle Geld – für ein Auto, das Studium, Schallplatten. Also latschte ich mit meinem Freund zu einem örtlichen Bauunternehmer und fragte nach einem Ferienjob. Zwanzig Sekunden später waren wir im Geschäft, möglicherweise gab es damals schon einen heimlichen Fachkräftemangel. Drei Wochen waren wir im Baubusiness und wurden dabei den Fähigkeiten entsprechend eingesetzt. Die ersten drei Tage standen wir in einer Baugrube und schaufelten Sand und Kies. Am vierten Tag wurde mein Freund an die Mischmaschine befördert. Ich schaufelte weiter und schleppte Steine aufs Baugerüst. Am fünften Tag durften wir den Bulli fahren und Bier holen. Es war eine gute Zeit – ich hatte nach den drei Wochen plötzlich Muskeln und konnte auf

Augenhöhe mit Bauarbeitern reden. Eine Fähigkeit, die von völlig unterschätztem Wert ist.

Ansonsten schlängelte ich mich so gut es eben ging an allen handwerklichen Tätigkeiten vorbei und schaffte es – wie schon erwähnt – in keiner meiner ersten Wohnungen eine einzige Lampe anbringen zu müssen. Entweder hingen sie schon oder ich ignorierte das Stromkabel in der Decke und stellte einen Deckenfluter auf. Das war völlig akzeptabel, es waren eben die Neunziger wir hatten Deckenfluter, Lavalampen, schliefen auf Bettgestellen aus Holzpaletten und hörten Nirvana.

Als Studenten wollten wir auch keine picobello renovierte Wohnung, wer musste also handwerkeln können? Außerdem war die Zeit, als es langsam billiger wurde, Elektrogeräte neu zu kaufen anstatt sie zu reparieren. Es war keine gute Ära für Handarbeit, und das ging bis weit ins neue Jahrtausend so: Die Umsätze von Bau- und Heimwerkermärkten stagnierten über viele Jahre auf gleichem Niveau, 2014 fielen sie sogar mal kräftig auf 17,63 Milliarden – das war so viel (oder wenig) wie bereits zehn Jahre zuvor. Ich lag als Nicht-Handwerker also voll im Trend. Meine Frau konnte ich damals sogar noch damit blenden, dass ich ihr in der damaligen Wohnung eine Vorhangstange andübelte: Bohrer, Moltofill, Dübel, Schraube. Das bekam ich gerade hin. Und es reichte offenbar – erst mal.

Das Ganze ändert sich, wenn Sie in einem Haus wohnen und nicht mehr den Hausmeister oder den Vermieter anrufen können. Und wenn um Sie herum begnadete Hobby-Handwerker wohnen. Meine Nachbarn haben ganze Schlaflandschaften für Kinder gebaut, Wände aufgestemmt, Kabel gelegt, Wände verputzt, Fliesen gelegt, Terrassen gefliest, Dunstabzugshauben konstruiert.

Meine handwerklichen Welterfolge waren dagegen überschaubar. Immerhin: Ich habe die Außenlampe neben der Haustür angebracht. Nur vier Jahre nach dem Einzug. Das dauert eigentlich zehn Minuten – schnell gemacht, dachte ich. Nach zwei Stunden Schrauberei an der Hausdämmung, drei abgeknickten und wieder verlängerten Drähten, einem verzweifelten Anruf beim Elektriker (»Was soll ich mit den FÜNF bunten Strippen da???«) war ich am Ende. Aber dann geschah irgendwie das Wunder: Die Lampe leuchtete. Endlich.

Zugegeben: Kein Elektromeister muss Angst haben, dass mein kläglicher Do-it-yourself-Ansatz ihn in die Pleite treibt. Aber kleine Erfolge geben Auftrieb. Dringend nötigen Auftrieb. Denn es ist ja auch klar: Wenn Sie als Hausbesitzer einen Elektriker rufen, um eine Lampe anzubringen, sind Sie untendurch. Beim Handwerker – und auch bei Ihrer Frau.

Denn durch all die Jahre bleibt eine Sache weitgehend unverändert: Reparieren ist Männersache. Wenn etwas kaputt ist, sagt meine Frau: »Du, XXX geht nicht mehr« (bitte einsetzen: Toilettenspülung, Licht im Flur, Heizung …). Und das ist dann das Signal für mich, eine Lösung zu suchen. Merke: Männer sollen sensibel sein, aber es wäre schon gut, wenn sie noch schnell die Vorhangschiene anbohren könnten. Eine Umfrage von 2018 zeigt: Für 86 Prozent der Frauen ist es wichtig, dass ihr Partner handwerkliches Geschick aufweist.

Und der gesellschaftliche Druck steigt ja auch. Denn Renovieren, Reparieren und Selbermachen sind gerade

Megatrends, Stichwort Nachhaltigkeit. Man vermeidet Müll, schafft etwas mit den eigenen Händen, spart Ressourcen und Geld. Folge: Die Umsätze der Baumärkte sind in den Jahren seit 2014 auf über 22 Milliarden geklettert.

Das Verrückte: Die handwerklichen Fähigkeiten gehen eher zurück. In einer Umfrage sagen zwar 91 Prozent der Deutschen, sie könnten ein Bild aufhängen, indem sie einen Nagel in die Wand schlagen. Ein Regal andübeln können dann schon nur noch 71 Prozent und eine Deckenlampe anschließen nur 50 Prozent.

Mein Pech ist, dass sie in unserem Haus keinen Nagel in die Wand schlagen können. Die Wände sind aus gegossenem Beton, sie müssen alles bohren. Leicht gemacht? Denken Sie. Ich erinnere mich noch an meine erbärmlichen ersten Bohrversuche in der Bude: Ich stehe mit der Standardbohrmaschine auf der Leiter, Achter-Bohrer drin (bitte bemerken Sie meine lässige Benutzung von Fachtermini) – ich brauchte Löcher für die Vorhangschienen. Ich setzte den Bohrer an der Decke an. Und bohrte. Einen Zentimeter, zwei Zentimeter. Dann stockte es. Ich drückte, drückte mehr, die Hand begann zu zittern, der Putz staubte auf mich herab, nach drei Minuten sah ich aus, als wäre neben mir ein Haus gesprengt worden. Aus dem Bohrloch roch es metallisch und funkte kurz. Und ich kreischte: »Eine Leitung! Ich habe eine Leitung erwischt! Ich bin gleich tot!«

Eine Leitung zu erwischen gehört zu meinen Urängsten als Handwerker, ich ließ die Bohrmaschine los, rannte die Treppe hinunter. Und atmete. Müsste nicht die Sicherung rausspringen, wenn ich eine Leitung treffe?

Ich beschloss, meine Bohrkarriere kurz zu unterbrechen und einen Nachbarn zu fragen. Der hörte sich meine Geschichte an und sagte dann: »Du hast einen Stahlträger erwischt.« Er klärte mich auf, dass in den gegossenen Wänden Stahlträger verlaufen. Und dass man mit meiner Bohrmaschine nicht weiterkommt. Komisch. Ich hatte sie mal geschenkt bekommen und bröselige Altbauwände waren kein Problem für sie. Ich zeigte sie dem Nachbarn und er guckte mich an, als würde ich mit einer Wasserpistole auf Bärenjagd gehen. Er schüttelte milde den Kopf, ging in seinen Werkzeugraum, lieh mir seinen Bohrhammer und ich bohrte durch den Stahlträger, als sei er ein Stück Sperrholz. Wahnsinn. Ich bohrte das nächste Loch. Das nächste. Und noch eins. Und perforierte die Decke entlang des Fensters, dass es für 13 Vorhangstangen gereicht hätte.

Folge: Ich habe meine Fähigkeiten als Handwerker um 200 Prozent gesteigert, indem ich kurz darauf zum Baumarkt gefahren und mir exakt diese Maschine gekauft habe. Damit kann ich Löcher für Lampen, Bilder, Schienen bohren. Ich habe mich sogar getraut, in unserem Abstellraum über der Tür ein Regal zu montieren, das eine Eigenkreation aus Metallwinkeln und zugesägten Brettern ist. Ich bohre so brillant, dass ich kurz überlegt habe, mich Bohris zu nennen, aber das war dann doch zu albern.

Es war mir immerhin eine Lehre: Handwerkeln ist offenbar eine Materialschlacht. Als Anfänger ist es aber auch gar nicht so leicht, zu wissen, welche Utensilien sinnvoll sind und welche Werkzeuge man wirklich benötigt. Davor konnte ich alles ganz gut mit Panzerband und

Sekundenkleber richten. Nach dem Bohrer habe ich mir dann noch einen sauteuren Werkzeugkoffer gekauft, der alle Grundbedürfnisse abdeckt. Und noch ein persönlicher Rat: Haben Sie immer zwei bis drei Tuben Moltofill im Haus. Wer viel bohrt, muss viel füllen.

Wenn Sie mit den nötigen Investitionen in die Basics durch sind, können Sie sich dann langsam an die Sonderausstattung heranwagen. Zum Beispiel: Hochdruckreiniger. Die braucht eigentlich kein Mensch, aber die Arbeit soll ja Spaß machen. Und wer schon einmal einen Wasserstrahl von hundert Bar in die Welt gejagt hat, der weiß, was ich meine. Es ist für Pazifisten die Möglichkeit, sich mal wie eine Figur aus »Fortnite« zu fühlen – und dabei wird noch die Außenwand schön sauber. Oder auch alles andere außerhalb der Bude. Ich weiß noch, wie ich an einem Samstag vor zwei Jahren gleich früh in den Baumarkt ging und mir meinen Wunsch-Reiniger gekauft habe. Ausgepackt, angeschlossen, um elf Uhr schoss der erste Strahl auf die Dachterrassen-Dielen. Als die Dielen sich noch von dem Schreck erholten, waren die Steinplatten der Gartenterrasse dran. Erstaunlich: Staub weg, Schmutz weg, Blütenschmodder weg, Terrassenfugen auch weg – egal! Stolz zeigte ich meiner Frau die in frischem Hellgrau leuchtende Terrasse. Sie sagte: »Dunkelgrau hat sie mir besser gefallen.« Mein Rat: Lassen Sie sich in Ihrem Eifer dann nicht irritieren, auch andere große Künstler sind erst mal verkannt worden.

Wenn man lange genug in einem Haus wohnt, gehen auch bald die ersten Sachen kaputt. Dinge, die nicht mit einer Bohrmaschine oder einer Wasserwaage zu richten sind. Man kann das ruhig eine Weile ignorieren. Aber nicht für immer. Irgendwann wird Ihre Frau sagen: »Du, wenn der Wasserhahn weiter tropft, wird unser Haus bald als Binnenfeuchtgebiet auf der Berliner Gewässerkarte verzeichnet.«

Dann gilt es erst mal, kurz innezuhalten. Möglicherweise ist eine Reparatur gar nicht sinnvoll oder zu gefährlich oder Sie haben einfach keine Lust. Dann ist es vernünftig, sich vor der Reparatur folgende Fragen zu stellen:

Wenn ich jetzt versuche, es zu reparieren – wird es dann nicht kaputter sein als vorher?

Im schlimmsten Fall kann das passieren. Wenn Ihnen schon mal das Blut ins Gesicht geschossen ist, weil ein Handwerker sagte: »Ich hätte ja was machen können, wenn da nicht vorher schon jemand rumgefummelt hätte ...«, dann wissen Sie, was ich meine.

Brauchen wir das wirklich noch?

Das ist keine Entscheidung, die Sie allein treffen sollten. Fragen Sie Ihre Frau. Glauben Sie mir, es ist besser so.

Wenn ich versuche, es zu reparieren – kann es explodieren?

Dieses lustige Zeichen mit den Flammen darauf sollte Sie stutzig machen. Und wenn das Gerät ein Kabel hat und mit Benzin betrieben wird, oder das Mut/Leichtsinn-Barometer in Richtung Leichtsinn kippt: Finger weg.

Wenn ich es aufschraube – bekomme ich es wieder zusammen?

Tja, was ist schon gewiss im Leben? Wenn Sie es nicht

versuchen, werden Sie es vielleicht für immer bereuen? Im Notfall helfen Sekundenkleber und Panzerband.

Wäre die Reparatur wirklich teurer als die Werkzeuge, die ich dafür kaufen müsste, wenn ich es selbst mache?

Schwer zu sagen. Eine Reparatur sollte kein Grund sein, den 250-Euro-Schwingschleifer zu kaufen. Andererseits: Wenn Sie ihn unbedingt haben wollen ...

Wenn in der Anleitung steht: Nur von Fachleuten zu reparieren – sollte ich das ignorieren?

Wenn der Hinweis mit den Fachleuten wirklich auftaucht, zeigen Sie die relevante Stelle Ihrer Frau. Erwähnen Sie dabei, dass es in Deutschland täglich 800 Heimwerker-Unfälle gibt. Vielleicht müssen Sie dann gar nicht selbst reparieren. Wenn doch, erfahren Sie immerhin etwas über den Zustand Ihrer Beziehung. Überprüfen Sie in dem Fall, ob es in letzter Zeit Änderungen bei Ihrer Lebensversicherung gab.

Ich habe diesen Prozess mehrfach durchlaufen und er hat mich vor vielen unnötigen Reparaturen bewahrt. Aber leider nicht vor allen. Ab und zu kommt dann doch der Moment, wo ich eingreifen muss. Zum Beispiel, wenn es den nächsten Handwerker-Termin erst in vier Monaten gibt – und die Toilettenspülung nun wirklich nicht so lange warten kann.

Zum Glück ging mein Start in die Reparaturbranche Hand in Hand mit dem Boom der Do-it-yourself-Videos bei YouTube. Es hat mich nur ein paar Minuten gekostet, dann hatte ich ein Video über unsere Toilettenspülung gefunden. In den Tagen davor war laufend Wasser durch die Schüssel gerauscht – Zeit, den Fluss versiegen zu lassen. Dafür musste ich erst mal die Blende an der Wand abnehmen, den dahinter liegenden Spülkasten freilegen, Wasser ablaufen lassen, Dichtungen lösen und Verbindungen kappen.

Mittendrin kam meine Frau ins Bad und sah mich rittlings auf dem Klo sitzen, den rechten Arm fast bis zur Schulter im Hinterwand-Spülkasten versenkt.

»Was um alles in der Welt machst du da?«

»Ich repariere die Spülung!«

»Steckst du schon länger fest?«

»Ich stecke nicht fest! Das macht man so!«

Ich konnte mich so schnell nicht umdrehen, aber ich weiß genau, dass sie die Augenbrauen hochgezogen hat.

Das war ja auch nur die Vorbereitung. Ich habe die Teile darin ausgebaut und bin am nächsten Tag zum Sanitär-Großhandel am anderen Ende Berlins gefahren. Da stand ich vor einem kleinen Tresen in einer riesigen Halle, um die mutmaßlich benötigten Ersatzteile zu besorgen. Mein Tipp: Nehmen Sie die defekten Teile mit, die Kommunikation mit einem Sanitärexperten über die passenden Füllventile und Heberglocken überfordert Sie sonst kolossal. Nachdem wir uns auf die passenden Teile geeinigt hatten, kam kurz darauf ein Gabelstapler aus dem Lager und auf seiner Ladefläche lagen: ein Füllventil und eine Heberglocke. Ich fühlte mich etwa so als hätte ich auf dem Oktoberfest ein kleines Pils bestellt.

Egal, ich fuhr stolz mit meinen Ersatzteilen nach Hause, baute sie ein, setzte die »Betätigungsplatte« wieder ein und: spülte. Im Prinzip passierte nichts anderes als sonst auch, aber es klang irgendwie anders. Es klang nach Wagemut, nach Selbstbestimmtheit und Männlichkeit. So als hätte ich persönlich ein Füllventil und eine Heberglocke in die Niagarafälle eingebaut.

Keine Frage: Dinge zu reparieren, gibt einem das Gefühl, die Welt ein Stückchen besser zu machen. Und sich das Haus ein Stückchen mehr zu eigen zu machen. Mittlerweile gibt es eine Reihe Dinge, die ich ganz gern repariere: das WLAN, den PokemonGo-Zugang unseres Sohns, Fahrradlichter. Und seit Neuestem: Autosicherungen.

An unserem Volvo funktionierte seit etwa acht Jahren das Laden von Elektrogeräten über den Zigarettenanzünder nicht mehr. Und lange Autofahrten ohne Lademöglichkeit für Smartphone und iPad – sorry, das wollen Sie nicht. Ich habe also einen neuen Ladeadapter gekauft. Das war vor sechs Jahren. Das brachte aber nichts. Dann habe ich vor zwei Jahren einen weiteren Ladeadapter gekauft. Und dann habe ich vor zwei Wochen gemerkt, dass auch der nicht lädt.

Nach zwei Stunden Suche in Volvo-Foren im Netz war die Lösung: Sicherung tauschen! Ich habe den Sicherungskasten im Auto unter dem Handschuhfach freigelegt, bei der nächsten Werkstatt zwei Sicherungen gekauft, ausgetauscht – Kabel eingesteckt. Lädt nicht. Ah, Zündschlüssel gedreht – lädt!

Es fühlte sich an wie mein größter Triumph seit dem Abitur. Halten Sie das nicht für banal. Es war zwar nur der Zigarettenanzünder, aber es geht ums Prinzip: Da ist ein Problem, ich habe mir Zeit genommen und bin drangeblieben und habe das passende Ersatzteil gefunden und habe es eingebaut. Plötzlich gehorcht einem die Welt wieder ein wenig mehr. Einziger Nachteil für alle mir nahestehenden Personen: Ich habe ihnen davon erzählt.

Allen. Mehrfach. Möglicherweise könnte dem ein oder anderen der Gedanke gekommen sein, dass es doch einfacher gewesen wäre, einen Handwerker zu beauftragen.

Das ist okay für mich, man muss nicht alles selbst können. Ich bekomme mittlerweile ein paar Sachen hin, taste mich vorsichtig in neue Bereiche vor und überlasse die wirklich wichtigen Sachen den Experten. Man muss auch abgeben können – und meine größte Begabung in den Bereichen Reparieren, Richten und Renovieren habe ich noch gar nicht erzählt: Ich kann herausragend gut mit Handwerkern reden. Wirklich, drei Minuten Plauderei und wir sind ein Herz und eine Seele. Vielleicht ist das ein Überbleibsel der Zeit am Bau, vielleicht auch der Samstage mit Papa. Was ich außerdem von meiner Frau gelernt habe: Wenn ein Handwerker kommt, immer einen Kaffee anbieten und was Süßes dazulegen. Dann kommt mein Part: Interessiert nachfragen, was das Problem sein könnte, eigene Hilflosigkeit gestehen, Dankbarkeit formulieren, und: niemals von oben herab sprechen, als sei der Handwerker ein Dienstleister. Zuhören, bei Belehrungen nicken. Meist rutsche ich dann noch ins Heimat-Idiom des Installateurs ab. Mit anderen Worten: Ich berlinere wie Harald Juhnke. Das ist der Moment, wo meine Frau den Raum verlässt.

Aber was soll ich sagen: Es entsteht eine innere Verbundenheit, die dem Projekt nur guttut. Ich höre mir kopfschüttelnd Geschichten über Schwarzarbeit und verstopfte Straßen, über Nachwuchsmangel und dubiose Subunternehmer an, stammele ehrlich betroffen: »Jibt et doch nich!«, »Gloob ick nich!« und: »Mann, na juut, det Sie heute da sind!«

Ich bin inzwischen so gut, dass mir der Chef einer KFZ-Werkstatt nach drei Telefonaten wegen unseres Autos einen Job angeboten hat. Aber das hat sich dann doch zerschlagen. Als ich meine Kompetenzen aufzählte (Scheibenwischer wechseln, Sicherung wechseln, Wasserwaage halten) hat sein Vertrauen in mich irgendwie eine Macke bekommen. Und das können Sie dann nicht mehr reparieren.

MÄNNER UND EMOTIONEN –
EIN GEFÜHLTES PROBLEM

Es ist ja völlig klar, dass Männer nicht weinen. Unsere Augen schwitzen. Das steht mittlerweile sogar auf T-Shirts – und was auf T-Shirts steht, stimmt doch, oder?

Auf jeden Fall weinen wir nicht einfach, weil unser Computer abstürzt oder unsere Lieblingskandidatin bei »The Voice« raus ist oder weil das Auto nicht anspringt oder weil im ganzen Büro kein Kaffee mehr zu finden ist (wie es einer früheren Kollegin mal passiert ist). Männer weinen, wenn ihr Verein absteigt. Oder sie Weltmeister oder Vater werden.

Wenn Sie mal kurz überschlagen, wie häufig man im Leben Vater wird oder Weltmeister, können Sie sich ausrechnen, dass Männer selten weinen. Dass es wenige Gelegenheiten gibt, die Gefühle mal rauszulassen und sie nicht schön sortiert wegzusperren. So, wie wir das eigentlich gelernt haben.

Als Kinder weinen Jungs zwar noch genauso häufig wie Mädchen, aber irgendwann kurz vor der Pubertät entwickelt sich die Impulskontrolle und meine Impulse waren ungefähr ab meinem fünfzehnten Lebensjahr so gut bewacht wie die Außengrenze Nordkoreas.

Man hat zu der Zeit ja auch gute Vorbilder, in der Generation meines Vaters galten noch die ganzen »Ein

Junge weint nicht«- und »Ein Indianer kennt keinen Schmerz«-Sprüche. Und heftig weinen habe ich ihn tatsächlich nie gesehen, allerdings war immer er es, der sich in rührenden Momenten verstohlen eine Träne aus dem Augenwinkel wischte.

Ich habe mich also gefragt: Fühlen Männer tatsächlich weniger als Frauen? Dem Punkt sind bis Ende 2021 auch Forscher der Universität Michigan nachgegangen. Sie haben 150 Personen zwischen 18 und 38 über längere Zeit nach ihren Gefühlen befragt und herausgefunden: Es gibt keine Unterschiede, Männer und Frauen durchleben die gleiche emotionale Achterbahnfahrt des Alltags. Zwar bringen andere Auslöser ihre Hormone in Wallungen – aber die emotionalen Ausschläge sind ähnlich stark.

Da können Sie mal sehen, was für eine unglaubliche Kraftanstrengung das ist, all diese Ausschläge ganz tief unten im Körper zu verstecken. Das kann nicht jeder, dafür muss man schon unglaublich stark sein und heldenhaft. Und natürlich total bescheuert, denn die heilende Kraft des Heulens kennt jeder, der mal die Talsperren richtig aufgemacht hat.

Das Blöde bei den Gefühlen ist: Es gibt sie immer nur ganz oder gar nicht. Trauer und Verzweiflung zu unterdrücken, bedeutet, auch Glück und Freude nur in der Light-Version zu erleben. Sie können ja auch nicht Veganer sein und dann sagen, dass Mettwurst vielleicht doch geht.

Zum Glück kann man aber ein Mann sein und weinen. Dass es mittlerweile schon bei vielen Männern klappt, sieht man zum Beispiel beim Bruce-Springsteen-Konzert. Ich war mal mit 75 000 Menschen im Berliner Olympiastadion, toller Abend, große Gefühle, viele Tränen. Als es dämmerte an diesem Sommerabend, spielten sie »My Hometown«. Und zehn Meter vor mir stand ein junger Mann, Mitte zwanzig, eher bieder, der jemanden neben sich innig im Arm hielt. Die Köpfe aneinander gelehnt, die Arme kreuzten sich auf den Rücken – so standen sie fast sieben Minuten regungslos.

Und als das Lied vorbei war, standen sie noch einen Moment so innig und ließen sich dann los und sahen sich an und lächelten. Der Sohn hatte rote Augen und der Vater neben ihm, der einen halben Kopf kleiner war und eine Halbglatze hatte, nahm seine Brille ab und holte ein sehr großes Taschentuch heraus und wischte sich über das tränenfeuchte Gesicht. Ich war so gerührt, dass ich fast mitgeheult hätte. Aber ich hatte wohl nur eine Mücke im Auge.

Immerhin muss ich sagen, dass ich mit der Zeit besser wurde. 1989 hatte ich für lange Zeit das letzte Mal Tränen in den Augen – das war, als Boris Becker und Steffi Graf am selben Tag Wimbledon gewonnen hatten. Danach lief es so richtig erst wieder 2007. Da habe ich kirchlich geheiratet. Ich weiß noch, dass mir schon beim ersten Schritt durch den Mittelgang der Kirche die Tränen kamen und ich dann beim ersten Lied komplett durch ein Taschentuch geatmet habe. Das Erstaunliche: Es war überhaupt nicht peinlich.

Das macht Lust auf mehr, könnte man jetzt denken. Naja, Lust nicht direkt, aber in meiner Fortbildung vom Gefühlskühlschrank zum halbwegs emotionalen Menschen war ich damit einen großen Schritt vorangekommen.

Der Durchbruch kam dann mit den Kindern. Denken Sie jetzt bitte nicht in platten Klischees von mir. Ich stand nicht heulend im Kreißsaal und konnte vor Rührung nicht mehr atmen. Da war ich noch viel zu überfordert von dem kleinen Knäuel Mensch, das da lag. Und nicht jede Geburt ist eine Instagram-Niederkunft, nach 18 Stunden auf der Geburtsstation waren meine Gedanken viel profaner, als dass ich sie stilvoll in ein paar Papa-Tränen geträufelt hätte. Ich hatte einfach Bock auf Pommes und ein Bier. Ein paar Monate später hatte auch ich mich weiter entwickelt. Als ich unseren Jungen das erste Mal in seinem dicken Winter-Einteiler hinten auf den Kinder-Fahrradsitz setzte, er mich anlächelte und ich mit ihm losradelte, konnte ich minutenlang nichts sehen. Weinen würde ich das jetzt nicht nennen. Ich habe wahrscheinlich wahnsinnig geschwitzt.

Ich kann gar nicht sagen, was mich daran so gerührt hat – die Verbundenheit, die Erinnerung daran, selbst als Kind in so einem Sitz gesessen zu haben, das Gefühl, frei und doch nicht allein zu sein – eigentlich egal. Es war ein Moment, der mich meiner Vaterrolle und mir selbst nähergebracht hat.

Einziger Nachteil: Seitdem fühle ich mich, als hätte jemand im Assuan-Staudamm eine Saloontür eingebaut. Ich bin nicht näher am Wasser gebaut – ich stehe mittendrin.

Sobald es mit den Kindern zu tun hat, heule ich los wie eine westfälische Waschfrau. Erstes Mal Haare schneiden beim Sohn: »Buhhääää«. Einschulung: »Bffffffffffhhhuuäääää«. Wir gucken »Kung-Fu-Panda 3«: »Schniiiiiief, bhhhhhhuäääää«. Manchmal erzähle ich den

Kindern etwas über Oma oder Opa oder Bastian Schweinsteiger oder Muhammad Ali oder das Wunder von Bern und dann merke ich schon, wie mir die Stimme bricht, weil ich so gerührt bin und denke: Wie großartig, dass ich meinen Kindern gerade so tolle Geschichten erzählen kann. Und dann blicken sie mich manchmal kurz an und fragen: »Alles okay, Papa?« Und dann geht's auch schon wieder und ich kann weitersprechen.

So, wenn Sie jetzt denken, dass ich einfach nur eine sentimentale Heulsuse bin: In einer Umfrage 2021 in den USA gaben die befragten Männer an, im Monat viermal zu weinen, die Frauen dreimal. Macht bei Männern 48 Wein-Einheiten im Jahr, bei Frauen 36. Wie das kommt? Offenbar passiert doch etwas bei den Männern. Der Beziehungscoach Clemens Beöthy sagte 2018 in einem Interview mit dem Magazin »Cosmopolitan«: »Es gibt eine Angleichung unter den Geschlechtern: Männer werden weicher, Frauen härter. Die Geschlechterunterschiede sind nicht mehr so sehr zu spüren wie früher. Die 68er-Generationen und die danach tun sich schon viel leichter damit, mehr Gefühle zu zeigen.«

Jetzt ist Weinen natürlich auch die kürzeste Verbindung von Herz zu Kopf, es müssen keine Gedanken sortiert und keine Wörter geformt werden. Über Gefühle und Seelenzustände zu sprechen ist da schon eine größere Herausforderung. Die meisten Männer halten es da mit dem legendären Dortmunder Fußballprofi Siggi Held. Als ein Reporter ihn mal unschuldig fragte: »Herr Held, wie geht es Ihnen?«, antwortete der: »Wollen Sie mich aushorchen?«

Nur vereinzelt trifft man auf Männer, die ganz offensiv

mit ihren inneren Regungen umgehen. Wenn das passiert, lohnt es sich, gut aufzupassen. Man kann eine Menge lernen. Ich erinnere mich noch, dass ich mal in einem Schallplattenladen in Kreuzberg stand, und gerade entspannt durch die Platten blätterte, als die Tür aufflog. Ein Paketbote rauschte in den Laden, flitzte direkt zum Tresen, legte drei große Pakete ab.

»Hallöchen, jetzt bin ick se los!«, rief er. »Dit ging nich mehr. Dit war nich mehr zum Aushalten!«

Ich schaute auf: Der Ladenbesitzer nickte dem DHL-Mann mit warmem Blick zu. Offenbar kannte er ihn und auch die Vorgeschichte. Ich nahm den DHL-Mann erst jetzt bewusst wahr: Mitte oder Ende 30, schmal, 1,65 Meter groß. DHL-Kappe auf dem Kopf. Und offenbar frisch getrennt. Er erzählte ungefragt und ungebremst weiter:

»Mann, hab ick jelitten. Ick wusste nich mehr, wo oben und unten ist. Bin Silvester zu 'nem Freund nach Neukölln gefahren und habe den janzen Weg nur geheult. Ich sitze unten im Auto, die ballern alle schon rum und mir laufen die Tränen runter.«

Der Ladenbesitzer nickte. Der DHL-Mann nahm den Faden wieder auf. »Ick hab dit allet aufjeschrieben, allet wat ick erlebt hab mit ihr. Sonst wär' ick verrückt geworden. Hab allet 'nem Freund jejeben, der kann dit gar nich allet auf einmal lesen. Ick hab die so jeliebt! Mann, war dit 'ne Scheißzeit Weihnachten. Ick hab ja schon gewusst, des dit nüscht mehr wird. Aber ick hab's immer wieder probiert. Dachte, die ändert sich noch. Aber nee, die hat echt einen an der Waffel. Ick sach dir, da is echt wat Größeret im Argen bei der. Ick meine, guck mich ma an: So 'ne Sahneschnitte kriegt die nie wieder! Echt jetze!«

Ich war sprachlos. Und hätte ihn gern in den Arm genommen. Aber er rief schon »Tschüsssiii!« und war raus. Wahnsinn. In 120 Sekunden durch alle Höhen und Tiefen der Liebe. Spätestens seit diesem Tag weiß ich: Männer können sehr wohl über Gefühle reden. Wir machen es nur verdammt effektiv.

Ich versuche seitdem, den DHL-Mann aufzutreiben, und mit ihm eine Selbsthilfegruppe zu gründen, wir nennen sie: die »Anonymen Romantiker«. Wir sitzen dann im Kreis und jeder steht nacheinander auf und sagt: »Ich heiße Thomas (oder Peter oder Olcay oder Milan) und ich habe Gefühle.« Und dann kann man sich alles ohne Unterbrechung von der Seele reden. Einzige Bedingung: Man hat nur 120 Sekunden.

Lachen Sie nicht, ich meine es ernst. Es lohnt sich, über niedrigschwellige Angebote nachzudenken. Das macht es mir für den Anfang auch leichter. Und ich will meine Mitmenschen nicht gleich überfordern. Was würde wohl passieren, wenn ich nicht erst mal nur in homöopathischen Dosen, sondern gleich Vollzeit mein Innerstes nach Außen kehren würde? Wenn ich jede Befindlichkeit mehrere Stunden thematisieren und darüber meditieren würde und mich im Stuhlkreis mit anderen austauschen müsste? Wenn ich komplett frei von Ironie und Zynismus durchs Leben laufen und meine Kommunikation den Geboten der Achtsamkeit unterwerfe? Ein bisschen Angst hätte ich schon davor. Denn meine Frau hat sich ja bewusst für mich entschieden – und nicht für den Dalai Lama.

WAS SIE SCHON IMMER
ÜBER SEX WISSEN WOLLTEN UND
IHREN KUMPEL NICHT FRAGEN KONNTEN

Ich kann mir nicht vorstellen, dass jemand ein tieferes Interesse an meinem Sexleben hat – aber ein Buch über Männer kommt ja kaum ohne Sex aus, oder?

Also: Am liebsten mag ich ... Nein, machen Sie sich keine Hoffnungen. Männer rühmen sich manchmal zwar gern ihrer sexuellen Glanztaten und sind in solchen Momenten vollständig davon überzeugt, dass jeder andere sie hören will. Aber meist liegen ihre wildesten Abenteuer schon zwanzig Jahre zurück oder sie haben nur etwas im Fernsehen gesehen und sich dann gefühlvoll hineinfantasiert.

Sexuelle Angeberei ist definitiv unerotisch und findet daher hier nicht statt. Da halte ich es ganz mit Kurt Tucholsky. Der hat mal geschrieben: »Wenn ein Mann weiß, dass die Epoche seiner stärksten Potenz nicht die ausschlaggebendste der Weltgeschichte ist – das ist schon sehr viel.« Außerdem – sagen wir es ruhig offen: Meine Frau hat's mir verboten.

Männer müssen zwar nicht immer auf ihre Frauen hören, in dem Fall ergibt es aber Sinn. Andernfalls könnte es nämlich massive Auswirkungen auf die Zukunft des eigenen Sexlebens haben. Wenn Sie schon unbedingt über Ihre erotischen Abenteuer sprechen wollen, dann teilen Sie es bitte nicht mit den Kumpels, während sie gemeinsam die Champions-League-Konferenz gucken. Sondern mit Ihrer Frau.

Grundsätzlich gibt es freilich genug zu besprechen hinsichtlich der männlichen und weiblichen Sexualität. Zu den Rollenklischees gehört auch die Vorstellung: Männer wollen Sex, um sich zu entspannen. Frauen dagegen wollen entspannt sein, um Sex zu haben.

Ein gemeinsamer Anspruch ist heutzutage wiederum, dass Sex nicht mehr den Vorstellungen von Oma und Opa entspricht. Stichworte: eheliche Pflicht, Sex ausschließlich zur Fortpflanzung, religiöse Verklemmtheit oder Sex als Machtinstrument.

Sie sehen also, Sex lohnt einer genaueren Betrachtung. Daher spreche ich hier gern ein paar Punkte an, die so wirken, als würden Sie einem persönlichen, reichhaltigen Erfahrungsschatz aus mehreren Jahrzehnten entspringen. Tatsächlich stammen sie alle aus dem Internet. Keine Sorge, Sie merken den Unterschied kaum.

▸ Jammern Sie nicht, wenn Sie nicht mehr jeden Abend schwitzend und schwer atmend übereinander herfallen. 18 Prozent der deutschen Ehepaare haben einmal pro Woche Sex, 27 Prozent »mehrmals im Monat«. Da Sie davon ausgehen können, dass »mehrmals« bei Sex-Studien »zweimal« heißt, können Sie daraus schließen: Rund die Hälfte der deutschen Paare hat alle ein bis zwei Wochen Sex. Und fast zwanzig Prozent schlafen nur alle vier bis sechs Monate oder noch seltener miteinander. Es ist also gar nicht sooo unmöglich, überdurchschnittlich viel Sex zu haben als verheirateter Mann.

▸ Nicht überzeugt? Dann noch dies: Als Ehemann haben Sie ziemlich sicher mehr Sex als ein alleinstehender Typ. Bevor Sie sehnsüchtig an Ihre wilden Single-Jahre zurückdenken, merken Sie sich also diese Statistik: 39 Prozent der alleinlebenden Deutschen geben an, gar keinen Sex zu haben.

▸ Zu den unangenehmen Wahrheiten gehört: Sie werden mehr Hausarbeit übernehmen müssen als Ihnen lieb ist. Eine kanadische Studie hat belegt, dass Männer, die im Haushalt helfen, mehr Sex haben. Denn natürlich ist es für beide entspannter, wenn die Arbeit zu Hause aufgeteilt und nicht bei einem abgeladen wird. Also, Jungs: Wer Sex will, muss auch die Wäsche waschen. Und denkt daran: Vorher alle Hosentaschen auf Taschentücher überprüfen!

▸ In den meisten Fällen wünschen sich Männer in festen Partnerschaften deutlich mehr Sex, als sie haben. Es gibt aber auch Phasen in einer Ehe, in denen das Gegenteil der Fall ist. Denn wenn die Familienplanung in ihre akute Phase geht, beginnt die Zeit, in der Männer zu einem willenlosen Dienstleister werden. Manche möchten dann über dem Doppelbett die weiße Fahne hissen, den meisten macht es trotzdem Spaß.

▸ Es ist völlig normal, dass Sie nach einigen Beziehungsjahren weniger Sex haben. Wirklich, das hat die Natur so eingerichtet. Bei Männern und Frauen stellt der Körper auf Partnerschaftsmodus um, es werden mehr Bindungshormone produziert, die den Zusammenhalt und die Versorgung des Nachwuchses sicherstellen sollen. Unterm Strich sind also die Kinder schuld, wenn Sie keinen Sex mehr haben. Siehe nächster Punkt.

▸ Wenn Sie gehemmt sind, weil ein Baby neben Ihnen im Bett liegt oder die Kinder Wand an Wand mit Ihnen schlafen: Stellen Sie sich auf viele sexfreie Jahre ein. Ernsthaft, eine kontrollierte Traumatisierung der Kinder ist schon okay.

▸ Die Häufigkeit von Geschlechtsverkehr ist in einer Ehe stark davon geprägt, wie gut Sie in der Lage sind, Konflikte zu lösen. Ungeklärte Grummeligkeit kann Sie mehrere Monate von sexuellen Handlungen befreien. Und schwafeln Sie jetzt nicht von Versöhnungssex. Der ist genauso ein Mythos wie das Bernsteinzimmer.

▸ Für ehelichen Sex ist es hilfreich, zur selben Zeit im selben Raum zu sein. Wenn Ihre Partnerin ins Bett geht und Sie noch eine halbe Stunde auf Twitter oder auf Instagram oder im »Kicker«-Liveticker hängen bleiben, dann sinkt die Chance auf Sex dramatisch. Klar, Sie könnten Ihre Partnerin wecken. Ich würde jetzt nicht sagen, dass sei richtig oder falsch. Ich sage mal einfach: viel Glück dabei.

▸ Um das Zusammentreffen zur selben Zeit im selben Raum zu vereinfachen, kann man sich: verabreden. Machen Sie das besser persönlich, eine Outlook-Einladung ist nur die zweitbeste Anbahnung von Erotik.

▸ Verabredungen sind allerdings keine Garantie für Sex. Wenn ihre Partnerin am frühen Abend fragt: »Sag mal, ist heute eigentlich der erste Samstag im Monat?« liegen die Chancen auf das Umsetzen des gemeinsamen Plans im einstelligen Prozentbereich.

▸ Männer sind gar nicht so sexbesessen, wie viele denken. Laut einer 2017 im »Journal of Sex Research« veröffentlichten Studie gibt es drei Faktoren, die die männliche Lust in den Keller purzeln lassen: nicht begehrt zu werden, die Angst vor Ablehnung und mangelnde emotionale Nähe zur Partnerin. Die Forscher vermuten, dass Männern das gar nicht bewusst ist. Wenn ein Mann also sagt: »Ich möchte mehr Sex«, meint er eigentlich: »Ich möchte mehr Verbundenheit und emotionale Nähe.« Heißt für alle Frauen: Falls der Typ nächsten Samstag in seinem Leoparden-String quer über dem Bett liegt und auf sie wartet – nicht nervös werden, erst mal einen Mate-Tee aufsetzen und darüber reden.

▸ Überraschung: Die Wiener Psychologin Sandra Gathmann sagte in einem Interview mit dem Magazin »Emotion«: »Sex braucht Egoismus, um nicht langweilig zu werden.« Und: »Sex ist eine Zone, in der es politisch unkorrekt zugehen darf.« Sorry, da haut es dem modernen Mann doch glatt den Ingwer-Smoothie aus der Hand! Ist das das Comeback der 30-Sekunden-Rein-Raus-Danke-Nummer? Nö, gemeint ist: Männer dürfen ruhig zeigen, worauf sie Lust haben, ohne gleich als getriebene Macho-Monster ausgebuht zu werden. Denn wenn er seine eigenen Bedürfnisse komplett verdrängt und alle zwanzig Sekunden fragt: »Soll ich so machen oder anders?«, »Ist das richtig so?«, dann ist das so erotisch wie eine lauwarme Hafermilch-Dusche.

DER LETZTE SCHREI –
MÄNNER UND MODE

Die Methoden, Männer lächerlich zu machen, werden immer raffinierter. Der aktuellste Versuch ist die Erfindung der »Dad Fashion«. Richtig, Papa-Mode. Wenn Sie jetzt an schlecht sitzende Stonewashed-Jeans mit Bundfalten und gestreifte Hemden zu plumpen Turnschuhen denken – dann liegen Sie komplett richtig.

Ist das nicht frech? Alles, wofür man in den letzten 25 Jahren in den Modeknast gekommen wäre (bei Asbach-Cola und Bifi-Roll) soll jetzt wieder in sein: weiter Trenchcoat zu Hilfiger-T-Shirt, Shirt in die Hose gesteckt, dazu Humana-Jeans und Buffalo-Treter.

Ich bin gern bereit, mich auf der Jagd nach der ewigen Jugend zum Horst zu machen. Aber das geht mir zu weit. Wenn ich den Kram wirklich anziehe, dann sehe ich ja aus wie: ICH! Nur eben 1995. Und das will wirklich kein Mensch.

Ist schon eine komplizierte Sache mit der Mode und Männern. Früher galt: im Büro Anzug, in der Werkstatt Blaumann, in der Freizeit Jogginganzug und am Sonntag das schöne Hemd und die gebügelte Stoffhose.

Mittlerweile weiß man schon bei den simpelsten Basics nicht mehr ganz genau, woran man ist. Konnte man sich wenigstens noch lange am Lagerfeld-Zitat orientieren, dass das Tragen einer Jogginghose in der Öffentlichkeit gleichzusetzen ist mit dem Verlust der Kontrolle über das eigene Leben, können Sie sich jetzt nur noch sicher sein, dass auch das nicht mehr stimmt. Jeder trägt Jogginghosen. In der Freizeit, beim Sport, im Büro, zum Sakko, zu Sneakern und zu Stiefeln. Eine Comedyfigur wie Cindy aus Marzahn mit dem rosa Trainingsanzug wäre heute nicht mehr lustig, sondern eine Fashion-Ikone.

Die Antwort mancher Männer auf diese Verunsicherung ist: selbstgewisse Sturheit. Ein Studienfreund trägt seit 30 Jahren ein graues T-Shirt und darüber ein offenes, kariertes Flanellhemd. Er ist die Verkörperung des Modells Neil Young – keine Experimente, immer die alten Sachen. Und auch mein Kumpel Thomas ist den gerade geschnittenen 501 seit 1994 durchgehend treu geblieben. Er ist überzeugt, dass sich Konsequenz in Sachen Stil durchsetzt. Jetzt muss ich zugeben: Er hat Recht. Man muss nur dreißig Jahre wie ein Knäckebrot aussehen, irgendwann gilt man dann als Hipster.

Ich bewundere das inzwischen sehr. Denn ich konnte mich nie ganz freimachen von modischen Sehnsüchten. Seit meine Mutter mir nicht mehr meine Klamotten kauft (ungefähr seit ich 16 bin), habe ich immer optisch dazugehören wollen. In den 80er-Jahren in einer westfälischen Kleinstadt war das gar nicht so schwer, wir sahen ohnehin alle so brav aus, als würden wir eine Karriere im mittleren Dienst bei der Stadtverwaltung anstreben. Das Verwegenste, was ich mir bis zum Abitur modisch geleistet habe, war, dass ich meiner Mutter gesagt habe, dass sie meine Unterhosen nicht mehr bügeln soll. Rückblickend nenne ich das meine Punk-rock-Phase.

Und auch in der ersten Zeit danach war es leicht, modisch Anschluss zu finden: Ich habe mir im Zivil-dienst ein Paar Dr. Martens gekauft, eine blaue und eine schwarze Levis 501 und eine schwarze Lederjacke vom Flohmarkt. Das war eine solide Basis, die ich vorsichts-halber einige Jahre nicht mehr verlassen habe.

Ich wurde von da an ein typischer Vertreter der männ-lichen Experimentierfreude: Wenn man einmal ein Teil gefunden hat, das gut funktioniert, kaufen wir es immer wieder. Bei mir war das ein schwarzer Pullover mit V-Ausschnitt. Wenn ich mal Klamotten kaufen ging, fragte mich meine Frau nach der Rückkehr schon: »Und – welchen schwarzen Pulli mit V-Ausschnitt hast du dies-mal gekauft?«

Ähnlich sah es mit der Kleidung für das Büro aus. Ich trug eine Jeans und ein Hemd und ein schwarzes Sakko. Kann man nie was mit falsch machen – auch nie etwas besonders richtig, aber das Motto für Männer im Büro lautet: lieber nicht positiv auffallen als negativ auffal-len. Denn beides führt zu unerwünschter Aufmerksam-keit. Auf eine Kollegin, die sagt: »Das ist aber ein schöner Schal« kommen drei männliche Kollegen, die mit dei-nem Schal ihr Thema der Woche gefunden haben: »Hi-hihi, ist der von deiner Mutter?«, »Hellblau habe ich auch immer getragen – aber da war ich vier Monate!«, »Wie-viel haben sie gezahlt, damit du damit hier rumrennst?« Meist sind das dann genau die Kollegen, die immer braune Socken zu schwarzen Schuhen tragen, aber das ist unter Männern absolut akzeptabel. Ein Schal dagegen – pfffff, da schlagen die blöden Sprüche rechts und links so nah bei Ihnen ein, als wären Sie bei einem Picknick auf dem Truppenübungsplatz.

Die Folge ist dann: Der wahnsinnig schöne und teure Schal liegt die nächsten 18 Jahre im Schrank. Denn Sie würden lieber mit einem Lendenschurz in die Vorstandssitzung platzen als noch mal mit dem Schal an den Kollegen vorbeigehen.

Ich rate Ihnen: Gehen Sie mit Ihrer Frau einkaufen. Nicht bis an Ihr Lebensende, aber ein paar kleine, begleitete Shoppingtouren helfen, den Horizont zu erweitern. Es ist erstaunlich, wie viel mehr ein Klamottenladen jenseits der schwarzen V-Ausschnitt-Pullis zu bieten hat. Ich kenne jetzt meine Kragengröße (hatte mich immer gefragt, ob die komische Zahl das Alter sein soll), habe Gürteln mit großen Schnallen abgeschworen, vermeide helle Oberteile, die mit der fahlen Gesichtshaut eine unheilige Melange eingehen, und kenne die Farben, die ich unfallfrei tragen und kombinieren kann. Ich kenne überhaupt jetzt mehr Farben als Schwarz und Blau.

Von meiner Frau habe ich gelernt, dass es besser ist, eine schöne und etwas teurere Krawatte zu kaufen als vier billige mit Streifen. Dass Gürtel neben Socken für Männer DIE Möglichkeit sind, ein farbiges Modestatement abzugeben. Dass eine Jeans nicht das einzig tragbare Beinkleid für Männer ist und dass helle Klamotten die Aufmerksamkeit anziehen, während dunkle Teile kleine Problemzonen kaschieren. Ein Grund, warum manche Menschen nur Schwarz tragen.

Ansonsten habe ich mittlerweile eine Basis-Ausstattung an nicht zu aufregenden Teilen, die ich immer wieder auffülle: weiße und schwarze T-Shirts, schwarze und blaue Jeans, blaue und beige Chinos, Pullover in Blau und Schwarz (Rundhals, V-Ausschnitt, Rollkragen), weiße und blaue Hemden, ein Jeanshemd, einen schwarzen und einen blauen Anzug, weiße Sneaker und klassische schwarze Lederschuhe, einen Wollmantel und eine Übergangsjacke, weiße Sportsocken und bunte (uni!) Strümpfe sowie einfarbige (!) Sweatshirts. Neben dieser Grundausstattung können Sie dann ab und zu ein verrücktes Teil kaufen, dass Sie ohnehin nie tragen.

Stilberatung für Männer ist mittlerweile sogar zum Geschäftsmodell geworden, ein ehemaliger Kollege bekam von einem Onlinehandel jeden Monat einen Karton mit einem auf ihn abgestimmten Outfit. Dazu ein nettes Kärtchen von seiner Styleberaterin. Auch ganz praktisch: neue Kleidung ganz ohne Reden.

Doch Vorsicht! Fallen Sie nicht von der einen modischen Abhängigkeit (Mama) gleich in die nächste (Partnerin, Stilberatung). Denn: Auch die sind nicht unfehlbar. Und manchmal wollen die Modeberaterinnen auch zu viel. Zu viel für Sie jedenfalls. Denken Sie daran: Sie sollten niemals, wirklich niemals die Speerspitze der modischen Entwicklung sein. Es sei denn, Sie sind unter 23 Jahren oder Modeblogger oder Creative Director bei Drykorn.

Nehmen Sie den Hinweis ausnahmsweise mal ernst, modische Avantgarde zu sein ist wie Börsenhandel: eine Wette auf die Zukunft. Dabei kann man auch mal danebenliegen. Und das sollte man dringend vermeiden – ich weiß, wovon ich spreche.

Wir waren 2009 in den USA und das Wichtigste, was

man im Urlaub dort tun sollte (neben vier Kilo zuzu-
nehmen und über die oberflächliche Freundlichkeit der
Amerikaner zu sprechen), ist ja: Jeans kaufen. Ich weiß
noch, wie meine Frau mir auf dem Hinflug sagte: »Röhre
ist out, weite Hosenbeine kommen wieder!«

Wir liefen also durch 32 Klamottenläden und im 33.
stand ich dann stolz vor dem Umkleide-Spiegel und be-
wunderte mich in meinen neuen Bootcut-Jeans.

Zehn Jahre später kann ich sagen: In der Liste meiner
Fehlkäufe ist das unangefochten Platz eins, und ich habe
mir auch mal eine weinrote Jacke aus PVC gekauft (es
waren die 90er ...). Doch diese verdammte Hose habe
ich wirklich NIE getragen, denn noch Jahre später waren
knallenge Jeans das Modediktat des Mainstreams. Die
Verkäufer in dem New Yorker Klamottenladen sind
wahrscheinlich noch immer fassungslos über den deutschen Deppen, der die letzte Bootcut-Jeans der Welt gekauft hat.

Meine Frau bekommt nach wie vor noch Atemnot vor
Lachen, wenn wir über die Shoppingtour 2009 in New
York sprechen. Sie hat sich damals sicherheitshalber drei
Skinny-Jeans gekauft.

Daher: Seien Sie wachsam! Nicht jeder Trend ist für
Sie gemacht und wirklich nichts ist lächerlicher als ein
Mann jenseits der dreißig, der sich ungeachtet von Kör-
perform und -größe in die allerneuesten It-Items zwängt.
Die eigene Familie ist da oftmals ein guter Gradmesser.
Als ich in der Hochphase der sehr körperbetonten Klei-
dung eine helle Hose aus Stretchstoff besaß, die nur un-
wesentlich weiter saß als ein Bodypainting, rief meine
Frau jeden Morgen, wenn ich in der Hose die Treppe he-

runter kam: »Huch Kinder, guckt mal – Papa will wieder jung sein!« Ich bin ja sensibel genug, um so dezente Hinweise wahrzunehmen. Meistens.

Bei anderer Gelegenheit hatte ich einen sehr schönen schmalen Pulli in Rot (mit V-Ausschnitt) gekauft, den ich sehr lange nur sehr selten getragen habe. Ich wusste gar nicht mehr genau, warum eigentlich. Weihnachten war es dann so weit. Roter Pulli, Hemd darunter, schmale Krawatte – und auf dem Weihnachtsfoto sah ich dann, warum ich ihn so selten getragen habe. Es ist nun für alle Ewigkeiten festgehalten, dass ich darin aussehe wie eine Advents-Presswurst. Er war einfach viel zu eng und einen Tick zu kurz. Bis heute ist mir völlig schleierhaft, wie ich die Arme in dem engen Ding so weit vom Körper abspreizen konnte, dass Nahrungsaufnahme möglich war.

Zu eng und zu kurz sind also unerschütterliche No-Gos. Und es gibt weitere Trends, die im ersten Moment verlockend klingen, bei denen Sie aber grundsätzlich skeptisch sein sollten. Zum Beispiel bei der »Mandal« (sprich: Mändäll). Die »Mandal« ist nichts anderes als die Sandale für den Mann. Nur eben mit neuem Namen. Das ist ungefähr so, als würde man die Comic-Krawatte plötzlich »Graphic Novel Tie« nennen. Oder den Mett-Igel »Minced Meat Hedgehog«.

Wenn Sie als modebewusster Mann trotzdem gerade überlegen, die »Mandal« zu kaufen: Tun Sie es nicht! Sandalen sind immer ein Risikokauf. Es sei denn, Sie sind zweimal in der Woche bei der Pediküre, heißen David Beckham oder sind Statist in einem Monumentalfilm. Warum? Prüfen Sie sich kritisch: Sind Ihre Füße wirklich so schön, dass alle Ihre Kollegen sie sehen sollten? Hat Ihre Frau schon mal gesagt: Zieh doch deine Sandalen an, die stehen dir so gut? Waren wirklich alle begeistert, als Sie die Sandalen im Büro oder in der Werkstatt vorführten? Sie müssen nicht sofort antworten, denken Sie einfach mal darüber nach.

Natürlich sind Sandalen nicht immer untragbar. Im Urlaub, im eigenen Garten oder unter zwölf Jahren ist modisch alles erlaubt. Ansonsten: Finger weg. Füße auch.

Gleiches gilt für »Barfuß im Lederslipper«. Als ich mich neulich mal darüber ausließ, dass es ja ziemlich albern sei, diesen Modetrend aus Miami nach Berlin und Mecklenburg-Vorpommern importieren zu wollen, entgegnete meine Frau: »Aber bei Italienern kann das ganz toll aussehen.«

Möglicherweise. Aber es ist ja nicht nur eine optische, sondern auch eine hygienische Frage. Es weiß schließlich jeder, dass man mit nackten Füßen in den Schuhen rasend schnell ein Klima zaubert wie in einem Gewächshaus auf Sumatra. Ein kleines Detail für Freunde der Wissenschaft: Der menschliche Fuß gibt im Laufe des Tages ein Schnapsglas voll Schweiß ab.

Sommermode ist grundsätzlich eine Herausforderung für Männer. Im Winter ist man dick verpackt, aber sobald es wärmer wird, beginnt die Jahreszeit der Modesünden. Verzichten Sie im Büro auf kurzärmelige Hemden und Muscle-Shirts. Sonnenbrillen in geschlossenen Räumen sind ebenfalls nur bei Mafia-Treffen und dem Sänger der »Sisters of Mercy« akzeptiert. Überlassen Sie auch große Logos den Menschen unter 40, und – Achtung: Das Band-T-Shirt von der AC/DC-Tour 1983 lässt Sie auch nicht jünger wirken.

Wenn Sie unsicher sind, ob Ihr Sommer-Look okay ist, machen Sie es wie ein Kollege – lassen Sie morgens noch mal Ihre Frau draufgucken. Aber wirklich nur, wenn Sie ganz sicher sind, dass sie nicht gerade wegen irgendetwas sauer auf Sie ist.

Wie ich mit der »Dad Fashion« umgehe, weiß ich noch nicht genau. Ich glaube, ich werde zwei, drei Jahre darüber nachdenken. Das ist ein gutes Maß, dem Trend hinterher zu sein. Der gröbste Humbug hat sich innerhalb dieser Zeit wieder verflüchtigt, und was sich modisch wirklich durchgesetzt hat, kann man dann adaptieren.

Nachdem ich festgestellt habe, dass auch die Dr. Martens seit drei, vier Jahren wieder angesagt sind, habe ich mein altes Paar aus dem Schrank geholt. Ich hatte es 1997 gekauft und bestimmt zwanzig Jahre nicht mehr getragen. Ich habe sie angezogen, und – sie passten nicht. Wie kann das denn sein?! Sind meine Füße gewachsen? Bin ich schwerer geworden und habe sie plattgelaufen? Was es auch immer war – die Schuhe waren eindeutig eine Nummer zu klein.

Vielleicht war es auch ein Wink des Schicksals in Sachen Mode: Man sollte niemals versuchen, in die eigenen Fußstapfen zu treten.

MANN, BENIMM DICH!
SO HALTE ICH'S MIT GENDERN,
MANSPREADING, MANSPLAINING

Wenn Sie mal wieder die Abenteuerlust packt, rate ich zu folgendem Experiment: Schummeln Sie sich auf den Studientag des »Verein Deutsche Sprache« und gendern Sie konsequent und militant. Sprechen Sie ohne Ausnahme von »Lehrkräften« oder »Professor:innen« und »Schüler:innen«, machen Sie laut hörbare Pausen beim Genderstern und berichtigen Sie die Anwesenden, wenn einer von »Freunden« spricht: Es sind natürlich Freund*-innen.

Dasselbe können Sie auch bei einem Interview mit Jürgen von der Lippe oder Friedrich Merz machen – für sie alle ist die Begegnung mit einem Genderstern gleichzusetzen mit einem Angriff des Todessterns aus Star Wars.

Gendern polarisiert wie kaum ein anderes Thema, höchstens die Diskussion um Nutella mit oder ohne Butter wird ähnlich unversöhnlich geführt. Wo ich da stehe? Auf jeden Fall mit Butter.

Klar, die Frage ist, wo ich beim Gendern stehe. Als gelernter Journalist ist die Auseinandersetzung mit Sprache natürlich etwas, das mich in den vergangenen dreißig Jahren täglich beschäftigt hat. Und Veränderungen am eigenen Handwerkszeug mag man nicht gern. Gleichzeitig ist unserem Berufsstand sprachliche Präzision wichtig, ein Kollege hat mir jahrelang eingebimst, ein Haus stehe nicht »IN der Schlossallee« sondern »AN der Schlossallee«. Und mit der sprachlichen Präzision ist es natürlich nicht weit her, wenn man schreibt: »Die Lehrer der Pippi-Langstrumpf-Grundschule ...« und auf dem Bild sind dreißig Frauen und zwei Männer zu sehen.

Ich hatte auch ein Unwohlsein, als vor einigen Jahren mein damaliger Chef eine Mail an sämtliche Mitarbeitende schickte, in der die Anrede »Liebe Kollegen ...« war. Immerhin habe ich ihn darauf hingewiesen. Das macht mich freilich noch nicht zu einem männlichen Vorkämpfer der Gleichberechtigung. Mein Leidensdruck war hinsichtlich geschlechtssensibler Sprache auch gering, das generische Maskulinum stand als unerschütterliches Bollwerk. Generisches Maskulinum – äh, was war das noch mal?

Wenn bei der Benutzung des Plurals beide Geschlechter gemeint sind, benutzt man der Einfachheit halber die männliche Form. Und ich habe nachgelesen: Dieser männliche Plural hat sich erst in den 60er-Jahren als Regel etabliert, früher war ohnehin klar, dass die Berufsbezeichnung »Müller« einen Mann meint. Handwerks-Stände waren Männergesellschaften – die »Müllerin« war die Frau des Müllers. Ende der 70er-Jahre geriet das generische Maskulinum durch die Frauenbewegung erstmals unter Druck, denn »die Lehrer« klingt für emanzipierte Lehrerinnen wirklich nicht besonders gleichberechtigt. Seit den 2000er-Jahren ist das generische Maskulinum zudem massiv in Bedrängnis durch die

Queer-Bewegung, die auch anderen Geschlechtsidentitäten eine Stimme gibt. Und so wurde ab Mitte der 2010er-Jahre immer häufiger der Genderstern benutzt. Oder alternativ der Doppelpunkt oder der Unterstrich.

Vor einigen Jahren ging es mir mit dieser Entwicklung exakt so wie Heinz-Rudolf Kunze heute noch. Der hat gesagt, geschlechtersensible Sprache sei eine vorübergehende Modeerscheinung. Aber das hat man vom Internet auch gedacht.

Als an Universitäten schon längst von »den Studierenden« gesprochen wurde, waren das für mich noch »die Studenten«. Sie können sich an dieser Stelle gern einen Witz denken, den ich damals gemacht hätte (»Heißt Studentenfutter dann jetzt Studierendenfutter?«. Ja, heißt es bei einigen Herstellern). Dann war ich 2017 auf einem Seminar. Drei Tage, an denen von der Seminarleiterin konsequent die weibliche Form benutzt wurde: »Liebe Teilnehmerinnen ...«, »Wie war das dann mit ihren Mitarbeiterinnen ...?«. Sie hat anfangs kurz erklärt, dass es aus paritätischen Gründen gerade so von ihr gemacht werde – und ehrlicherweise waren von den zehn Teilnehmenden nur zwei Männer.

Ich habe erst mal geschmunzelt, dann war ich kurz verwirrt, und beim dritten Mal hat's mich nicht mehr gestört. Kopf und Ohr hatten sich schnell daran gewöhnt, dass wir zwei Männer »mitgemeint« waren. Als ich abends meiner Frau davon erzählte, war sie sprachlos. Vor Glück. Nach fast zwei Jahrzehnten im Berufsleben, mit Vorgesetzten, die völlig selbstverständlich von »Kollegen«, »Mitarbeitern«, »Chefs« oder »Gents« sprachen, und für die Frauen in der Mehrzahl gleich »Mädels« waren, hat die durchgehend weibliche Form auch sie überrascht.

Ich habe mich gefragt: War das ein schräger Einzelfall? Oder machen das andere auch so? Und ich fand ziemlich schnell heraus, dass die Universität Leipzig zum Beispiel in ihrer neuen »Grundordnung« von 2013 ausschließlich das generische Femininum benutzt – beschlossen vom erweiterten Senat, der mehrheitlich aus Männern besteht. Sollten die greisen Hochschuldiener etwa moderner sein als ich?

Als Nächstes fand ich eine Studie von 2015 mit 591 Grundschulkindern aus Deutschland und den Niederlanden. Daraus geht hervor, dass sich Mädchen viel eher vorstellen können, einen typischen Männerberuf zu ergreifen, wenn die Berufe in geschlechterneutraler Weise vorgestellt werden (»Ingenieure und Ingenieurinnen«). Bei den Jungs ist es übrigens ähnlich, sie haben ein größeres Interesse an einem klassischen Frauenberuf, wenn die männliche und die weibliche Form benutzt wird (»Erzieherinnen und Erzieher«).

Ich habe sicherheitshalber noch mal eine Umfrage bei unserer Tochter gemacht. Als ich sie fragte, an wen sie denke, wenn ich sage: »Die Lehrer an deiner Schule«, antwortete sie: »Herr Klaus, Herr Holzner, Herr Probst ...« Und bei »Die Lehrerinnen und Lehrer«? Natürlich: »Frau Meier, Frau Felske, Herr Klaus, Frau Nolte ...«

Für mich ist also inzwischen völlig klar, dass ich nicht einfach nur die männliche Form benutzen will. Denn ich möchte, dass meine Tochter Pilotin werden kann oder Astronautin oder KFZ-Mechanikerin oder Boxerin. Und dass sie sich all das zutraut. Damit war ich immerhin einen halben Schritt vor dem Duden, der hat erst 2021 beschlossen, dass 12 000 Berufsbezeichnungen nicht mehr automatisch Frauen mitmeinen. Ein »Arzt« ist also immer ein Mann, eine Frau wäre eine »Ärztin«.

Nun ist es noch halbwegs akzeptiert, sich immer um die Nennung der weiblichen Form zu bemühen. An das »Liebe Zuschauerinnen und Zuschauer in Deutschland, Österreich und der Schweiz« kann man sich schnell gewöhnen und wenn man im Notfall »Ist hier ein Arzt im Raum?« ruft, dann würde sich keine Notfallmedizinerin weigern, Erste Hilfe zu leisten. Aber kommen wir jetzt zu den spannenden Formen des Genderns: Genderstern, Gender-Gap und Neutralisierung.

Neutralisierung ist hier noch die harmloseste Form, es meint die Benutzung von Begriffen, die keine männliche oder weibliche Endung haben: Zuhörende, Studierende, Lehrende etc.

Dagegen führt allein die Erwähnung des Gendersterns bei vielen Männern zu Potenzverlust, Weißglut und kreisrundem Haarausfall. Und Männer, die gendern, gelten oft als Latzhosenträger, Weicheier oder Sprachpolizisten. Für ein kleines Sternchen ist das schon ein recht breites Spektrum an Provokationen.

Benutzt man Alternativen zum Genderstern, wie den Doppelpunkt (»Fußballspieler:innen«) oder den Unterstrich (»Politiker_innen«) sieht das in gedruckten Texten stellenweise unauffälliger aus, gesprochen landet man beim selben Phänomen: dem Glottisschlag, der kurzen Pause zwischen den Wortteilen. Wie zum Beispiel in: »Spiegelei«.

Mit Genderstern, Doppelpunkt und dem Glottisschlag

habe ich es ähnlich gehalten: Ich habe sie in Diskussionen gern verteidigt. Und nie benutzt. Ich war sozusagen theoretischer Feminist. Das Blöde ist nämlich: Es ist viel leichter, seine Meinung zu ändern als sein Verhalten.

Meine Frau war da bereits weiter, sie benutzte den Glottisschlag schon, als ich dachte, der Genderstern sei irgendein Humbug aus dem Film »Traumschiff Surprise«. Beeindruckt oder mitgerissen hat mich ihr Elan allerdings nicht. Ich habe mich vielleicht doch noch unbewusst dagegen gewehrt, von alten Privilegien und Gewohnheiten loszulassen. Tatsächlich ist es so: Viele Männer fühlen sich laut psycholinguistischer Studien schon benachteiligt, wenn beide Geschlechter genannt werden. Das kann man sich vorstellen wie bei einem Jungen, der Einzelkind ist: Süßigkeiten, Liebe der Eltern, Aufmerksamkeit, Spielsachen – alles meins. Und dann bekommt er plötzlich eine Schwester und soll alles teilen. Die logische Reaktion: »Ich geb' nix ab!«

Mein Umdenken kam beim »Heute Journal«. Als ich vor zwei Jahren gerade dabei war, in die erste Schlafphase abzugleiten, stieß mich meine Frau plötzlich an:

»Hast du das gehört?«

»Hmmmmmmpf.«

»Hast du das gehööööhööört?«

»Ja, ich gehe, welches Kind hat gerufen?«

»Nicht Kind, da im Fernsehen!«

»Oje, was is' passiert?«

»Claus Kleber!«

»Claus Kleber?? Tot??«

»Nein! Er hat gegendert!«

»Ach du Scheiße!«

Mein Körper reagierte mit spontanem Schutzschlaf. Am nächsten Morgen dämmerte mir: Der Mann ist 65 Jahre alt und fast in Rente. Er bekommt das hin – dann sollte ich es auch schaffen. Zumal ich mir dann noch eine der vielen Gender-Umfragen angesehen habe. 2021 belegte eine RTL-Umfrage mal wieder, dass einer Mehrheit der Deutschen das Thema »gar nicht wichtig« ist. Aber: Sah man genauer hin, stellte man fest: Für 18- bis 29-Jährige ist es durchaus relevant (73 Prozent), für 39 Prozent von ihnen ist es sogar »wichtig« oder »sehr wichtig«. Mit anderen Worten: Das Gendern wird sich auf lange Sicht ohnehin in irgendeiner Form durchsetzen, wenn ich gleich damit anfange, wirke ich vielleicht automatisch viel jünger. Und das ganz ohne Faltencreme und Hipster-Hosen!

Das Schlimme ist: Damit hat die Arbeit begonnen. Denn natürlich muss ich ganz viel lernen. Zum Beispiel neue neutrale Begriffe (Lehrkräfte statt Lehrer, Fachkräfte statt Facharbeiter, Team statt Kollegen, medizinisches Personal statt Ärzte und Schwestern ...). Und natürlich an die Sprechpause zu denken.

Seien wir ehrlich: Ich denke aktuell am Tag vielleicht dreimal daran. Manchmal bin ich dann selbst so überrascht, dass ich gleich noch mal eine längere Pause mache, mich stolz umblicke und auf Beifall von meiner Frau warte. Der kommt dann nur sehr selten, aber das ist okay. Ich habe auch nie applaudiert, wenn sie sich beim generischen Maskulinum mitgemeint fühlte.

Ja, es sind nur wenige lichte Momente, die ich in Sachen Gendern bisher erlebe. Aber ich sage mir: Das ist wie mit dem neuen Rasen. Nach vier Wochen sieht man lediglich ein paar einzelne, dünne Grashalme, aber wenn man sie hegt und pflegt, werden es immer mehr – und nach drei Monaten ist alles grün.

Ich meine: Echte Männer schaffen das. Wir haben schon eine Rechtschreibreform überlebt, wir haben das »Fräulein« aus dem Sprachgebrauch gestrichen, wir gewöhnen uns in Minuten an neue Begriffe wie »Uploadfilter« und »abkippende Sechs«, wir können uns vierstellige Passwörter merken, wir finden die Sternchen in »F*** you« ganz sinnvoll und haben die Wonnen des generischen Maskulinums ein paar Jahrzehnte angenehm ausgekostet. Da kann man ruhig mal wieder was Neues probieren.

Und bitte keine Angst vor Verweiblichung – Sie können mir glauben, ich habe es selbst ausprobiert: Wenn Sie die Wörter »Kolleg*innen« oder »Politiker*innen« mit kleiner Sprechpause zu Hause vor dem Spiegel üben, dann schauen Sie ruhig mal an sich herunter. Kaum zu glauben, aber: Ihr Penis wird noch da sein!

MANSPLAINING: Wenn Sie sich fragen: Mansplaining, was ist das denn? Keine Sorge ich erkläre es Ihnen.

Damit ist auch schon alles gesagt: Mansplaining ist ein sogenanntes englisches Kofferwort aus »man« (Mann) und »explaining« (erklären). Gemeint ist der fatale Hang von Männern, Frauen die Welt zu erklären. Und damit so zu tun, als seien sie die exklusiven Besitzer von Wissen und Klugheit. Bekannt gemacht wurde der Begriff von der Amerikanerin Rebecca Solnit. Sie beschreibt, wie ein Mann ihr auf einer Party ein Buch über das Fotografieren anpries und ausführlich referierte, warum sie genau dieses Buch gelesen haben müsse. Sie kam gar nicht zu Wort sonst hätte sie ihm gesagt, dass sie die Autorin des Buchs ist.

Als Mann hielt ich Mansplaining lange für die übliche Form der Unterhaltung. Unter Männern ist es vollkommen normal, dass man möglichst schwungvoll und energisch über ein Thema spricht, von dem man vorgibt, Ahnung zu haben (ETFs, Dreierkette, Wirecard-Skandal, Kriegsführung, Star Wars ...). Das macht man möglichst laut, raumgreifend und ohne Pause, denn man muss immer damit rechnen, dass sofort ein anderer Mann die Gelegenheit nutzt, in die winzige Lücke springt, den Redefluss unterbricht und seinerseits eine Lawine von Weisheit lostritt.

Das macht es so verblüffend für Jungs, wenn Sie erstmals mit einem Mädchen kommunizieren: Es kann passieren, dass der Gesprächspartner zuhört. Diese Verwirrung und Verunsicherung muss man erst mal ertragen, meist überspielt man sie, indem man einfach sinnlos weiterredet. Oder für immer verstummt.

Wie ich es mit Mansplaining halte? Naja, bis zu dieser Stelle im Buch haben Sie schon über 200 Seiten Mansplaining hinter sich. Ja, vielleicht neige auch ich ein wenig dazu, die Welt erklären zu wollen. Aber im Alltag nicht unbedingt. Denn ich habe ja eine Frau. Und die weiß nicht nur sehr viel, sie weiß vieles sogar besser als ich.

Sie weiß zum Beispiel sehr genau, was Mansplaining ist und stößt uns hin und wieder darauf. Zum Beispiel neulich.

Wir saßen am Esstisch beim Frühstück und ich

brauchte die aktuelle Schlafanzug-Größe unserer Tochter. Ich fragte sie: »Kannst du mal nachsehen, wie groß dein Pyjama ist?«

Sofort meldete sich unser Sohn zu Wort: »Das findest du hinten auf diesem kleinen Schild am Rücken.«

Auftritt meiner Frau: »Hey, das ist Mansplaining!«

Ich wollte unseren Sohn ein wenig vom Sexismus-Verdacht entlasten und warf ein: »Vielleicht ist das auch einfach nur Splaining?!?!« Aber er wehrte sich schon selbst: »Mama, du erklärst doch auch immer alles. Was du machst ist Womansplaining!«

Meine Frau: »Nee, was ich mache, ist auch Mansplaining. Da bin ich auch ein alter weißer Mann.«

Sohn: »Du? Aber du bist doch ...«

Meine Frau: »Auch Frauen können alte weiße Männer sein.«

So, was lernen wir durch diesen kleinen Dialog? Zunächst mal: Die Neigung zum Splainen ist in unserer Familie asymmetrisch verteilt. Meine Frau und unser Sohn wissen viel und erklären gern. Unsere Tochter und ich wissen vielleicht auch viel, haben aber weniger missionarischen Eifer.

Was lernen wir noch? Selbst ich bin manchmal genervt davon, jedes Verhalten durch Geschlechterklischees zu begründen.

Und schließlich: Frauen können ebenfalls alte weiße Männer sein. Ich habe kapiert: Offenbar steht der Begriff auch situativ als Synonym für eine Geisteshaltung – und nicht ausschließlich für Alter, Geschlecht, Hautfarbe. Man ist also nicht dazu verdammt, bis zum Lebensende ein alter, weißer Mann zu sein.

Vielleicht wollen Sie ja selbst gerade weg vom Mansplaining?

Dann gibt's hier ein paar Tipps: Bevor die Weisheit eruptiv aus Ihnen herausbricht wie Lava aus dem Ätna, fragen Sie sich zunächst: Wurde ich wirklich um die Informationen gebeten? Sage ich das hier als Hilfe für den anderen oder eigentlich eher als Hymne auf mich selbst? Und: Angenommen, mein Gegenüber wäre mein nerviger Onkel und nicht die neue Kollegin aus der Personalabteilung – würde ich dasselbe sagen wie jetzt gerade?

Wenn Sie danach immer noch Lust haben, Ihr immenses Wissen zum Beispiel bei einer Dinnerparty zu teilen – dann tun Sie es. Aber achten Sie weiterhin auf dezente Signale. Wenn Ihr Gegenüber gähnt, häufig auf die Uhr schaut oder einen Kreislaufkollaps simuliert, dann halten Sie kurz inne, leisten – wenn nötig – Erste Hilfe und beginnen dann einen neuen Vortrag über Achtsamkeit, gesunde Ernährung und Meditation.

MANSPREADING: Manspreading, gespreizte Männer, das bezieht sich natürlich auf die bevorzugte Sitzhaltung von Herren: Beine breit, der ganze Körper ausladend hingefläzt auf zwei bis drei Sitze.

Das kann schon ziemlich aufdringlich wirken, in New York wurde breitbeiniges Sitzen in öffentlichen Verkehrsmitteln daher schon 2017 untersagt, Madrid zog kurz darauf nach. Klar, wenn der spanische Mann seine Cojones in knallengen Torero-Höschen spazieren fährt, will nicht jede Frau zum Hingucken genötigt werden. Aber Regeln und Gesetze gegen breitbeinig sitzende Männer – braucht man das echt?

Wir Männer sind ja für das Sitzen mit extrem zusammengepressten Beinen anatomisch nicht perfekt ausgestattet. Und die Wellenbewegungen der Mode machen es einem auch nicht immer leicht. Der große Boom der Boxershorts in den 90er-Jahren war ein echter Akt der Befreiung – die Freiheit wurde aber ein paar Jahre später vom Comeback der Röhrenjeans prompt wieder zunichte gemacht.

Was kann man also tun, wenn die Körpermitte ein bisschen Freiraum braucht?

Wenn Sie zu Hause sind, haben Sie natürlich freie Auswahl. Sie können so breitbeinig sitzen, dass Sie eine 10,0 für einen gelungenen Spagat bekommen, Sie können mit der Hand in die Buxe greifen und alles artgerecht sortieren, Sie können sich auch auf den Kopf stellen und checken, ob alles noch den Gesetzen der Schwerkraft gehorcht. In der Öffentlichkeit sollten Sie all das vermeiden.

Sie müssen natürlich nicht immer mit keusch übereinander geschlagenen Beinen in der U-Bahn sitzen, ein wenig Spreizung ist schon möglich. Denn breitbeiniges Sitzen ist nicht gleich breitbeiniges Sitzen. Entscheidend ist die Frage: Sitzt da einfach ein entspannter Typ, der seinen kleinen Mann in der U-Bahn nicht absterben lassen will oder ist das ein Macho-Obermacker mit Dicke-Hose-Attitüde, bei dem die ganze Haltung sagt: Guck' mir auf den Sack!

Maßgebend ist dabei der Spreizungswinkel. Beträgt der Winkel zwischen den ausgestellten Oberschenkeln weniger als 50 Grad, haben Sie einfach nur einen entspannten, selbstbewussten Mann vor sich. Bei 50 Grad oder mehr: einen selbstverliebten Trottel – möglicherweise mit schweren Komplexen. Es gilt die Regel: Je größer der Spreizungswinkel, desto höher die Wahrscheinlichkeit, dass er seinen Penis für zu klein hält.

Halten Sie den Winkel also akribisch unter 50 Grad, das ist auch die Innentemperatur für die Intimzone, die Sie nicht überschreiten sollten. Wenn es doch mal zu warm und zu eng wird: Stehen Sie einfach auf und gehen ein paar Schritte. Oder steigen Sie an der nächsten Station aus und stellen sich in den Fahrtwind an der U-Bahn-Treppe. Oder nehmen Sie einfach mal das Handy aus der Hosentasche, ein glühender Akku wenige Zentimeter neben ihrem Gemächt ist so sinnvoll wie eine Höhensonne neben der Adventskerze.

Und kaufen Sie Ihre Hosen um Himmels Willen endlich wieder in einer Größe, die Ihnen passt und nicht in einer Größe, in die Sie gern passen würden. Habe ich auch gemacht, und kann sagen: Man hat auch gleich eine gesündere Gesichtsfarbe.

MÄNNER, WIR KÖNNTEN
DIE WELT RETTEN!

Kommt ein Mann in ein Restaurant. Sagt zum Kellner: »Sie haben ja gar kein Fleisch auf der Karte.«

»Nein, wir sind ein vegetarisches Restaurant. Was hätten Sie denn gern?«

»Ein Taxi!«

Ja, die Wahrheit kann so lustig sein. Männer essen Fleisch – sonst ist's kein Essen. Kleine Idee für eine Mutprobe: Bestellen Sie in einer Männerrunde mal eine leichte Suppe und den Rauke-Salat.

Es gibt auch belastbare Studien dazu: Neunzig Prozent der jungen Männer essen vier- bis sechsmal pro Woche Fleisch, insgesamt über ein Kilogramm und damit fast doppelt so viel wie Frauen. In jedem Fall deutlich mehr als die empfohlenen 300 bis 600 Gramm.

Warum Männer so sehr auf tote Tiere stehen? Die wissenschaftliche Erklärung: Fleisch war lange ein Statussymbol, das Kraft, Wohlstand und männliche Dominanz signalisierte. Bei mir persönlich liegt's auch an der Familiengeschichte. Da meine Mutter in einer Fleischerei gearbeitet hat, wäre Vegetarismus als Fahnenflucht geächtet worden, als Verleugnung der eigenen DNA oder gleich als Familienschande.

Ich kann also vollkommen nachvollziehen, dass Männer durch ihr Konsumverhalten im Schnitt 18 Prozent mehr klimaschädliche Emissionen produzieren als Frauen. Die Zahl basiert auf einer Studie aus Schweden, daraus geht hervor, dass Männer ihr Geld auch zu einem vergleichsweise höheren Anteil für Benzin, Diesel, Alkohol und Tabak sowie für Restaurantbesuche ausgeben. Kurz gesagt: Männer gehen mit den Ressourcen verschwenderischer um als Frauen. Und eine Schweizer Studie hat festgestellt, dass Frauen im Haushalt fünfundzwanzig Prozent weniger Strom verbrauchen als Männer. So richtig erklären konnten sich die Forscher*innen das nicht. Ich kann ihnen helfen: Frauen machen das Licht aus. Ist wirklich so: Männer schalten die Lampen an, Frauen schalten sie aus.

Bei uns zu Hause ist es genauso: Meine Frau ist der härteste Lampen-Cop der Welt. Keine noch so kleine Lichtquelle ist vor ihr sicher, unnötig brennende Birnen werden konsequent ausgeknipst. »Spart Energie und Geld«, sagt sie. Und das unterstütze ich.

Aber manchmal möchte ich ja nur kurz was aus dem oberen Stockwerk holen – und lasse dann eben für einen Moment das Licht brennen. Oder ich muss ohnehin gleich wieder zurück in die Küche zum Teewasser. Doch ich werde sofort ertappt. »Ist da in der Küche noch Licht?« Ja, ist es natürlich.

Sie ist so schnell, dass ich den Raum manchmal nicht ganz verlassen habe, da macht es schon »Klick« – Licht aus. Wenn ich mich beschweren will, dass ich doch noch gar nicht vergessen habe, das Licht auszuknipsen, kontert sie: »Aber du wolltest es gleich vergessen.« Und ich fürchte, dass sie gar nicht so falsch liegt.

Ich habe schon Sorge, ob wir bald alle mit Stirnlampen durchs Haus gehen, um jede unnötige Berührung des Lichtschalters zu vermeiden. Dabei hat meine Frau in der Sache vollkommen recht. Die letzte Stromrechnung zeigte schließlich: dicke Nachzahlung, Sparen ergibt also Sinn.

Keine Frage, meine Frau ist die Greta Thunberg der Familie. Sie isst immer mal wieder einen Monat kein Fleisch, sie denkt beim Brotkauf an ihren wiederverwendbaren Leinenbeutel, sie meidet Plastikverpackungen und dank ihr kennen nur die älteren Familienmitglieder bei uns zu Hause noch Alufolie. Sie fährt nach Möglichkeit Fahrrad und um Abwaschwasser zu sparen, trinkt sie Bier direkt aus der Flasche. Sie hat Kühe weitgehend arbeitslos gemacht, weil sie ihren Kaffee mit Hafermilch weißt und bei ihren Arbeitskollegen ist sie berüchtigt für ihre lückenlose Argumentation über die Nutzlosigkeit von Einwegbechern.

Dazu kommt: Sie hat bei ihrem Kampf gegen den Klimawandel mittlerweile zwei tatkräftige Mitstreiter: unsere Kinder. Die wurden schon früh durch »Pur plus« im Kinderkanal sensibilisiert. »Pur plus« ist so etwas wie früher »Löwenzahn« – eine Kinder-Wissenssendung, jetzt aber mit einem hippen Moderator. Da haben die beiden gelernt: Wenn wir die Welt vor dem Klimakollaps retten wollen, dürfen wir als vierköpfige Familie pro Woche maximal 110 Kilo CO_2 in den Weltraum blasen. Seitdem wird gespart, vor allem an Strom (Licht aus!) – aber leider nicht an guten Ratschlägen: »Margarine verursacht weniger CO_2 als Butter!«, dozieren die Kinder am Esstisch. Oder: »Fleisch verursacht am meisten CO_2.« Und: »Warum haben wir kein Elektro-auto?«

Die familieninterne Umweltbehörde greift schon bei kleinen Vergehen knallhart durch. Wenn ich mal wieder aus Versehen eine Plastiktüte in der Hand halte, tönt es von den Kindern synchron: »Eins, zwei, drei – Umweltsau!« Und meine Frau klatscht dazu im Takt.

Die beiden kleinen Klimakommissare gehen selbst mit leuchtendem Beispiel voran. Sie sind jederzeit bereit, den Gang in die Badewanne mal auszulassen. Das Shirt von gestern noch mal anziehen? Gern. Ist Zähneputzen nicht Wasserverschwendung? Und Mango ist doch auch irgendwie heimisches Obst, oder? Immerhin: Unser Sohn isst gern Salat und manchmal Gemüse, fährt meist Fahrrad, kennt die naturwissenschaftlichen Zusammenhänge des Klimawandels besser als 98 Prozent der erwachsenen Erdbevölkerung. Alarmierend ist allerdings: In seinem Kinderzimmer haben sich mehrere Kilo Plastikmüll abgelagert (Lego Ninjago). Und wenn ich mit Hinweis auf den Stromverbrauch seine Spielzeit auf der Nintendo Switch eindämme, ist aber richtig dicke Luft.

Unsere Tochter knipst mit rührender Zuverlässigkeit jede Lampe hinter sich aus, war sogar mal zwei Stunden Vegetarierin (dann wieder voll auf Wurst, sie hat eine schwere Abhängigkeit von Salami Mailänder Art). Ihr Kompromiss: kein Fleisch von Babys – Lamm und Kalb sind daher raus. Sie hat außerdem ein klares Mobilitätskonzept: »Wenn ich groß bin, kaufe ich ein Elektroauto!« Würde sich bis dahin am liebsten per Pferd fortbewegen (wie »Bibi & Tina« ...).

Und meine Klimabilanz? Ist eigentlich auch gar nicht

so schlecht: Ich bin seit dreißig Jahren im Schulstreik, bewege mich neun Monate im Jahr überwiegend per Fahrrad statt mit dem 17 Jahre alten Volvo V 50. Wir haben schon vor vier Jahren den Stromanbieter gewechselt (hundert Prozent Ökostrom!), und haben seit drei Jahren keinen Auslandsurlaub gemacht. Ja gut, die Pandemie war da motivationsfördernd. Ich dusche kalt, schleppe mich nicht mehr mit überteuerten Sprudelkisten ab, das ist auch besser für meinen Rücken – Trinkwasser gibt's jetzt aus dem Hahn. Und ich arbeite an einer ähnlichen Lösung für Bier.

Meine größten Schwächen: Ich vergesse ständig die Leinenbeutel für den Bäcker, allein mit den Einweg-Papiertüten, die ich deswegen schon mitgenommen habe, könnte man das Ozonloch über der Antarktis stopfen. Auch die Sache mit dem Licht lässt mir keine Ruhe. Ich habe recherchiert, ob beim Aus- und Einschalten nicht viel mehr Energie verbraucht wird, als wenn man ein paar Minuten brennen lässt. Tatsächlich: Glühlampen verbrauchen kurzzeitig siebenmal mehr Energie als im Dauerbetrieb (macht sich im Stromverbrauch aber nicht bemerkbar). Energiesparlampen nach dem Anknipsen so viel wie beim drei- bis fünfminütigen Betrieb. Und eine LED-Lampe – der ist das wurscht. Heißt: Checken Sie erst mal akribisch, welche Birne Sie eingeschraubt haben, und entscheiden dann, ob Sie beim Verlassen des Raums ein schlechtes Gewissen haben sollten.

Mit meiner kleinen Doktorarbeit zum Thema Glühbirnen habe ich meine Frau leider nicht weiter beeindruckt. Im Gegenteil: Da wir überwiegend LED-Lampen im Haus haben, ist Ausschalten oberste Bürgerpflicht. Ich versuche aktuell, die Anzahl meiner achtlos brennen gelassenen Birnen auf unter drei pro Tag zu drücken. Vielleicht darf ich dann bald eine Scheibe Salami extra.

Ach ja, apropos Salami: Den Fleischkonsum haben wir auch reduziert, seit meine Frau beschlossen hat, Fleisch nur noch beim Metzger zu kaufen. Das kann man sich nur einmal die Woche leisten, es gibt dadurch eine natürliche Begrenzung. Und seit meine Frau mir das Supermarkt-Regal mit den vegetarischen Wurstwaren gezeigt hat, ergeben sich auch da ganz neue Möglichkeiten, tierische Produkte zu reduzieren. Die Kinder probieren sich gerade durch eine völlig neue sensorische Palette von veganer Paprika-Lyoner (Note 1) über vegetarische Leberwurst (geht so) bis zu veganen Chicken Wings (den Unterschied merkt unter einem Viertelliter Ketchup ohnehin kein Mensch).

Und auch ich lerne täglich dazu. Als Auszubildender in der Klimabranche habe ich in den letzten Jahren erfahren: Der Geschirrspüler ist ökologischer als Handspülen. Die Bananenschalen müssen von den kleinen Bio-Aufklebern befreit werden, bevor sie im Kompost landen. Teebeutel gehören nicht in den Biomüll. Die kompostierbaren Müllbeutel kompostieren sich erst nach Jahren – und sind daher: Bäh. Klamotten mit Polyesteranteil kann man für die Wäsche in Mikroplastik-Auffangbeutel stecken, damit die Plastikpartikel nicht im Grundwasser landen.

Sie sehen: Es gibt immer etwas zu verbessern. Und das alles ist nicht nur gut für die Natur, sondern auch für die eigene Gesundheit. Neulich zum Beispiel kam ich nach Hause und auf der Treppe standen mein Duschgel und meine Gesichtscreme. Sollte das ein dezenter Hinweis sein, beides öfter zu benutzen? Ich fragte den Menschen, der es wissen musste, ich fragte meine Frau:

»Äh, warum stehen die hier? Haben sie was ausgefressen?«

»Oh ja, das kann man sagen! Es ist ein reines Wunder, dass du noch lebst!«

Die Erklärung: Meine Frau hatte eine neue Smartphone-App, mit der man den Barcode von Kosmetikprodukten scannen kann und die dann anzeigt, welche Inhaltsstoffe bedenklich sind. Im Fall der Gesichtscreme zeigte sie: fünf sehr bedenklich, acht bedenklich, drei leicht bedenklich, drei hormonell wirksam. Klar, dachte ich im ersten Moment: Der ganze Spuk kann auch Spuren von akuter Hysterie und galoppierendem Blödsinn enthalten.

Was sollten diese ganzen Warnungen heißen? Zum Beispiel: »enthält Palmöl«. Meine Frau erklärte mir: Regenwälder in Indonesien und Malaysia werden dafür abgeholzt, das ist gefährlich für die Biodiversität.

Okay, schwierige Abwägung: mehr Regenwürmer in Indonesien oder weniger Falten bei mir? Sagen wir mal so: Die Regenwürmer sehe ich nicht jeden Morgen im Spiegel.

Aber dann, nächster Inhaltsstoff: »CI 15985« – verbessert den Hautton. Und ist krebserregend. Autsch! Noch schlimmer ist »Ethylhexyl Methoxycinnamate« – das schützt vor UV-Licht. In Tierversuchen gab es aber Veränderungen der Geschlechtsorgane. Bitte?!?! Ich lud mir die App auch runter und scannte jetzt selbst weiter. Und fand: Mikroplastik, Erdöl – und Butylparaben. Butylparaben?!?! Ich googelte und erfuhr: mögliche Nebenwirkung ist ein »Rückgang der Spermienqualität«.

Ich habe mir jahrelang Zeug ins Gesicht geschmiert, das die Spermien in Tiefschlaf versetzt und die Geschlechtsorgane am Ende aussehen lässt wie ein indonesischer Regenwurm?

Meine Konsequenz war radikal: Weg mit dem Zeug, alles ersetzt durch Naturpflege-Gedöns. Vielleicht habe ich jetzt einen Hauch mehr Falten. Aber dafür auch ein besseres Karma und eine optimierte Ökobilanz. Fazit: Es ist nicht klimaschädlich, wenn einem ein Licht aufgeht. Und man muss es auch nicht wieder ausschalten.

MÄNNER BRAUCHEN MÄNNER-ZEIT. ABER WOFÜR?

Früher gingen Männer in den Keller und bauten an ihrer Modelleisenbahn. Sie hatten Zeit für sich (ihre Frauen auch …), haben mit ihren Händen etwas geschaffen und kamen glücklich zurück. Und ich habe das Gefühl, dass Hobbys gerade ein Comeback feiern.

Die gerade ins Berufsleben startende Generation hat wieder ein ausgeprägtes Bewusstsein für eine gesunde Work-Life-Balance. Meine Generation hatte beim Start ins Berufsleben vor 25 Jahren eher ein ausgeprägtes Bewusstsein für eine Work-Work-Balance. Beruf war gleich Berufung gleich Lebensaufgabe und durfte daher auch das ganze Leben ausfüllen. Hobbys galten als Zeitvertreib älterer Herrschaften, die sich noch nicht genug ausbeuteten, die also die Muße hatten, Briefmarken zu sammeln, historische Schlachten mit Zinnsoldaten nachzuspielen, Ahnenforschung zu betreiben oder irgendetwas im Hobbykeller zu werkeln. Das wollte ich mir für die Pensionierung aufheben, doch eine interessante Freizeitbeschäftigung macht sich auch vorher schon gut. Erstens können Sie im Lebenslauf endlich etwas unter »Sonstige Interessen« angeben und zweitens ist es wieder chic, ein putziges Interesse zu pflegen. Seit ich immer häufiger junge Menschen mit Ballonseide-Jacken und

Dackeln durch die Gegend laufen sehe, habe ich beschlossen, auch meine Vorbehalte gegen spießige Herren-Hobbys aufzugeben und mein Werte-Koordinatensystem bereits vor dem Rentenalter neu zu kalibrieren.

Eine Freizeitbeschäftigung für Männer also, erste Hürde: Familienväter haben keine freie Zeit, denn jede Millisekunde Zeit ist angefüllt mit Verpflichtungen, mit Lohnarbeit, mit Sorgearbeit, mit Planen, Besorgen, Organisieren, mit Kochen, Putzen, Legospielen und was auch immer. Sprechen wir daher von: gestohlener Zeit. Zeit, die Sie mühsam von der Familie abknapsen, mit der Frau ausverhandeln oder sich einfach erschummeln, indem Sie den angeblichen Sockenkauf auf fünf Stunden ausdehnen und auf den Golfplatz fahren.

Zeit ist knapp, und dennoch ist es wichtig, ein Hobby zu haben. Ein Interesse, das Sie nicht zwingend mit Ihrer Frau teilen. Einen Bereich in Ihrem Leben, der ohne Leistungsdruck und Anforderungen reine Freude spendiert. Das ist einerseits gut für die Partnerschaft, weil man sich mal wieder etwas zu erzählen hat, und andererseits gut für die geistige Gesundheit.

Aber was zählt denn überhaupt als Hobby? Gartenarbeit ist im Prinzip kein Hobby, sondern Hausarbeit im Garten. Manche Männer sagen: Meine Kinder sind mein Hobby. Was irgendwie schlau ist, denn so kann man eine Verpflichtung und Verantwortung, die man ohnehin hat, zum Zeitvertreib umdeuten. Aber Sie würden ja auch nicht »Zehennägel schneiden« oder »Steuererklärung machen« als Hobby angeben. Also: Kinder sind kein Hobby. Familie auch nicht. Das Internet ist auch kein Hobby, wir sind alle ständig im Internet. Ebenfalls kein

Hobby: Online-Wetten, das ist eine Sucht. Also: Finger weg! Es sei denn, Sie gewinnen dauernd, aber dann sollten Sie es zum Beruf machen.

Folgende Freizeitbeschäftigungen habe ich ausprobiert und kann Ihnen kompetent Auskunft geben:

RASENPFLEGE: Nein, der Rasen fällt nicht unter klassische Gartenarbeit – Rasenpflege ist ein Kunsthandwerk. Es gibt für mich nichts Schöneres, als durch die Terrassentür zu blicken und diese liebevoll getrimmte grüne Fläche zu sehen. Ich finde es auch toll, Rasen zu mähen. Es bringt ganz schnell ein bisschen Ordnung ins Leben. Wie Bügeln und Fensterputzen. Aber es ist weitaus komplexer.

Ich war auch irrtümlich der Meinung, dass Rasenpflege das einfachste überhaupt sei. Meine Eltern haben ihren Rasen nie gewässert oder vertikutiert oder Löwenzahn ausgestochen. Und trotzdem hatten sie Rasen bis zum Horizont, auf dem ich gebolzt, Laub geworfen und Schneemänner gebaut habe. Bei mir ist das jetzt anders. Ich habe ein Arsenal an Gartengeräten (Rasenmäher, Kantenschneider, Löwenzahnstecher ...), eine Batterie Gartenbücher und ich google ständig Rasenfragen.

Die Anfängerfehler habe ich bereits alle begangen – ich habe zum Beispiel den frisch verlegten Rollrasen so ehrgeizig gewässert, dass ich ihn in das größte Binnenfeuchtgebiet Berlins verwandelt habe. Merke: Wenn Sie bis zum Knöchel im Rasen versinken oder die Nachbarn sich zum Pilzsammeln in Ihrem Garten treffen, läuft was falsch. Oder ich habe schon im März die Nerven verloren und den müde aus dem Winter gekommenen Rasen mit dem Vertikutierer umgepflügt. Das Moos war dann zwar weg, aber die Grashalme auch. Ich habe gelernt: Mit dem richtigen Rasendünger erledigen sich die meisten Probleme von selbst. Nach mehrjähriger Recherche habe ich im Internet ein Wundermittel gefunden, das sauteuer und nur online verfügbar ist. Das Paket hat das Gewicht eines Kampfpanzers und reicht für 1,4 Düngungen. Aber das Zeug ist echt eine Sensation.

Ja, die Rasenpflege erfüllt zwei wichtige Kriterien eines echten Männer-Hobbys: Ich gebe heimlich Geld aus für Dinge, von denen ich meiner Frau nie erzähle und ich schränke den Lebensraum der Familie massiv ein. Das Betreten des Rasens ist nur zwischen April und September gestattet und Ballspiele sind den Kindern nur zwischen zwei und drei Uhr erlaubt. Nachts.

GRILLEN: Ist Grillen wirklich ein Hobby? Am Ende ist es doch nur Nahrungszubereitung. Naja, nicht ganz. Betrachten Sie nur den heiligen Ernst, mit dem Männer es betreiben. Grillen verbindet Gefahr (Feuer!) mit Versorgung (Essen!) und archaischer Männlichkeit (Fleisch!). Und gleichzeitig ist Grillen das Feld für eine offensichtliche Materialschlacht unter Nachbarn. Als wir in unser Haus eingezogen sind, gab es die unausgesprochene Regel, auf der Terrasse zeitnah den Kugelgrill einer amerikanischen Firma aufzustellen. Nach zwei, drei Jahren ersetzten die ersten Nachbarn diese Holzkohlevariante durch einen Gasgrill von der Größe einer Kirchenorgel. Auf dem wird dann von Februar bis November alles gegrillt, was bei mehr als 40 Grad zubereitet werden muss.

Ob das Sinn ergibt, ist völlig unerheblich – das war bei Männer-Beschäftigungen nie eine relevante Frage.

Ich habe so einen Kugelgrill, er war das Geschenk

meiner Frau. Doch es dauerte, bis ich Feuer fing. Bei meinen ersten Grillversuchen dümpelte die Grilltemperatur unter dem Deckel bei schmalen 120 Grad, da hätte ich das Fleisch auch über eine Kerze halten können. Aber solche Schwächen dürfen Sie vor anderen Männern nie gestehen! Wenn sich bei einer Gartenparty spätestens nach einer halben Stunde alle Herren fachsimpelnd um den Grill versammeln, dann sollten Sie ein bis zwei Heldengeschichten über Ihre schönsten Grillerlebnisse parat haben oder nach Hause gehen.

Ich hatte erst nach einer Weile den Dreh raus und schaffte es schließlich, die Kohle auf infernalische Temperaturen hochzuheizen. Das Fleisch habe ich dann konsequent so lange auf dem Grill gelassen, bis es die Konsistenz von Dörrfleisch hatte. Es hat Jahre gedauert, bis ich gelernt habe, Fleisch rechtzeitig vom Grill zu nehmen. Es gilt die Regel: Wenn ich es noch für halbroh halte, ist es für meine Frau perfekt. Fazit: Grillen ist eigentlich kein Hobby, sondern eine männliche Kernkompetenz. Sie können sich nicht aussuchen, ob Sie es können wollen. Sie müssen.

AUTO: Wenn Sie in Berlin Auto fahren, brauchen Sie eine Menge Humor. Und eine Rechtsschutzversicherung. Denn in der Hauptstadt ist der Straßenverkehr ein weitgehend rechtsfreier Raum, in dem nur eine Regel gilt: Der Stärkere setzt sich durch. Es würde mich wirklich nicht wundern, wenn Charles Darwin seine Evolutionstheorie im Auto zwischen Kottbusser Tor und Hermannplatz entwickelt hätte.

Eigentlich also ein idealer Tummelplatz für ungebremste Männlichkeit. Aber: Ich bin kein leidenschaftlicher Autofahrer. Für mich sind Autos Gebrauchsgegenstände, die erotische Beziehung mancher Männer zum PKW habe ich nie nachvollziehen können. Und: Fahren in der Stadt finde ich stressig, Fahren auf der Autobahn finde ich langweilig. Für meine Frau dagegen beginnt der Spaß erst, wenn sie den Wagen auf mindestens drei Spuren voll ausfahren kann. Sparen Sie sich jetzt ruhig sämtliche Witze. Meine Frau fährt wirklich gut. Ein bisschen schnell vielleicht. Aber sie hat früher gern Formel 1 geguckt.

Meine Talente liegen auf dem Beifahrersitz, da kann ich meine Nervenstärke voll ausspielen. Ich bete zwar manchmal still, wenn die Tachonadel bei dem alten Volvo Richtung 190 zittert und wir eingepfercht in einer Blechbüchse Richtung Nirvana rasen. Aber ich gebe mir nie die Blöße, erschrocken die Luft durch die Zähne zu saugen oder mich an den Haltegriff zu klammern.

Unsere Aufgabenverteilung ist wirklich top, ich schimpfe als Co-Pilot sachte mit den Kindern, wenn sie Kekskrümel und Leberwurstbrote auf der Rückbank verteilen, und kümmere mich um die Navigation, während meine Frau sich fragt, was diese Schilder mit der 120 in der Mitte bedeuten. Eine echte Freizeitbeschäftigung ist das Beifahren nicht unbedingt, eher eine notwendige Maßnahme zum Überleben der Familie. Als meine Frau das letzte Mal navigierte, suchten wir einen Campingplatz bei Melbourne – und endeten mit dem sieben Meter langen Wohnmobil im schicken Bankenviertel.

TANZEN: Ist Tanzen ein Männer-Hobby? Sagen wir mal: Es ist ein Ehemänner-Hobby. Ich habe meiner Frau tatsächlich mal einen gemeinsamen Swing- und Charleston-Tanzkurs geschenkt. Sie hatte ihn sich über zehn Jahre gewünscht – und irgendwann bin ich eingeknickt, ich wusste einfach keine anderen Geschenke mehr.

Dabei bin ich schwer traumatisiert. Als Junge vom Land habe ich mit 15 Jahren den üblichen Dorf-Tanzkurs machen müssen. 60 pubertierende Ostwestfalen saßen im Kreis in der Kleinstadtstadthalle. Und der ständig tänzelnde Tanzlehrer in Bundfaltenhose ließ seinen Blick über die pickelige Jungsriege wandern und fragte mit seifiger Stimme, wer denn mal als Erster eine Dame auffordert. Vor 59 anderen. Er schritt die Reihe ab wie der zynische Chef eines Erschießungskommandos und das Todesurteil traf – mich! Auf dem zwanzig Meter langen Weg durch den Raum waren meine einzigen Ziele, nicht zu stolpern und nicht zu kollabieren und rechtzeitig vor einem Mädchen zu stoppen. Es war die Hölle. Vielleicht haben Sie jetzt eine Ahnung davon, was es für mich bedeutet, einen Tanzkurs zu schenken.

Und was passierte, als ich jetzt meiner Frau einen Tanzkurs und damit meinen letzten Rest Selbstachtung auf dem Silbertablett servierte? Ich wurde plötzlich ein Star. Zumindest bei einigen Frauen in der Nachbarschaft. Denn ich habe nicht nur einen Tanzkurs geschenkt, sondern auch gleich noch die Babysitterin für die betreffenden Tage organisiert. Damit hätte ich im Prinzip sofort abtreten können, denn mehr Ruhm konnte ich aus der Sache nicht ziehen. Dummerweise musste ich noch tanzen.

Und dabei habe ich alle Fegefeuer der synchronen Körperertüchtigung durchlaufen: Frauen, die sich nicht führen lassen wollen (die anderen, nicht meine). Schrittfolgen, für die der männliche Körper nicht gebaut wurde. Partnerwechsel ohne Erbarmen. Warme Hände auf verschwitzten Rücken. Entlarvende Ermahnungen der Tanzlehrer. Und das Ganze vor deckenhohen Spiegeln.

Dazu kam die soziale Isolation. Die Männer der Nachbarinnen waren irgendwie nicht so begeistert wie ihre Frauen. Nach drei Bier auf dem Sommerfest musste ich mir anhören: »Du verdirbst die Preise.« Ich versuchte daraufhin, so zu tun, als sei Tanzen für mich eine elende Quälerei. Vergeblich. Denn wenn man erst mal drei Figuren ohne emotionale oder körperliche Verwicklungen überstanden hat, ist das Triumphgefühl unbeschreiblich. Aber das würde ich nie zugeben.

LESEN: Ein Mann mit Buch, das ist so exotisch wie ein Politiker mit Selbstzweifeln. Sagen auch Statistiken: Jede zweite Frau liest mehrmals pro Woche in einem Buch, aber nur 27 Prozent der Männer. Natürlich können Männer lesen, aber dann lesen sie selten Romane. Sie lesen E-Mails, SMS, Handbücher, Fachliteratur, Magazine. Bester Satz aus meinem (männlichen) Bekanntenkreis dazu: »Lieber einen schlechten Film als ein gutes Buch.«

Ich habe zwar immer gern gelesen, aber das Niveau meiner Bücher ist in den letzten Jahren auch eher gesunken. Statt James Joyce lese ich jetzt skandinavische Krimis. Es muss halt was passieren. Mit zwei Kindern, einer Frau und den anderen Verpflichtungen schaffe ich abends nur noch zehn Seiten und die lese ich meist zweimal, weil meine Augenlider zwischendurch zuklappen wie eine Behördentür am Freitagmittag.

Interessant dabei: Wenn Männer so wenig lesen,

warum schreiben sie dann siebzig Prozent aller Bücher? Ist das unser Drang, die Welt erklären zu wollen? Gedrucktes Mansplaining? Oder wollen wir einfach lesenden Frauen imponieren? Dass Literatur nicht der schlechteste Weg ins Herz einer Frau ist, ist ja kein Geheimnis. Von der Schriftstellerin Siri Hustvedt ist der schöne Satz überliefert: »Es gibt nichts Besseres, als mit einem guten Buch ins Bett zu gehen – oder einem Freund, der eines gelesen hat.« Und notfalls tut's auch der eigene Mann.

GOLF: Es ist schon fünfzehn Jahre her, da wollten alle Kollegen plötzlich Golf spielen. Männer in ihren Dreißigern, smarte Typen. Sprachen nur noch über die besten Golfkurse rund um Berlin, über Eisen, Hölzer, Bälle, Schwünge. Die üblichen »Hast du noch Sex oder spielst du schon Golf?«-Klischees perlten an ihnen ab wie an einem Lotusblatt. An mir perlte die Golf-Leidenschaft ab. Dabei gibt es durchaus Argumente, die einen modernen Mann ansprechen könnten: Bewegung in der Natur, Verlangsamung, Konzentration. Und natürlich die vier Weizenbier auf der Clubhaus-Terrasse. Allerdings: Mit den zwei Stunden Autofahrt zur An- und Abreise war mein Kontingent an gestohlener Familienzeit für die Woche bereits aufgebraucht. Da blieb einfach keine Zeit mehr für Golf und nur noch für maximal ein Weizenbier.

HANDYSPIELE: Waren eine längere Zeit meine liebste Freizeitbeschäftigung. Während meine Frau im Fernsehen eine Reportage über Sand oder »The Taste« schaute oder versuchte, menschenwürdige Kommunikation zu betreiben, zockte ich auf dem Handy verstohlen eine Partie »Score Hero« oder »Clash Royale«. Defizite im Sozialverhalten und infantile Beschäftigungen sind ja ohnehin männliche Kernkompetenzen. Von daher: High five mit mir selbst!

Zugegeben: Smartphone-Hypnose kann hart sein. Völlig zu Recht ist meiner Frau schon häufiger aufgefallen, dass ich nahe dran bin, das Atmen zu vergessen, wenn ich auf das Telefon starre. Aber es sind ja immer schwierige Dinge zu erledigen: Tore schießen oder mit kleinen Drachen gegnerische Verteidigungstürme angreifen.

Einmal ist etwas völlig Verrücktes passiert. Ich kam heim und hatte das Gefühl, mich selbst zu sehen. Meine Frau saß auf dem Sofa und starrte auf ihr Handy. War kaum ansprechbar. Wie das kam? Facebook hatte ihr ein Spiel vorgeschlagen. Ungefähr so, als würde man einem Drogenberater ein bisschen Koks in den Kakao schütten. Ganz kurz war sie ähnlich abhängig wie ich. Ihre Droge hieß »Two Dots«. Ein Knobelspiel mit tödlichem Suchtpotenzial. Für wenige Tage haben wir uns dann sehr zufrieden im selben Raum ignoriert, während wir in unsere Spiele vertieft waren. Dann ist meine Frau ausgestiegen, sie hat sich einfach besser im Griff.

Und ich? Ich habe kurz darauf gelesen, dass Spielehersteller mit Neurowissenschaftlern kooperieren, um ihre Games möglichst suchttreibend zu konzipieren. Das war auch für mich ein Moment der Erkenntnis. Bin ich wirklich ein so willfähriges Opfer? Ich wollte wieder selbst die Kontrolle über meine Synapsen übernehmen und habe die beiden Abhängigkeitsspiele gelöscht. Lieber bin ich ein gelangweilter Mann als die Marionette einer fremden Autorität. Denn dafür hätte ich auch bei Mama bleiben können.

MEDITATION: Keine Frage, Meditation ist die Champions League der Achtsamkeit. Das wollte ich natürlich ausprobieren. Und dafür muss man nicht mal mehr in einen Laden mit Räucherstäbchen-Aroma und Plastikbuddhas gehen, es reicht einfach Spotify. In der härtesten Homeschooling-Phase im Lockdown habe ich mich also entschlossen, es mal zu testen.

Aber was wählt man aus bei dieser unendlichen Menge an achtsamer Beschallung? Mein wichtigstes Kriterium: Meditation muss morgens zwischen Kaffeekochen und Kinderwecken passen. Zehn Minuten Tiefenentspannung. Aber zackig!

Der erste Podcast, den ich erwischte, wurde von einem Mann gesprochen und begann: »Die heutige Folge wird dir präsentiert von Meditationskissen-Online und ...« Moment mal, ich möchte hier harte Entspannung und keine akustische Butterfahrt mit Kissenverkauf. Ich war also raus und habe den nächsten Meditations-Podcast angeworfen. Diesmal eine Frauenstimme: »Hallo, schön, dass du da bist.« Stimme angenehm, keine Werbung. Ganz okay. Aber: Stimme ein bisschen angestrengt angenehm. Stellen Sie sich eine Fachkraft für Erotikfilm-Synchronisation vor, die eine Zusatzqualifikation in Qi Gong absolviert hat. Es klang so pornös, dass meine Entspannung direkt einer brodelnden Aufregung wich. Die Stimme seufzte weiter: »Schließ' für diese Meditation deine Augen und dann wirst du gaaanz sanft ...«

Stopp! Ich musste raus da. Das sollte eine innere Morgenandacht sein und nicht die Frühschicht im Saunaclub. Nächster Morgen, nächster Versuch. Diesmal landete ich bei Franzi, die zu wabernder Traummusik sanft auf mich einredete. Franzis Vorteile: nette Stimme, Meditationen in allen Längen (ab acht Minuten aufwärts), und in meinem Lieblingstrack erzählt sie davon, dass ich transparent und durchsichtig bin und Wasser wie eine Welle durch mich hindurchströmt. Und so solle ich alle Erfahrungen des Tages sehen – als würden sie wie Wasser durch mich fließen.

Das Erstaunliche war, dass ich mich tatsächlich entspannter fühlte. Kindliche Frustausbrüche beim Homeschooling plätscherten durch mich hindurch wie eine mittelgroße Welle, Diskussionen um die Süßigkeiten-Zufuhr und Videospiel-Spielzeiten begegnete ich mit buddhistischem Langmut, ich war so runtergedimmt, dass nicht mal das hektische Klingeln des DHL-Boten meine Schritte zur Haustür beschleunigte. Alles ging durch mich hindurch wie eine Welle.

Ich kann die Faszination für Meditation mittlerweile gut nachvollziehen, Franzi hat mich durch wesentliche Teile der Pandemie geplaudert. Die wenigen Nebenwirkungen will ich Ihnen aber nicht verschweigen: Meine Frau war im Homeoffice manchmal gelinde genervt, wenn ich klingelnde Boten und tobende Kinder in meiner fernöstlichen Dauertrance ignorierte. Und ganz ehrlich: Wenn den ganzen Tag etwas durch Sie hindurchströmt, muss man verdammt oft auf die Toilette.

SHOWTIME FÜR
DEN WEIHNACHTS-MANN

Das Jahr ist fast vorbei, man sucht eine der letzten Gelegenheiten, noch mal alles falsch zu machen. Und Weihnachten bietet dazu ein herausragendes Spielfeld. Einerseits ist alles komprimiert auf drei Tage und auf zu wenig Platz und andererseits ist es von allem ein bisschen zu viel: zu viel Essen, zu viel Alkohol, zu viele unpassende Geschenke, zu viele peinliche Bemerkungen, zu viel Zeit miteinander, zu viel Nähe. Weihnachten ist also ein bisschen wie Urlaub auf der Titanic – irgendwie luxuriös, aber man weiß, dass der Laden jederzeit Schlagseite kriegen kann. Und am Ende klammert man sich aneinander und hofft, dass der andere einen nicht mit nach unten zieht.

Klingt das jetzt zu deprimierend?

Nein, Weihnachten ist natürlich ein wunderschönes Fest, bei dem jedes Familienmitglied gefordert ist. Auch der ganze Mann. Ich konnte mich lange um die Vorbereitungen herumschlawienern, indem ich bis kurz vor der Bescherung gearbeitet habe. Mein wesentlichster Beitrag zum Weihnachtsfest bestand darin, den Baum zu besorgen. Und das ist immer noch so.

Jedes Jahr in der Adventszeit nehme ich also eine Axt und ziehe los. Glauben Sie aber nicht, dass ich mit tausenden Berlinern auf irgendeiner Ausfallstraße im Stau stehe, um dann nach drei Tetrapack-Glühwein im Nieselregen in einer Brandenburger Schonung mit einer mickrigen Tanne für 60 Euro wieder heimfahre. Nein, jedes Jahr rolle ich standesgemäß zum Baumarkt und wähle beim Weihnachtsbaumverkauf auf dem Parkplatz eine Tanne, die die beiden wichtigsten Kriterien erfüllt: größer als 2,10 Meter, billiger als 30 Euro.

Wichtig ist auch, sich nicht aus der Ruhe bringen zu lassen. Meine Frau fragt immer schon am ersten Advent, wann denn nun die Tanne kommt. Aber da mache ich nicht mit, ich will doch nicht Heiligabend um den Baum rennen und die rieselnden Nadeln mit Sprühkleber wieder an ihre alten Plätze pappen. Eine Woche vorher – früher kommt mir kein Baum ins Haus.

Eine Lücke im Geäst darf ruhig sein, zur Wand hin muss der Baum ja atmen können. Notfalls greife ich auf die bewährte Taktik von Papa zurück. Er hatte seinerzeit erst Heiligabend zugeschlagen und einen Baum für fünf Mark gekauft. Dessen Zweige waren eher putzig verteilt, mit ein wenig handwerklichem Geschick, einer Säge und einer Bohrmaschine hat er dann einfach Tannenzweige an die Stellen platziert, die gerade vakant waren. Man muss sich nur zu helfen wissen. Als ich den Kindern davon erzählte, wie Männer damals Weihnachtsbäume verschönerten, kicherte unser Zwölfjähriger nur, rollte die Augen und sagte: »Opa hat 'nen Weihnachtsbaum bei Wish bestellt.«

Natürlich – auch wir haben darüber nachgedacht, ob das überhaupt noch zeitgemäß ist: einen Baum in Skandinavien zu züchten, ihn nach Mitteleuropa zu transportieren, ihn zwei Wochen im Wohnzimmer die Pestizide ausdünsten zu lassen, ihm dann mit Netflix-Dauer-beschallung, der »Rock Christmas«-Weihnachts-CD und fein dosiertem Familienstreit die letzten Tage zu versauen und ihn dann achtlos auf den Bürgersteig zu werfen. Alternativ könnte man auch ein paar Tannenzweige in eine Vase stellen oder an eine Leiter binden – wie in einer modernen Version von Petterson und Findus. Man könnte Tannen retten, Geld sparen und sich dem Nachbarschafts-Wettrüsten entziehen, wer sich den größten Baum ins Wohnzimmer stellt. Das alles könnte man tun. Aber nach einer kurzen Diskussion in der Familie waren alle für einen Baum. Und zwar für einen echten, nicht für ein Kunststoffteil, das man Mitte Dezember aus dem Keller holt, abstaubt und mit »Aromaspray Nordmann-tanne« aufpeppt.

Ich bin ganz froh, denn so bleibt mir der Moment archaischer Männlichkeit erhalten, wenn ich die Axt nehme – ach, Sie fragen sich noch, warum ich mit einer Axt zum Baumarktparkplatz fahre? Hacken muss ich da natürlich nichts, aber das Beil verkürzt die Diskussionen, wer die prachtvolle Tanne für 29,95 Euro zuerst gesehen hat.

Mit dem Aufstellen des Baums begannen und endeten also früher meine vorweihnachtlichen Verrichtungen im Allgemeinen. Ich musste ja arbeiten. Meine Frau hat mit den Kindern zu Hause Plätzchen gebacken, den Baum geschmückt, gebastelt und die Adventskerzen verziert. Weiterführende Verpflichtungen wurden mir gegen meinen Willen aufgedrückt. Einmal kam ich spät an einem Samstag nach Hause, meine Frau und die Kinder hatten die Kerzen für den Adventskranz liebevoll mit Motiven aus Wachs gestaltet (Sterne, Nikolaus, Ninjakämpfer). Eine Kerze fehlte: meine. Oder besser: Meine Kerze war vorhanden, aber sie stand nackt und kahl auf meinem Platz am Tisch. Selbst wenn ich gewollt hätte: Ich konnte sie nicht übersehen. Denn ALLE wiesen mich penetrant darauf hin.

»Wir haben Kerzen gebastelt, du müsstest deine bis zum nächsten Wochenende fertig machen«, startete meine Frau. Der Sohn ergänzte: »Nur deine fehlt noch.« Nächster Tag, meine Tochter: »Papa, du hast deine Kerze noch nicht gemacht.«

»Nein, mache ich heute.«

Unser Sohn abends: »Papa, wann machst du deine Kerze?«

»Morgen.«

Ich ging mit einem Freund ein Bier trinken, nächster Morgen, die Tochter fragte: »Machst du HEUTE deine Kerze?«

»Mal gucken. Mir geht's heute nicht so gut.«

Das ließ sie nicht so leicht durchgehen, abends schimpfte sie: »Papa, hast du den GANZEN Tag deine Kerze nicht gemacht!?!?«

Ich: »NEIN! ICH WAR ARBEITEN!«

Am nächsten Tag gab ich auf. Ich setzte mich abends hin und bastelte schnaubend weihnachtliche Motive auf die Kerze. Gerade noch rechtzeitig stand die vierte Wachsleuchte auf dem Kranz, die Doppelbelastung Beruf/Weihnachten hat mich echt an meine Grenzen getrieben.

Die Erleichterung währte aber nur kurz, denn nach

den Kerzen kam die nächste Weihnachts-Falle: Geschenke. Meine Frau hat meist bereits im Oktober oder November Präsente für die Kinder besorgt und lange Listen geführt, wer welchem Verwandten was schenkt. Ich konzentrierte mich auf die Geschenke für meine Frau, das war auch schon schwierig genug.

Jetzt grinsen Sie mal nicht, jeder von Ihnen kann doch sicher mindestens eine Geschichte erzählen, bei der er krachend daneben lag. Weil die Frau sich etwas Romantisches wünschte (»Etwas, das uns noch stärker verbindet«) und er ihr einen Paarvibrator schenkte. Oder weil die Frau auf ein Schmuckstück gehofft hatte (»Ich will etwas, das teuer ist und mein Leben in jedem Augenblick verschönert«) und einen Thermomix bekam. Männer brauchen eben klare Hinweise und keine verklausulierten Rätsel. Ein Wunschzettel ist ein Wunschzettel und keine Knobelrunde wie in einem Exit-Game.

Undifferenziertes Wünschen führt dann zu diesen absurden Szenen Ende November, wenn Frauen mit ihren Männern vor einem Schaufenster stehen, immer wieder sagen, dass diese Uhr »wirklich wunderschön« sei. Und der Typ sich innerlich nur fragt, ob sie die Parkhaus-Nutzung unter einer Stunde halten könnten, wenn sie jetzt sofort loslaufen. Aber wirklich sofort.

Ende November war für mich auch noch Spätsommer, da dachte ich nicht an Weihnachten, geschweige denn an Geschenke. Die unmittelbare Weihnachtsvorbereitung begann am 20. Dezember, da passte ich auf wie ein Luchs. Und ich schätze, ich war damit nicht der einzige Kerl, Männer haben im Schnitt vor dem vergangenen Weihnachtsfest 369 Euro für Geschenke ausgegeben,

Frauen 277 Euro. Wer spät kauft, greift eben impulsiver zu: »Das Portemonnaie kostet 170 Euro? Echt? Steckt da schon Geld drin? Okay, es ist 15.40 Uhr am 24. Dezember – packen Sie es ein!«

Männer sind oft viel direkter in ihren Wünschen. Aber das bedeutet noch nicht, dass sie das Gewünschte auch bekommen. Denn Frauen sind natürlich empathischer und einfühlsamer und wissen daher oft noch einen Tick besser, was ihr Partner sich *wirklich* wünscht. Und das bekommt er dann auch. Wenn ein Mann also einen neuen Vergaser für seinen Oldtimer oder die Blu-Ray-Collection der »Star Wars«-Filme haben möchte, ist das natürlich völlig okay. Denn er hat noch nicht ganz verstanden, was er tatsächlich möchte: einen Gutschein für ein Candlelight-Dinner. Wenn er sich den Akku-Bohrhammer wünscht oder die digital gesteuerte Autorennbahn, gibt es: einen Wellnesstag im Tropical Island.

Inzwischen weiß ich – und da möchte ich gern mal verallgemeinern: Die meisten Frauen bekommen einfach ungern Praktisches und können daher absolut nicht verstehen, dass jemand etwas Praktisches haben möchte. Dabei freuen sich Männer ein Loch in den Bauch, wenn sie einfach das bekommen, was sie sich wünschen. Und das ist oft etwas, was sie aufbauen können, was einen Stecker hat, in das sie sechs Batterien packen können und was ihnen hilft, Probleme zu lösen. Aber das ist natürlich unemotional und gänzlich unglamourös. Der beste Satz, den ich dazu gehört habe: »Was sollen denn meine Freundinnen denken, wenn sie hören, dass ich dir einen Werkzeugkoffer geschenkt habe?« Und ich dachte schon, es ginge bei meinem Geschenk um MICH …

Selbst meine Frau, die leider eine sehr gute Schenkerin ist (was mich unglaublich unter Druck setzt), hatte die eiserne Regel: »Du kannst dir von mir alles wünschen – außer silberne Scheiben.« Sie meinte CDs, DVDs und Blu-Rays.

Die Verweigerungshaltung von Frauen kann dazu führen, dass Männer schon verdammt kreativ (oder auch eigensinnig) werden müssen, um das zu bekommen, was SIE wollen. Ein Kollege zum Beispiel hat sichergestellt, dass er seinen Top-Weihnachtswunsch bekommt, indem er ihn sich einfach selbst unter den Baum gelegt hat: Es war ein Surfbrett.

Deswegen mein Rat, liebe Frauen: Schenkt euren Männern keine Gutscheine, schenkt ihnen das, was sie brauchen, und das ist meist etwas zum Anfassen. Schenkt ihnen CDs, Schallplatten, Blu-Rays, »Star Wars«-Figuren, Werkzeugkoffer, Vergaser, schenkt ihnen Drohnen und Spielekonsolen. Männer finden das romantisch.

Und euch, lieben Männern, kann ich natürlich auch helfen: Schenkt Gutscheine und nichts zum Anfassen. Schenkt Gutscheine für Unternehmungen, für Candlelight-Dinner, für Wellnesstage. Schenkt Gutscheine für Ausflüge, für gemeinsame Zeit. Ihr könnt im Notfall sogar Gutscheine für Portemonnaies und Kleider verschenken, wenn die Gutscheine verbunden sind mit der gemeinsamen Fahrt zum Kaufhaus. Ein Gutschein ist aber keine Entschuldigung für alles. Ein Gutschein, dass Sie Dir eine Drohne schenken darf, gilt natürlich nicht. Und der Begriff »Gutschein« darf auch nicht zu weit gedehnt werden. Der Vater eines Freundes fuhr zum Beispiel immer Heiligabend los, um ebenfalls »Gutscheine« zu besorgen. Klingt romantischer als es ist, denn er steuerte sein Auto direkt zum Sparkassen-Geldautomaten und zog ein paar 100-Euro-Scheine.

Ich will Ihnen noch kurz sagen, was meine tollsten Weihnachtsgeschenke waren: eine Carrera-Bahn, das Playmobil-Piratenschiff, der Star-Wars-Roboter BB-8, eine sensationell schöne Bulova-Armbanduhr und ein Michael-Schumacher-Schlüpfer. Den habe ich mal vor dreißig Jahren von meiner Mutter bekommen, was ihren Humor beschreibt und meinen entschuldigt. Der Schlüpper war Mist. Aber wenn ich davon erzähle, rette ich jedes Party-Gespräch.

Inzwischen hat sich ja eine Menge geändert bei uns, dazu gehört auch, dass ich Weihnachten nicht mehr nur der gern gesehene Besucher bin, sondern mitten drin stecke in Planung und Durchführung des Familienprojekts Weihnachten.

Hier im Überblick meine Aktivitäten in den Bereichen Backen, Technik, Ernährung, Bescherung, Soziales.

BACKEN: Beim Plätzchenbacken habe ich mit den Kindern das Verzieren übernommen. Eine wichtige Aufgabe, die mich in der internen Rangliste der beliebtesten Elternteile immer kurz einen Rang klettern lässt. Denn meine Frau ist eine Verfechterin des wohlschmeckenden, aber protestantisch kargen Gebäcks, während ein Weihnachtsplätzchen für mich erst ein Weihnachtsplätzchen ist, wenn der Teig unter der fingerdicken Schokokuvertüre bestenfalls zu erahnen ist. Die Kinder verfeinern das Ganze dann unter meinen Anfeuerungsrufen noch mit Zuckerperlen, -sternen, -herzen. Merke: Weihnachten wird geklotzt *und* gekleckert.

TECHNIK: Natürlich mein Bereich. Jahrelang haben wir uns mit einer billigen Lichterkette von »Connys Container« rumgeschlagen, bei der das Verhältnis der leuchtenden zu den kaputten Birnen gefährlich gekippt war. Also habe ich die S-Klasse unter den Lichterketten bestellt. Stromsparend, formschön, wartungsfrei und mit einem so edlen Licht, dass ein Heiligenschein dagegen billig wirkt. Wie immer habe ich zwei Monate den Markt sondiert und dann kurz vor Weihnachten online bestellt. Lieferzeit: zwei bis vier Werktage. Das sollte bis Weihnachten reichen. Ich mache es kurz: Es reichte nicht.

Es gab angeblich drei Zustellversuche, die allesamt kläglich scheiterten – obwohl ich krank zu Hause war. Ich habe beim Paketdienst angerufen, sogar im Paketverteilzentrum, in dem unsere Lichterkette als Geisel gehalten wurde. Der Baumarkt-Baum stand prächtig und stockduster im Wohnzimmer.

Gut, dann also die alte Lichterkette. »Funktioniert die denn?«, fragte meine Frau. Klar, sagte ich – und dozierte mein frisch ergoogeltes Wissen: »Wenn eine Birne kaputt ist, leuchtet die Kette trotzdem. Strombrücke.« Sie stöpselte ein. Nichts leuchtete. Gar nichts. Wir nestelten an ein paar Glühlämpchen, bis meine Frau sich aufs Sofa zurückzog. Ich tauschte Glühlämpchen aus und rüttelte kritisch an jeder einzelnen. Nichts. Ich legte die Kette entnervt weg. Plötzlich Licht! Hosianna! Für 20 Sekunden. Danach ein dunkles Nichts. Erschöpft setzte ich mich neben meine Frau aufs Sofa. Öffnete zwei Frustbier. Die neue Lichterkette noch immer nicht da, die alte im Eimer. Na, dann frohe Weihnachten . . . Wir starrten auf den Fernseher. Und dann – ohne dass jemand auch nur geatmet hätte – strahlte die Lichterkette! Ich lächelte stolz. Und meine Frau sagte anerkennend: »Respekt. SO repariert ihr in Ostwestfalen also eure Geräte . . .« Ignorieren Sie in solchen Momenten den Sarkasmus, das ist das schönste Geschenk, das Sie sich und Ihrer Frau machen können. Und den Weihnachtsmann fragt ja auch kein Mensch, wie er DAS nur wieder geschafft hat.

ERNÄHRUNG: Meine Frau kann kochen, ich kann es inzwischen auch. Eine gefährliche Patt-Situation, die zu heiklen Verwicklungen führen kann. Nachdem meine Frau viele Jahre hintereinander den Heiligabend damit verbracht hat, mehrgängige Menüs herzustellen, so dass wir sie gegen 19 Uhr das erste Mal zu Gesicht bekamen, haben wir das Kochen an Weihnachten inzwischen abgegeben an den Raclettegrill Severin RG 2681. Der betreibt sein Geschäft klaglos und ohne jede Eitelkeit. Durch seinen unaufgeregten Einsatz haben wir allerdings mehr Zeit für Geselligkeit (siehe Punkt: Soziales).

BESCHERUNG: Das Highlight des Weihnachtsfests, da sind alle meine Kernkompetenzen gefragt, denn: So lange noch ein Hauch Glaube an den Weihnachtsmann bei den Kindern vorhanden ist, ist es meine Aufgabe, den senilen Mantelträger zu decken. Heißt: Spätestens in der Mitte des Weihnachtsgottesdiensts knufft mich meine Frau sanft in die Seite, hält mir ihre Armbanduhr vors Gesicht und tippt aufs Zifferblatt. Showtime! Meine Hinweise, dass der Weihnachtsmann ja auch eine Weihnachtsperson sein und von ihr gespielt werden könne, werden leider ignoriert.

Unter einem Vorwand schleiche ich aus dem Gotteshaus (»Muss mal an die frische Luft«, »Zu Hause der

Ofen noch an«). Was zur Folge hat, dass ich das traditionelle Kinder-Krippenspiel nur bis zu der Stelle kenne, bei der Maria und Josef auf einem Maultier nach Bethlehem ziehen. Sollte es in der Zwischenzeit überraschende Wendungen im Plot gegeben haben, sind sie mir komplett verborgen geblieben.

Nach dem Verlassen der Kirche geht es im lockeren Sprint nach Hause, zwei Treppen hoch in den Abstellraum, und dann schleppe ich die Geschenke ins Wohnzimmer unter den Baum. Manchmal sind dann noch Kleinigkeiten zu erledigen wie der Aufbau eines Kaufmannsladens. Kurze Bestätigungsnachricht an meine Frau: »Der Adler ist gelandet.« Dann schnell ihr und den Kindern entgegenlaufen, eine hanebüchene Geschichte erzählen, wie der Weihnachtsmann gerade durch die Terrassentür raus ist, als ich kam. Ich bin einmal komplett durchgeschwitzt, denn ich war in zwanzig Minuten: Sportler, Logistiker, Ingenieur, Geheimagent und Schauspieler. Also: ein ganz normaler Mann.

SOZIALES: Zweifellos die schwierigste Weihnachtsdisziplin. Denn die dauerhafte Präsenz von nahen und fernen Verwandten ist eine echte Herausforderung für ein Geschlecht, das den Großteil des Jahres damit verbringt, Menschenansammlungen von mehr als einer Person zu vermeiden. Ich konzentriere mich dann meist darauf, unseren Jungen mit den Lego-Konstruktionsplänen zu unterstützen oder schlicht die neuen Nintendo-Spiele auszuprobieren. Neuerdings könnte ich sogar in die Küche gehen, ohne damit automatisch Verdacht zu erregen. Wichtige Beschäftigungen, mit denen man sich kurze Auszeiten vom familiären Dauergespräch verschafft, sind außerdem: Wein nachschenken und die Schwiegermutter mit Grappa versorgen.

Die wichtigste soziale Kompetenz an Weihnachten liegt mir ohnehin im Blut: Ich kann stundenlang oft gehörte Geschichten an mir vorbeiziehen lassen, dazu freundlich lächeln und im Geist den Spielplan der Fußball-WM 1986 in Mexiko noch mal durchgehen. Lebenslanges Training hat mich in die Lage versetzt, die Klassiker jeder Familienunterhaltung als wohliges Hintergrundrauschen zu sehen. Ich streiche nur innerlich in meinem persönlichen Weihnachts-Sätze-Bullshit-Bingo ab: »Das ist aber ein schöner Baum!«, »Nächstes Jahr schenken wir uns aber wirklich nichts!«, »Paula, warum hast du denn Jan nicht mitgebracht? Ach, der hieß Malte.« Das ist weder Ignoranz noch Egoismus, das ist ein Dienst an der Gemeinschaft, wenn wenigstens einer Ruhe bewahrt.

In stoischer Zugewandtheit warte ich natürlich auch auf den festen Reigen der Familien-Geschichten, zum Beispiel: Wie die altersschwache Katze genau an Heiligabend weinselig und unter Tränen von einem Verwandten eingeschläfert werden musste. Wie ich beim Familienausflug im Harz mal vom Schlitten fiel und Passanten meine Familie erst 40 Meter weiter darauf aufmerksam gemacht haben. Dass ein Freund der Familie am 24. Dezember Geburtstag hat und die Männer nach dem Frühschoppen bei ihm mit schwerer Schlagseite zur Bescherung heimkamen. Wie meine Frau mal inmitten der Zubereitung eines Weihnachtsmenüs ins Wohnzimmer stürmte und mich der Entführung von zwei Tomaten beschuldigte, die sie gerade dringend benötigte. Und ganz am Ende, wenn keiner mehr kann, dann beuge ich mich vor und erzähle noch mal kurz die Geschichte von meinem beklopptesten Weihnachtsgeschenk, dem Schumi-Schlüppi.

Nach so einem furiosen Finale ist es dann meist auch geschafft. Und ich nehme mir seit Jahren vor, Weihnachten so ausklingen zu lassen wie unser Elektriker. Er hat mal erzählt, dass er sich ganz spät am Heiligen Abend – wenn alle endlich im Bett sind – ein heißes Bad einlässt und dann mit einem Glas Whiskey darin verschwindet. Stille, Wasser bis zum Hals, Schnaps. Das klingt fast so, als könnte selbst »Titanic« ein Happy End haben.

TEST: WIE PERFEKT SIND SIE SCHON ALS MANN?

Sie sind selbst nicht ganz sicher, ob Sie noch ein Vertreter der guten alten Zeit sind, in der Männer die Welt regierten? Oder ob Sie vielleicht schon zu sehr dem woken Zeitgeist verfallen sind? Dann machen Sie doch hier den ultimativen »Wie perfekt bin ich als Mann?«-Test. Er ist absolut zuverlässig, ich habe ihn mir selbst ausgedacht.

Und so geht's: Beantworten Sie einfach die Fragen, zählen Sie anschließend die Punkte für Ihre Antworten zusammen und lesen Sie dann die Auswertung.

Im Bus steigen Sie zeitgleich mit einer jungen Frau ein, es ist nur noch ein Sitzplatz frei. Was tun Sie?
a) Wer schneller ist, gewinnt!   **3**
b) Ich bin Kavalier alter Schule, biete ihr den Platz an, stelle mich daneben, verwickle sie in ein Gespräch und frage nach ihrer Telefonnummer.   **4**
c) Ich suche mir einen Stehplatz.   **2**
d) Ich bin irgendwie unsicher, was ich tun soll, entschuldige mich und steige wieder aus.   **1**

Ein Moderator in der ARD spricht von Lehrer*innen und macht eine Pause nach dem Lehrer*. Wie reagieren Sie?

a) Ich finde das gewöhnungsbedüftig,
   nehme mir aber vor, das auch mal zu
   probieren. **2**

b) Ich schalte den Fernseher aus. **3**

c) Schreie den Fernseher an, trolle alle
   ARD-Moderatoren in sozialen Medien und
   beschimpfe sie als »Staatsfunk-Marionetten«. **4**

d) Ich bemerke nur, wenn jemand NICHT gendert. **1**

Ein Kollege verlässt mittwochs bereits um 15 Uhr das Büro,
weil er dann die Kinder aus der Kita abholt. Was sagen Sie?

a) »Ah, halben Tag freigenommen?« **3**

b) »Kann ich dir noch Arbeit abnehmen?
   Du sollst die Zeit mit den Kids auch ein
   bisschen genießen können.« **2**

c) »Haaaahaaaahaaaa! Da hat dich Mama
   zu Hause aber schön im Griff.« **4**

d) »Ach, heute kümmerst du dich und die ganzen
   anderen Tage macht das deine Frau, oder was?« **1**

Auf dem Weg zur Kantine gehen Sie durch eine Schwingtür,
hinter Ihnen folgt eine Kollegin.

a) Ich halte ihr die Tür auf. **2**

b) Ich halte ihr die Tür auf und sage: »Bitte sehr,
   meine Schöne. Ich bin ja froh, wenn man
   heute noch nett sein darf zu Frauen.« **3**

c) Ich lasse die Tür zufallen, das ist auch eine
   Form von Gleichberechtigung. **4**

d) Ich halte ihr die Tür auf und entschuldige
   mich dafür, sie könnte das ja falsch verstehen **1**

Ihr Mitarbeiter kommt zu Ihnen und möchte ein halbes Jahr Elternzeit nehmen. Wie reagieren Sie?

a) Ich sage ihm, dass er mit so einer Einstellung für jeden Führungsjob ausfällt und versuche es zu verhindern. **4**

b) Ich frage ihn, ob das nur so ein Alibi-Papading wird und mache ihm klar, dass er gefälligst auch nach den sechs Monaten etwas für die Familie tun soll. **1**

c) Ich jammere, wer dann die Arbeit machen soll und mache ihm ein maximal schlechtes Gewissen. Nicht dass er beim zweiten Kind mit derselben Idee ankommt. **3**

d) Ich sage ihm, dass ich das toll finde und beneide ihn darum, dass er so viel Zeit mit seinen Kindern verbringen und eine Beziehung aufbauen kann. **2**

Jemand nennt Sie einen »alten, weißen Mann«. Wie reagieren Sie?

a) Ich rufe »Blöde Emanzen-Kuh« und gehe zu meinem Stammtisch. **4**

b) Ich bin stinksauer und weise darauf hin, dass das eine dreifache Diskriminierung ist. **3**

c) Ich bin verdutzt und frage nach, ob etwas an meinem Verhalten zu dieser Bemerkung führt und was daran unangenehm ist. **2**

d) Ich fange spontan an zu weinen und geißele mich für die Schuld, die Generationen von Männern auf sich geladen haben. **1**

Eine Mitarbeiterin bittet um einen Termin und sagt Ihnen dann in dem Gespräch, dass sie schwanger ist. Sie sagen:

a) »Arrrrr, dann hatten Sie Sex!«   4

b) »Wie schön! Herzlichen Glückwunsch! Lassen Sie uns dann zeitnah schauen, wie wir Sie in den nächsten Monaten gut unterstützen können, damit Sie eine entspannte Schwangerschaft genießen können.«   1

c) »Schön für Sie, aber da haben wir ein echtes Problem, wenn Sie lange ausfallen.«   3

d) »Gratuliere! Das ist zwar gerade eine arbeitsreiche Phase, aber das kriegen wir schon hin.«   2

Um eine Stelle in ihrer Abteilung bewerben sich ein Mann und drei Frauen. Alle Bewerber:innen sind Mitte dreißig und gleich qualifiziert. Wen stellen Sie ein?

a) Auf keinen Fall eine der Frauen, die werden ohnehin bald schwanger.   3

b) Die Beste.   1

c) Den oder die Beste.   2

d) Die Hübscheste.   4

Ihre Nachbarin kommt in einem kurzen Rock und eng geschnittener Bluse aus der Wohnung. Sie begegnen ihr im Treppenhaus. Was tun Sie?

a) Halte mich auf der Treppe hinter ihr und bewundere ihre Figur.   3

b) Ich lasse sie an mir vorbeigehen und pfeife anerkennend. Warum hat Sie sich denn sonst so aufgedrahtet?   4

c) Sage: »Oh, Sie haben heute ein sehr
   schickes Outfit.«   2
d) Wünsche ihr einen guten Morgen.   1

Ihre Tochter schwänzt freitags die Schule und geht zu einer
»Fridays for Future«-Demo. Ihre Reaktion?
a) Ein Wochenende Hausarrest.   4
b) Ich spreche mit ihr über den Sinn einer
   Schulpflicht, erkenne aber ihre Beweggründe
   an und helfe ihr dieses Mal beim
   Schildermalen.   2
c) Ich schreibe ihr eine Entschuldigung,
   behaupte, sie hätte Mumps, schwänze
   selbst die Arbeit und laufe dann mit dem
   alten »Atomkraft – nein danke!«-Plakat aus
   Wackersdorf an der Spitze der Demo.   1
d) Halte ihr einen Vortrag über die Klimafolgen
   ihrer Handynutzung, und den Müll, der bei
   so einer Demo immer liegen bleibt.   3

Greta Thunberg ist für Sie ...
a) ... ein schwedischer Teenager, der mehr für
   den Klimaschutz getan hat als viele
   Umweltminister vor ihr.   2
b) ... eine Heilige.   1
c) ... ein naives Mädchen, das von seinen Eltern
   für kommerzielle Zwecke missbraucht wird.   3
d) ... das Produkt einer Verschwörung von
   Klima-Nazis und Öko-Diktatoren, die uns
   einreden wollen, dass es den Klimawandel
   gibt und gut daran verdienen.   4

Eine Frauenquote für Vorstände von Dax-Unternehmen ...

a) ... ist unnötig, denn Qualität setzt sich
immer durch.   3

b) ... ist das Mindeste, was man tun kann,
um die Männer-Seilschaften an der Spitze
von Unternehmen zu kappen.   2

c) ... ist Schwachsinn, aber wenigstens gibt's
in den Vorstandssitzungen jemanden,
der Kaffee macht.   4

d) ... ist jetzt noch nötig, bevor in ein paar
Jahren eine Männerquote eingeführt wird.   1

*Ein generelles Tempolimit auf deutschen Autobahnen halten
Sie für ...*

a) ... Freiheitsberaubung!   4

b) ... so ein grünes Verbots-Hirngespinst.   3

c) ... einen sinnvollen Weg, Energieverbrauch
und Unfälle zu reduzieren.   2

d) ... nur eine Zwischenstufe auf dem Weg zur
Lastenrad-Autobahn von Aachen bis
Frankfurt/Oder.   1

Ihre Meinung zu Homosexuellen:

a) Die riechen immer so gut und können
gut tanzen.   4

b) Die sind immer so lustig.   4

c) Ich habe nichts gegen Schwule, aber Kinder
brauchen Mama und Papa.   4

d) Was ist denn Ihre Meinung zu Heterosexuellen?   1

Sie lesen Ihrer Tochter das alte Pipi-Langstrumpf-Buch vor und darin wird dauernd von ihrem Papa, dem »N****könig« gesprochen. (Ich schreibe das Wort hier nicht aus.)

a) Ich lese es einmal vor und erkläre
meiner Tochter, dass das Wort heute
eine schlimme Beleidigung darstellt und
lese im Folgenden »Südseekönig«.   **2**

b) Der Ursprung des Wortes stammt vom
lateinischen Wort für Schwarz (»niger«)
und hatte doch nichts Abwertendes!   **4**

c) So stand es schon immer in dem Buch und
mir hat es ja auch nicht geschadet.
Das jetzt zu ändern ist Zensur!   **4**

d) Ich werfe alle Bücher von Astrid Lindgren
weg und lese meiner Tochter »Das andere
Geschlecht« von Simone de Beauvoir vor.   **1**

Bitte vervollständigen Sie: Silvester ...

a) ... kaufe ich für 200 Euro Böller und jage
das alles in 20 Minuten in die Luft.
Die Stadtreinigung kann das von meinen
Steuern ruhig mal sauber machen.   **3**

b) ... kaufe ich ein Set Raketen und Kleinfeuerwerk,
böllere um Mitternacht und fege am nächsten
Morgen vor dem Haus.   **2**

c) ... versuche ich in einem Ferienhaus dem
ganzen Geballere zu entfliehen und schütze
damit auch unsere Haustiere.   **1**

d) ... fahre ich eine Woche vorher nach Polen
rüber, kaufe alles Sprengbare, was mir in
die Finger fällt, und knalle mich an den

Tagen vor Silvester schon mal in Stimmung.
Spaß muss sein – und man kann auch mit
acht Fingern noch eine Bierflasche öffnen!   4

Auflösung:

0 BIS 18 PUNKTE: Bravo, Sie haben sich schon extrem von alten Rollenvorstellungen gelöst und schlagen neue Wege ein. Bleiben Sie dabei aber ruhig entspannt und sehen Sie nicht alles so verbissen! Sie dürfen trotzdem auch mal Fußball gucken und Autos mögen.

19 BIS 34 PUNKTE: Respekt, Sie haben eine gute Art gefunden, die Klischees hinter sich zu lassen und dennoch nicht zu dogmatisch zu werden. Machen Sie so weiter und bleiben Sie offen für neue Impulse, um Ihren Weg zu finden. Sie geiler Typ!

35 BIS 49 PUNKTE: Schwierige Zeiten, oder? So viel Veränderung, wer soll sich da noch auskennen? Sie haben ja schon ein paar Schritte weg von den alten Mustern gemacht, bauen Sie darauf langsam auf. Nehmen Sie sich nicht zu viel vor. Wenn Sie unsicher sind: Fragen Sie Ihre Tochter.

50 BIS 64 PUNKTE: Sie sind ein alter, weißer Mann reinsten Wassers, Ihre Haltung ist: »Feminismus ist Kokolores, Frauen haben doch schon gleiche Rechte.« Und Sie haben sowieso nie verstanden, was an »Stromberg« so lustig sein soll. Immerhin haben Sie den Test bis zum Ende gemacht und das zeigt schon mal, dass es immer Hoffnung gibt.

ZUM SCHLUSS:
EINFACH MACHEN, MANN!

So, jetzt sind wir kurz vor dem Ende und ich frage mich: Habe ich den Status »Perfekter Mann« wirklich schon vollständig erreicht?

Immerhin habe ich mich ein bisschen angestrengt und habe vieles verändert, um nicht mehr komplett durchzufallen.

Die Bewertung hängt letztlich immer vom Vergleich mit der Konkurrenz ab. Ich bemühe mich also, meine Familie von Zeit zu Zeit daran zu erinnern, dass sie es mit einem anderen Typen noch deutlich schlechter haben könnte. Es gibt ohne jeden Zweifel großartig empathische, liebevolle, zugewandte und gleichzeitig klare und entscheidungsstarke Männer, die richtig gut kochen, sportlich sind, souverän gendern und gleichzeitig eine natürliche Männlichkeit ausstrahlen. Ich weise meine Familie lieber auf die Trottel hin, die sich noch viel dämlicher anstellen als ich.

Ein paar kleine bis mittlere Erfolge kann ich ja inzwischen vorweisen, die Kinder fragen bei Problemen nicht mehr ausschließlich Mama, ich weiß, welche Schulklassen sie besuchen, kenne die Lehrer*innen, die Eltern der Freund*innen, gendere bei jedem 300. Satz halbwegs korrekt, verdiene weniger als meine Frau, kaufe ein, repariere Fahrradlampen, bohre Löcher, lerne mit den Kindern für Schularbeiten und habe bei Kindergeburtstagen inzwischen sogar eine aktivere Rolle als – wie bisher – im Nieselregen die Pfeile für die Schnitzeljagd aufs Straßenpflaster zu malen.

Nach der letzten Geburtstagsfeier unserer Tochter hat meine Frau gesagt: »Das war das erste Mal, dass wir es wirklich zusammen gemacht haben!« Tatsächlich hatte ich vorher die Geschenke besorgt, eingekauft, den Tisch gedeckt und geschmückt und das Abendessen zubereitet, während sie mit den Mädchen im Zoo war. Ich würde zwar sagen, die Arbeitsverteilung war immer noch 30 (ich) zu 70 (sie), aber offenbar reichte diese Verschiebung um 30 Prozent schon, um ihr das Gefühl zu geben, nicht mehr ganz allein damit dazustehen.

Als großzügiger Typ habe ich ihr angeboten, dass sie dieses Gefühl von berauschender Veränderung spüren kann, wenn Sie zum Beispiel die nächste Steuererklärung übernimmt, aber sie hat dankend abgelehnt. Kann ich verstehen, nach 50 000 Jahren Patriarchat sehe ich mich als Mann noch ein Stück weit in der Bringschuld.

Grundsätzlich kann ich sagen: Es war und ist lohnend, an sich zu arbeiten und vermeintliche Gewissheiten immer wieder auf den Prüfstand zu stellen. Denn wir verändern uns ohnehin ständig.

Ich kann jedenfalls sagen: Ich bin nicht mehr der Typ, den meine Frau vor zwanzig Jahren kennengelernt hat. Das fängt schon bei Kleinigkeiten an: Ich war früher glatt rasiert, jetzt trage ich einen Sieben-Tage-Bart. Ich mochte klassische Musik nie besonders, jetzt gehe ich mit ihr in Klavierkonzerte. Ich vertrage Alkohol nicht mehr so gut, sage häufiger »Danke«, bin Frühaufsteher und kann die Gegenwart anderer Personen in meiner Wohnung deutlich leichter ertragen als mit 25 Jahren.

Und auch meine Frau ist nicht mehr die Gleiche wie damals. Sie trägt die Haare kürzer, hat eine Leidenschaft fürs Klettern entwickelt, ernährt sich gesünder und hat die Vorbereitungszeit für Kindergeburtstage auf unter eine Woche gedrückt.

Das Wesen des Menschen ist nun einmal die Veränderung, das ist sogar biologisch bedingt. Unser Körper baut sich alle sieben Jahre komplett um. Ein 45-Jähriger hat keine einzige Zelle mehr, die er noch als 35-Jähriger hatte. Wir unterliegen einem ständigen Wandel und nur der sorgt für Beständigkeit.

Von Evolutionsforscher Charles Darwin gibt es die Weisheit vom »survival of the fittest«, was ja gern übersetzt wird mit dem Überleben der Stärkeren. Tatsächlich ist seine Aussage aber: »Es ist nicht die stärkste Spezies, die überlebt, auch nicht die intelligenteste – sondern eher diejenige, die am ehesten bereit ist, sich zu verändern.« Als Mann möchte ich daher nicht zum starken Geschlecht gehören, sondern zum anpassungsfähigen. Denn Stärke ist nur eine zeitlich begrenzte Dimension, die sich immer wieder an den aktuellen Rahmenbedingungen messen lassen muss.

Alles verändert sich, warum also nicht auch wir Männer? Sie würden sich heute auch keinen Fernseher aus ihrem Geburtsjahr mehr kaufen. Es sei denn, sie sind ein sentimentaler Nostalgiker. Das ist dann aber eher liebenswerte Schrulligkeit und kein breiter Konsens mehr.

Es ist auch ganz schön anstrengend, sich gegen jede

Art von Veränderung zu stemmen. Man muss sich zum Beispiel jedes Mal fürchterlich aufregen, sobald man einen Genderstern sieht oder einen Doppelpunkt im Wort oder einen Tagesthemensprecher, der den Glottisschlag benutzt. Das ist auf Dauer Gift für den Blutdruck und für die Psyche. Eine Meta-Studie der Indiana University Bloomington hat nach Analyse der Daten aus 78 Forschungsarbeiten mit insgesamt mehr als 19 000 Teilnehmer*innen festgestellt: Männer, die an klassisch männlichen Rollennormen festhalten (dominantes Verhalten, emotionale Kontrolliertheit, Statusdenken, Vorrang für die Arbeit etc.), haben ein höheres Risiko für psychische Krankheiten. Wenn Sie also schon immer die Vermutung hatten, dass Sexisten einen an der Waffel haben, liegen Sie gar nicht mal so falsch.

Ehrlich gesagt finde ich es ziemlich erleichternd, nicht mehr den Männlichkeits-Kategorien von 1978 entsprechen zu müssen. Wir können immer wieder neu verhandeln, wer mehr arbeitet, wer die Kinder abholt, wer kocht und wer das Familienleben organisiert. Das ist natürlich anstrengend, denn viele Selbstverständlichkeiten und Gewissheiten gehen damit erst mal verloren. Dafür können wir Männer heute viele Erfahrungen machen und erleben Dinge, die unsere Väter und Großväter verpasst haben. Zum Beispiel: Elternsprechtage, Pekip-Kurse, Mobbing in der Mütter-WhatsApp-Gruppe, bleierne Stunden im Kinderarzt-Wartezimmer und angebrannte Mittagessen.

Ernsthaft: Wenn wir wollen, können wir kochen, backen, putzen, Wäsche waschen, bügeln, Geburtshelfer werden, Erzieher werden, wir können gendern oder nicht gendern, wir können Elternzeit nehmen, Hausmann werden, Halloumi grillen, beruflich Karriere machen, zu Hause Karriere machen, wir können weinen und wirken dadurch nur stärker. Die Menge der Möglichkeiten kann einen da schon mal ins Schlingern bringen, denn plötzlich muss man sich fragen, was man selbst wirklich will und nicht nur roboterhaft das tun, was von einem erwartet wird.

Für was auch immer Sie sich entscheiden – schrauben Sie die Ansprüche an sich nicht gleich zu hoch! Männer müssen nicht alles richtig machen. Sie müssen es schon gar nicht genau wie ihre Frau machen, denn wer sagt denn, dass das besser ist? Wenn es beide Elternteile unterschiedlich machen, haben die Kinder die Chance, eine größere Vielfalt an Möglichkeiten kennenzulernen. In den grundsätzlichen Werten darf man sich allerdings ruhig einig sein (respektvoll sein, nicht klauen, nicht schubsen, nicht beißen, nicht die Katze anzünden), aber wenn Papa die Hähnchen-Nuggets kauft und Mama die vegetarischen, wenn Mama zum Geburtstag backt und Papa eine Torte vom Bäcker holt, dann ist beides okay so.

Es gibt nicht den einen, den richtigen Weg als Ehemann und als Familienvater. Aber es könnte sich lohnen, herauszufinden, was der eigene Weg ist.

Ich wollte ja keine Ratschläge geben, das hat nicht ganz geklappt über die letzten 269 Seiten. Aber falls sie alle meine unbezahlbaren Hinweise aus Versehen schon wieder vergessen haben, dann merken Sie sich jetzt zum Ende einfach nur diesen: Stellen Sie sich einen Moment vor, wie Sie als Mann und Vater gern sein wollen. Stellen Sie es sich richtig intensiv vor, wie Sie dann reden, agieren, handeln, was Sie tun, was Sie nicht tun. Und dann beginnen Sie, so zu werden. Wenn Sie es sich vorstellen können, dann können Sie es auch. Und geben Sie nicht gleich auf, wenn Sie mal in alte Muster verfallen.

Sollten Sie in Ihrer Vorstellung von sich selbst als Mann und Vater allerdings ein Sixpack haben und drei skandinavische Bikini-Schönheiten im Arm halten, dann klappen Sie dieses Buch zu, drehen es um und lesen einfach noch mal von vorn.

DANKE

Sind Sie jemand, der im Kino direkt nach dem Ende des Films aufsteht und nach Hause geht? Dann möchte ich mich hier schon einmal von Ihnen verabschieden. Alle anderen können sich jetzt gern die gewohnt sentimentale Dankesrede durchlesen.

Zuerst möchte ich meiner Frau danken, dass sie es schon so lange aushält mit den Nachbarn. Nein, natürlich mit mir. Sie hat mir unendlich wichtige Hinweise gegeben, nicht nur für klimaneutrales Einkaufen, sondern auch für dieses Buch. Ich hoffe, dass ihr Witz, ihre Schlagfertigkeit, ihr Mut und ihre Klugheit ansatzweise transportiert wurden. Sonst muss ich leider noch ein Buch schreiben. Und ich danke unseren beiden wundervollen Kindern, die immer wieder eine Herausforderung, ein Spiegel, eine Inspiration und ein großes Glück sind. Ich habe viel von ihnen gelernt und lerne jeden Tag dazu.

Unbedingt möchte ich meiner Agentin Hanna Leitgeb danken, die dafür gesorgt hat, dass aus einem unausgegorenen Gedanken ein Buch geworden ist. Und natürlich Jan Kalbitzer, der uns verbunden hat.

Ich danke meinen beiden Lektorinnen Charlotte Diedrich und Katharina Festner bei dtv für ihre Geduld, ihre klugen Korrekturen und ihre wichtigen Ratschläge – dass ich mal 200 Seiten mit einem Mindestmaß an Sinn und Verstand zusammenbekomme, hätte ich vorher nie gedacht. Und ich bedanke mich bei meinen beiden Chefredakteurinnen bei BILD am SONNTAG, Marion Horn und Alexandra Würzbach. Ohne Marion hätte es nie die Kolumne »Mein Leben als Mann« gegeben, ohne Alex würde es sie vielleicht nicht mehr geben.

Ich danke allen, die ich jetzt vergessen habe, Ihr wart auch super.

Bei Filmabspannen sollten Sie übrigens gehen, wenn der Agfa AG für die Erfindung des Farbfilms gedankt wird. Danach kommt nichts mehr. Ein Mann muss auch wissen, wann Schluss ist.